エネルギー業界大研究

南 龍太［著］

はじめに

エネルギー業界は大競争時代に突入した。電気と都市ガスの市場全面自由化に伴い、大手各社の安定した収益や絶対的な顧客基盤、その前提となっていた地域独占が崩れ始めている。異業種から新規参入した企業に顧客が流出しているほか、同業他社が従来地盤としていた営業エリアを越えて関東や関西を中心に需要争奪戦を繰り広げている。

ただ、こうした競争はまだ序章に過ぎないと見られている。他業界の事例に倣《なら》えば、規制緩和に伴う競争激化は、勢い業界の再編統合へとつながってくる。電力とガスの自由化を推し進めてきた政府もそれを望んでいる。現在はまだ各社の経営合理化や業務提携のほうが目立ち、企業買収、合併といった動きはわずかである。

電力は1951年に発足した大手各社が地域ごとに確固たる地位を築いて久しく、都市ガスも約200の事業者が共存して「多すぎる」「非効率だ」との指摘がある。逆に言えば、それでも成り立つような、「守られた」産業とも言える。

生活に欠かせないエネルギーを安定して届けるという公共的な使命があれ

ばこその特殊事情で、競争がなじみにくい業界でもあった。ただ、国内の人口減少に伴い、大きな需要増が見込めない中、業界全体の収益改善に向けた特効薬が求められるようにもなっていた。そうした中で起きたのが２０１１年の東日本大震災、そして東京電力福島第1原発の事故である。

事故は自由化の議論に拍車をかけ、エネルギー、特に電力業界の事業環境は激変した。各社の財務基盤と体質の改善が急務となり、国内市場はより合理化される方向へと進んでいる。一方で成長が続くアジアなどの海外市場を各社が狙っている。

そうした現状を踏まえ、本書では章を8つに分け、エネルギー業界の全体像、それから電力、ガス、石油の各業界、さらに国際情勢を見ていく構成を取った。

第1章は、エネルギーをめぐる情勢、全体像を俯瞰した。特に16年4月の電力小売り全面自由化後の国内の事業環境の変化を中心に、都市ガスの自由化も踏まえ、石油会社も電力とガスの販売を手掛ける時代になったことに触れる。同時に将来の日本のエネルギー比率、電源構成をどう想定するか、世界はどう変化しているかを見ていった。

第2章は基礎的な電力業界の仕組みをまとめた。電気がつくられ、届くまでの工程、電源ごとの特徴を概説した。併せて、電力各社が地域ごとではなく、全国規模で一体的な送電体制を構築しようとしていることや、事業の多角化を急いでいることに触れた。

第3章では電力の全国大手10社を中心に最近の動向を紹介する。

第4章はガスの基礎知識として、原料として海外から運ばれてくるLNG（液化天然ガス）をめぐる情勢や、電力同様、自由化による競争の進み具合を確認した。既に再編統合を繰り返しているLPガス業界の現状にも触れた。

第5章は東京ガス、大阪ガスなど都市ガス大手4社の実情を説明した。

第6章は石油業界を取り巻く基本的な状況に焦点を当てた。特に、電力や都市ガスと違い、再編統合が進んでいる石油元売り業界の展望と課題に言及した。中堅を含めても5社程度にまで会社同士の統廃合が進んだ歴史や、20世紀が「石油の世紀」とも呼ばれるように、石油が国内外で外交、政治、経済、市民生活に多大な影響を及ぼしてきた経緯を見ていく。

第7章は、最大手のJXTGエネルギーや出光興産など、主要な石油会社の長期戦略に触れる。

最後の第8章は、エネルギー情勢を理解するうえでキーとなるアメリカや中国、ロシアなど世界各国と欧州、中東の情勢を概観した。

エネルギーを取り巻く環境は時々刻々とダイナミックに変化している。本書の執筆に取り組んだ数カ月の間にも、原発に関する提携や再稼働、廃炉、北海道の大地震に伴う広域停電、都市ガス大手による家庭向け電力の販売戦略、出光興産と昭和シェル石油の経営統合など、話題に事欠かなかった。

今、こうした変化の激しい業界に果敢に飛び込むのは、チャレンジングで刺激的なことと思われる。地域に安定供給するため、着実に、より低廉に資源を調達するという難しい使命を背負い、やりがいのある仕事であろう。各社がＡＩ（人工知能）をはじめとするＩＴを取り入れた斬新なビジネスモデルを模索する中、若いからこその柔軟な発想や行動力が業界の課題、ひいては世界のエネルギー問題を克服する鍵となる。本書がその一助になれば幸いである。

最後に、執筆に当たり陰に陽にご協力いただいた取材先の方々、ご指導くださった編集者、前職を含め業務でお世話になった皆様、家族に深く感謝したい。

２０１９年１月

南　龍太

目次

はじめに／3

Chapter 1 最新エネルギー情勢

① 激化するエネルギーの大競争時代／14
② 東日本大震災と原子力政策／19
③ 2030年、50年に向けたエネルギー戦略／24
④ 地球温暖化対策と国家的責任／27
⑤ 電気自動車と新エネルギー・水素で動く自動車／31
⑥ 伸び続ける世界のエネルギー需要／35
Column1 原子力の光と影／38

Chapter 2 電力業界の基礎知識

① 電気が家庭に届くまで／40
② 期待高まる再生可能エネルギー／46
③ コスト低減が急務／50
④ 電気使用量の動向／57
⑤ 規制緩和と競争進展／61
⑥ 電気料金の決まり方／66
⑦ 需給調整へ新たな取り組み／72
⑧ 進むか業界再編／76
⑨ 原発をめぐる選択肢／79
⑩ 電力業界の仕事／85

Chapter 3 電力業界の主要企業

① 東京電力ホールディングス／90
② 関西電力／92

③ 中部電力／94
④ 東北電力／96
⑤ 九州電力／98
⑥ 中国電力／100
⑦ 北海道電力／102
⑧ 四国電力／104
⑨ 北陸電力／106
⑩ 沖縄電力／108
⑪ 卸販売や原発専業の電力会社／110
＊ 電力事業の歴史――電力9社体制の確立と今／113

Chapter 4

ガス業界の基礎知識

① 暮らしを支えるガス／118
② 多様化するガスの使い道／125
③ 局所集中の都市ガス導管網／128
④ 需要の高まりと調達の合理化・柔軟化／133

⑤ シェール革命／137
⑥ 都市ガス市場の全面自由化／142
⑦ 人手不足のLPガス業界／144
⑧ ガス業界の仕事／148
Column2 文学作品に登場するエネルギー／152

Chapter 5 ガス業界の主要企業

① 東京ガス／154
② 大阪ガス／156
③ 東邦ガス、西部ガス／158
＊ ガス事業の歴史――明かりから熱源へ／160

Chapter 6 石油業界の基礎知識

① 生活に浸透する石油／164

② 地下に眠る重要資源／166
③ 増加が続く埋蔵量と生産量／172
④ 日本の高度経済成長を支えた設備／174
⑤ 石油価格を決めるもの／178
⑥ ＯＰＥＣの台頭／181
⑦ 世界を揺るがす油価高騰／184
⑧ 石油メジャーの苦悶と新興勢力／191
⑨ 元売り再編劇／195
⑩ 石油業界の仕事／201

Chapter 7 石油業界の主要企業

① ＪＸＴＧエネルギー（ＪＸＴＧホールディングス）／208
② 出光興産／210
③ コスモ石油／212
④ 昭和シェル石油／214
⑤ 国際石油開発帝石／216

⑥石油資源開発／218
＊石油事業の歴史――生活を劇的に変えた資源／220

Chapter 8 世界の最新エネルギー動向

①アメリカ／224
②中国／226
③インド／228
④ロシア／230
⑤欧州諸国／232
⑥東南アジア・東アジア／235
⑦中東諸国／237

カバーデザイン：内山絵美（有）釣巻デザイン室）
本文デザイン：野中賢（㈱システムタンク）

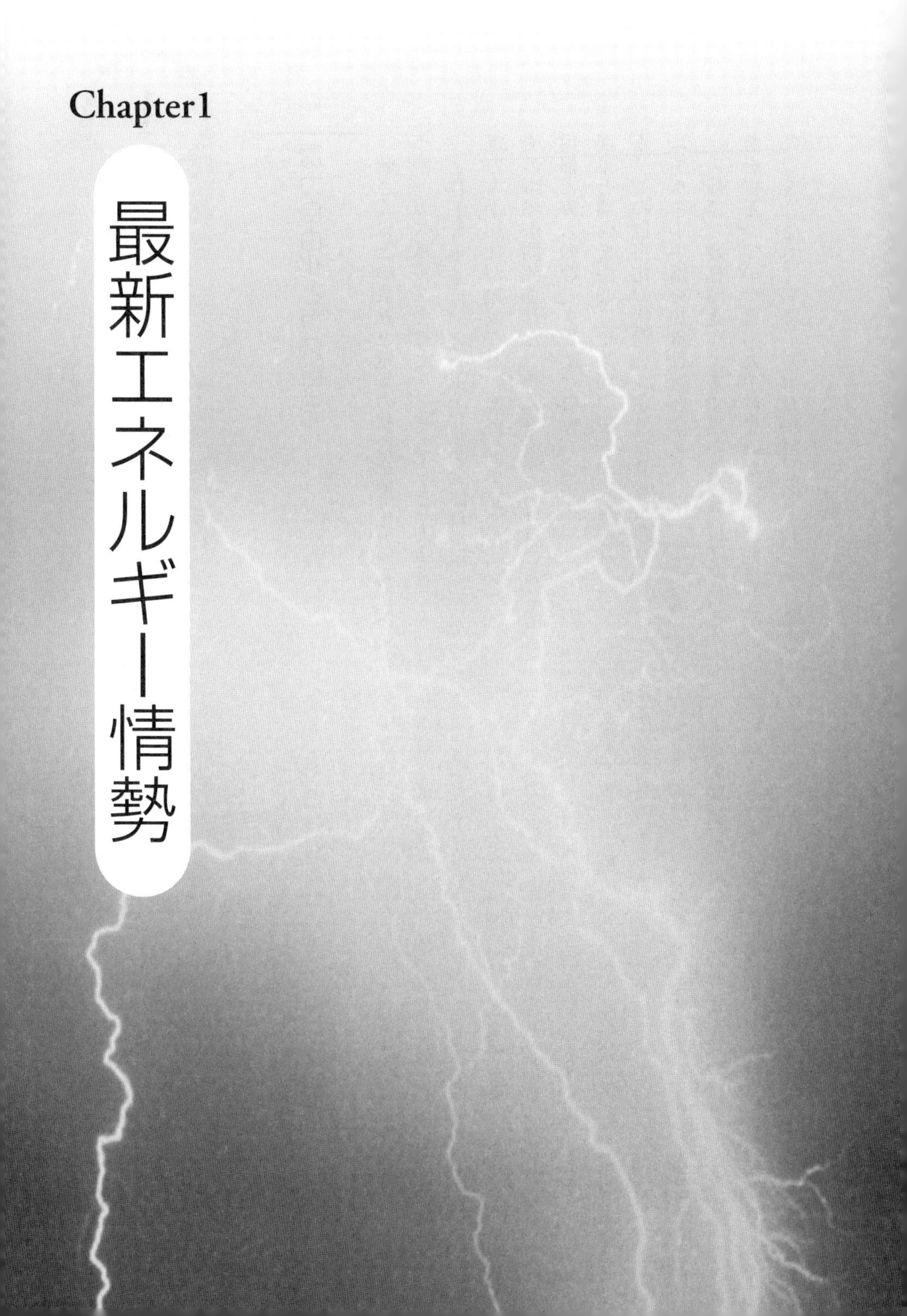

Chapter1

最新エネルギー情勢

1 激化するエネルギーの大競争時代
——崩れる地域独占と異業種参入

電力自由化とガス自由化

皆さんはどの会社と電気の契約を結んでいるだろうか。ガスはガス会社と？　それとも電力会社？

２０１６年４月、電力小売りが全面自由化され、電力大手10社が地域ごとに独占してきた家庭向け販売の市場が開放された。それに1年遅れる形で家庭用都市ガスの販売も規制が外れ、自由市場となった。関東と関西を中心に企業間の競争や提携が進んでいる。この自由化の状況をつぶさに見ることが日本のエネルギー事情を知る近道となる。

以前は「殿様商売」とまで言われ、地域ごとに権勢を振るっていた電力大手は今、かつてないほど苦境に立たされている。それは同時に各社にとって変革のチャンスでもある。電気をつくって送配電網に流して家庭に届けるという、従来の主力事業だけでは経営が成り立ちにくくなっている。「各社が創意工夫で切磋琢磨している」（電気事業連合会の勝野哲会長）と言うように、顧客に選ばれるよう知恵を絞る時代となっている。

地域独占が崩れ始めたのは、異業種からの新規参入と、電力会社による従来の営業地盤から域外への「越境」が大きい。新たに参入した事業者は「新電力（ＰＰＳ：Power Producer and Supplier、かつての特定規模電気事業者、61ページ参照）」と呼ばれ、大手10社（旧一般電気事業者）や電気を卸売りする電源開発（Ｊパワー）、原発専業の日本原子力発電（日本原電）などと区別されている。

新電力を担うのは、自前の発電所を持つ都市ガスや石油元売りといったエネルギー企業のほか、業種は通信や不動産、流通など多種多様である。18年11月時点で500超の事業者が新電力として登録した。

　ガス会社は都市ガス、石油元売りはガソリンとセットで販売し、「大手電力より5％安い」といった謳《うた》い文句で顧客を獲得している。東京ガスの家庭向け電気契約の申込数は既に150万件を超えた。20年度には240万件の供給を目指し、好調を保つ。

　電力会社も防戦一方ではない。都市ガスの自由化を機に電力とガスのセット販売で巻き返しを図っている。特に関西では、関西電力と大阪ガスが激しいつばぜり合いを展開している。関電が原発の再稼働に伴って値下げに踏み切れば、対抗して大ガスも新たな料金プランを打ち出すといった構図となっている。少子高齢化を背景に、地域内の契約数全体の伸びは見込めない中、限りあるパイを奪い合う消耗戦の様相も色濃い。

　そのため、最大需要地の首都圏は新電力がこぞって進出する草刈り場となっている。大阪ガスは中部電力と組み、18年8月から首都圏で本格的な電力販売を始め、東京電力の顧客を奪っている。一方、大ガスは都市ガスの製造面では東電と協力している。中部電力も火力事業を東電と統合してＪＥＲＡ（ジェラ）を15年に立ち上げ、連携を深めている。

　この複雑な相関関係は「右手で握手し、左手で殴り合っているようなものだ」（電力大手幹部）と喩《たと》えられる。言い得て妙だが、こうした現象は今後、あちらこちらで起こると見込まれ、エネルギー業界の再編統合の機運が高まるとともみられている。電力・ガス・石油の業界各社は事業の多角化を積極的に進め、本業の垣根を越えた「総合エネルギー企業」を目指し、政府もそれを期待している。

　日本国内のエネルギー需要は、省エネの進展も踏まえると今よりも減少する見通しで、各社が有望視するのは成長市場の海外、とりわけアジアの市場である。日本がかつて謳歌《おうか》してきた経済成長の教訓、その過程で培った発電所や液化天然ガス（ＬＮＧ）基地、石油精製施設の建設や運営のノウハウを海外に伝授、再現し、収益源につなげようとにらむ。

　特に電力業界は、互いの契約先を奪い合わないと

新電力の販売電力量シェアの推移

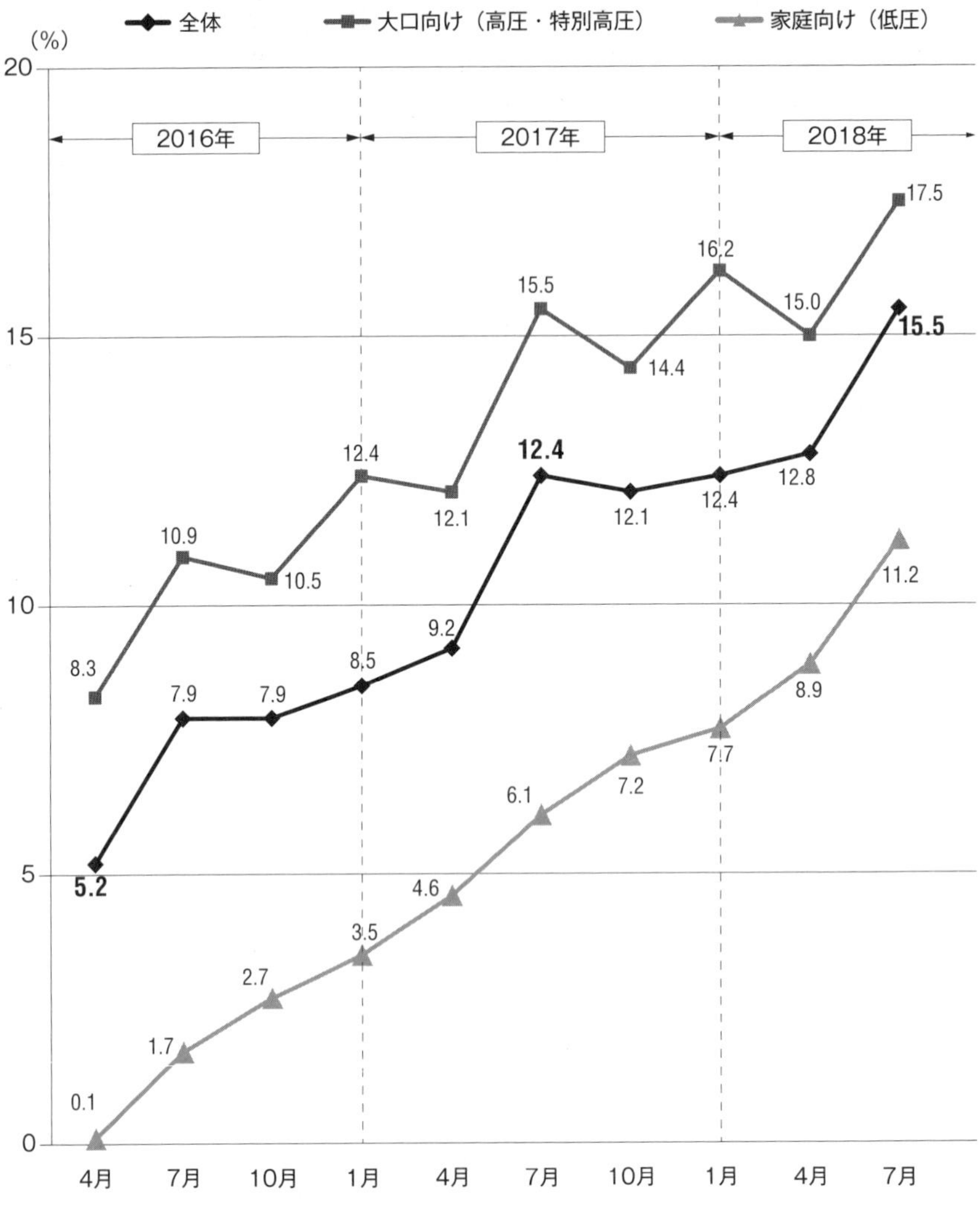

経済産業省資源エネルギー庁「電力小売全面自由化の進捗状況について」をもとに作成

いった、かつて不文律とされていたような制約がなくなった。自由化された市場で、エネルギー企業がどの地域で活動し、どの企業と組むかを知ることが、これからの日本のエネルギー情勢を読み解く鍵となる。大手が独立独歩で立ち行くのが難しい状況であることや、海外展開や再生可能エネルギー（46ページ参照）に注力する理由もおのずと分かるだろう。

激変した事業環境

「2011年3月の東日本大震災及び福島第一原子力発電所事故を契機に、これまでの電気事業制度が抜本的に見直され……」と東京電力が自社のホームページで解説する通り、あの大震災と原発事故を経て電力業界を取り巻く環境は激変した。13年、第5次となる電気事業制度の改革が決まった。それ以前の自由化へ向けた改革は1995年から段階的に進んだ。第5次までに原油価格の高騰や新潟県中越沖地震など、さまざまな要因が制度の見直しに影響してきたが、原発事故はかつてない衝撃をもたらした。

電力に限らず、ガス、石油業界も少なからず方針の練り直しを迫られた。それぞれの自由化や再編統合の変遷は各章で見ていきたい。

冒頭の本章ではまず、こうしたエネルギー業界の変化を象徴的に表す電力販売シェアの推移を確認しておく。新電力は都市ガスやガソリンとのセットによる割安な料金プランを武器に、従来の大手電力の一般的な料金と比較した際のお得感を打ち出している。また、過酷事故を踏まえ、原発に頼らない電気をPRし、再生可能エネルギーに基づく電力を売りにする新電力もある。

全国の販売電力量に占める新電力シェアは2018年7月現在、家庭向け＝低圧分野で11・2%、大口向け＝高圧・特別高圧分野で17・5%まで高まった。

さまざまな顧客との接点を持つべく、異業種間の提携も増え始めた。かつて絶対的な顧客基盤を築いていた電力各社に安住の地はなく、需要を求めて慣れ親しんだ地域から外に出る動きがますます活発化してきている。

エネルギー業界自由化の流れ

		電力	電力（自由化された市場の割合）	都市ガス	都市ガス（自由化された市場の割合）	石油
1995年	3月			第1次改革：小売り供給の一部自由化	自由化された市場の割合	
	4月					特石法廃止を含む「石油関連整備法」公布
	12月	第1次改革：電力会社の電源調達に入札制導入	自由化された市場の割合	→年間使用量200万㎥以上が対象	約50%	
96年	3月				約55%	特石法廃止、石油製品輸入自由化
97年	7月					石油製品輸出の自由化
99年	11月		約25%	第2次改革：100万㎥以上も自由化		
2000年	3月	第2次改革：小売り供給の一部自由化 →特別高圧需要（2万V以上で受電、2000㎾以上で契約）が対象				
02年	1月					事業者による供給計画策定などを定めた石油業法廃止、完全自由化
03年	6月	第3次改革：				
04年	4月	→高圧需要（500㎾以上）自由化	約40%	第3次改革：50万㎥以上も自由化	約60%	
05年	4月	→同（50㎾以上）自由化	約60%			
07年	4月			第4次改革：10万㎥以上も自由化	約65%	
08年	7月～	全面自由化見送り				
16年	4月	低圧・電灯を含め小売り全面自由化	100%			
17年	4月			小売り全面自由化	100%	

2 東日本大震災と原子力政策
——反対・推進、廃炉・再稼働、絡み合う思惑

巨大津波と地震

　2011年3月11日、三陸沖の太平洋を震源とするマグニチュード9・0の巨大地震が発生、東北地方の太平洋側を中心に未曽有の被害をもたらした。

　海岸近くに立地する複数の原発に津波が到達するなど、深刻な事態を招いた。中でも最悪のケースに至ったのが東京電力福島第1原発だった。津波によって非常用電源を含む全電源喪失に陥った。当時、エネルギーに関する国際会議のため海外出張中だった筆者は、英国BBCがテレビで繰り返し伝える惨状を、ただただ見つめた。「メルトダウン（炉心溶融）するんじゃないか」。同僚の1人がつぶやいた不安は、残念ながら的中することとなった。

　全電源喪失——。福島第1原発は、津波で非常用発電機も浸水して使えなくなり、冷却装置の統制が取れずに炉内の温度が異常に上昇、炉心が損傷して燃料棒が底から溶け落ち、漏れ出した水素で爆発に至った。

　放射性物質が飛散し、福島県を中心に汚染され、人が住めない地域ができてしまった。福島から県外への避難者はいまだ3万人以上いる。

　東電がメルトダウンを公式に認めたのは事故から約2カ月後だった。さらに、事故の検証が進み、当時の経営陣がメルトダウンという言葉を使わないよう指示していたことも判明した。同社は隠蔽を認めて謝罪したが、それは原発事故から5年以上たった16年のことだった。

　原発に対する不信感はかつてないほどに高まって

いる。事故直前の10年は政府が「原子力ルネサンス（再生）」を標榜し、産業競争力を強化するためのインフラ輸出の柱の1つとして、中東や東南アジアに原発を売り込んでいた。安全性、技術力の高さを売りにしていた日本の原子力政策は根底から見直しを迫られることとなった。

あの原発事故はなぜ起きたか。防げなかったのか。検証すべき論点はごまんとある。東電の元会長、勝俣恒久氏ら経営陣3人が16年に強制起訴され、今も裁判が続いている。その中で明らかになる新事実もある。教訓をどう生かし、次代、後世に何を伝えるべきか。事故から8年近くたった今も答えは見えない。およそ3年ごとに見直される国のエネルギー基本計画を作る過程でも、原発をめぐる是非が議論の的となっている。

事故直後の東京電力福島第1原発

東京電力ホールディングス「福島第一原子力発電所事故の状況把握に係る写真」より（11年3月15日撮影）

保安院廃止と規制庁の発足

原発事故を踏まえた大きな組織変更の1つが原子力規制庁の発足である。それまで原発を推進する資源エネルギー庁と、規制する側の原子力安全・保安院がいずれも経産省の所管だったことが問題視された。「保安院は資源エネルギー庁に対し、中立的立場から物申すことができないだろう」という懸念は原発事故前から出ていた。11年5月下旬から事故調査に訪れていた国際原子力機関（IAEA）は、保安院の独立性や役割の明確化が課題だと指摘した。IAEAは07年にも同様の疑問を保安院に投げかけていたが、具体的に生かされなかった。

保安院は12年9月に廃止され、環境省の外局として新設された原子力規制委員会に組み替えられた。その事務局として原子力規制庁ができた。14年にはもともと経産省所管だった独立行政法人「原子力安全基盤機構」も規制庁に組み込まれた。

規制基準も見直された。「新規制基準」と呼ばれ、13年に施行された。火山や竜巻などの自然災害にも耐えられるような設計基準の強化と、過酷事故に対する備えが特徴である。業界関係者は「世界一厳しい」基準と強調する。

ただ、「原発事故は起きない」という安全神話が語られてきた日本にあって、あの事故は神話を土台から突き崩した。各地で反原発の運動が続き、原発に対する不信や反感は根強い。

原子力規制をめぐる省庁再編の経緯

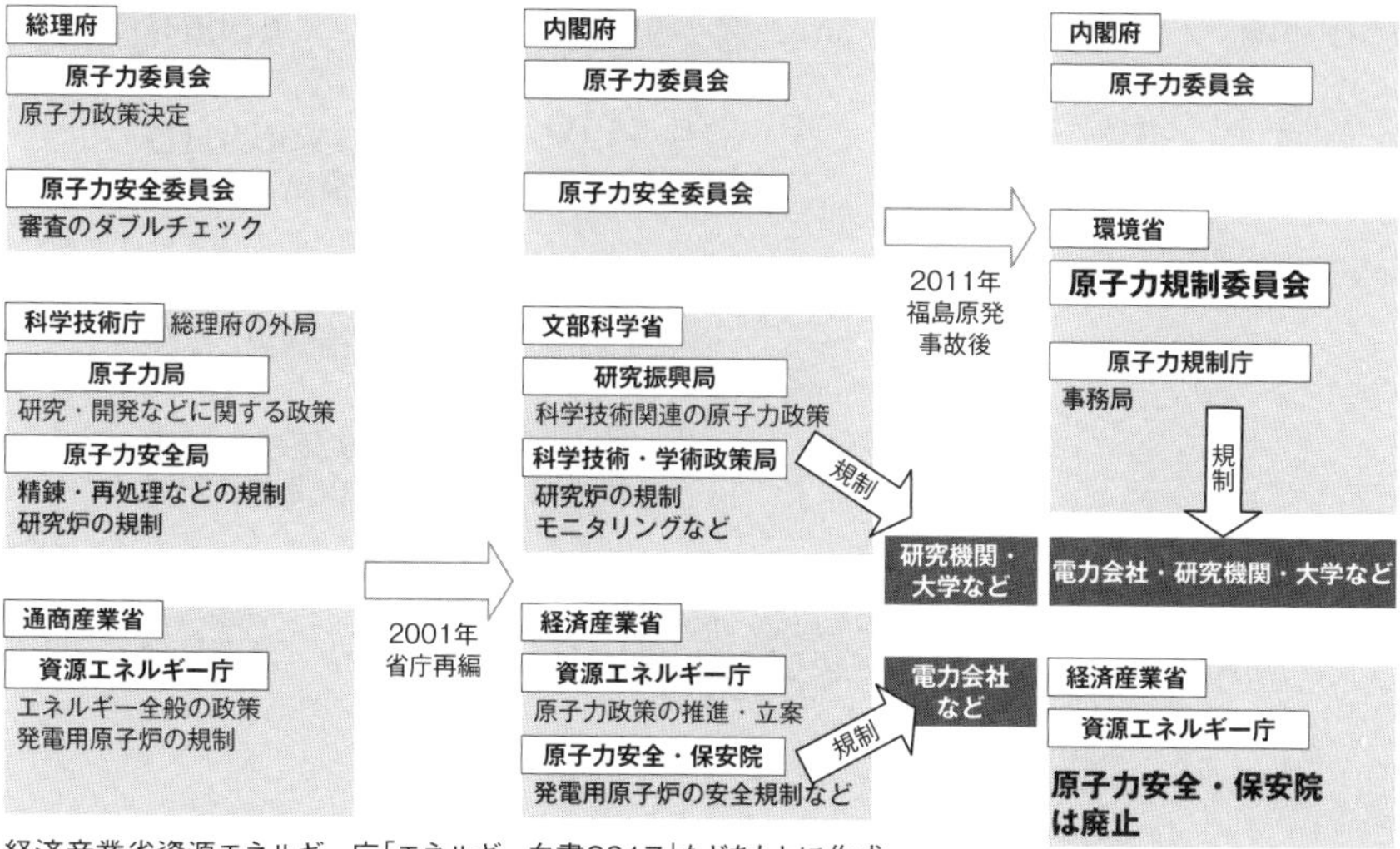

経済産業省資源エネルギー庁「エネルギー白書2017」などをもとに作成

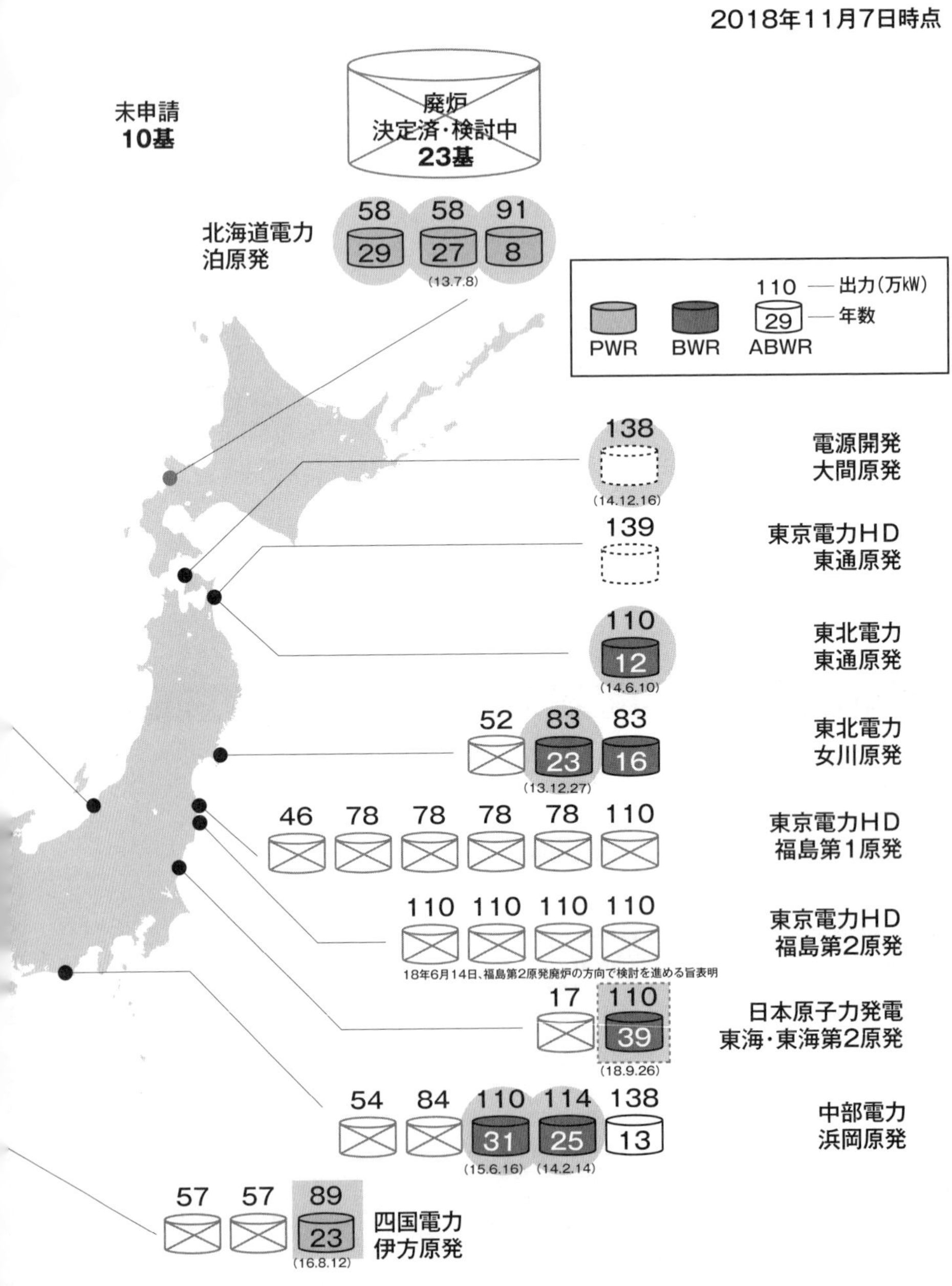
2018年11月7日時点
未申請
10基
廃炉
決定済・検討中
23基
北海道電力
泊原発
58 58 91
29 27 8
(13.7.8)
110 出力(万kW)
29 年数
PWR BWR ABWR
電源開発
大間原発
138
(14.12.16)
東京電力HD
東通原発
139
東北電力
東通原発
110
12
(14.6.10)
東北電力
女川原発
52 83 83
23 16
(13.12.27)
東京電力HD
福島第1原発
46 78 78 78 78 110
東京電力HD
福島第2原発
110 110 110 110
18年6月14日、福島第2原発廃炉の方向で検討を進める旨表明
日本原子力発電
東海・東海第2原発
17 110
39
(18.9.26)
中部電力
浜岡原発
54 84 110 114 138
31 25 13
(15.6.16) (14.2.14)
四国電力
伊方原発
57 57 89
23
(16.8.12)

原子力発電所の現状

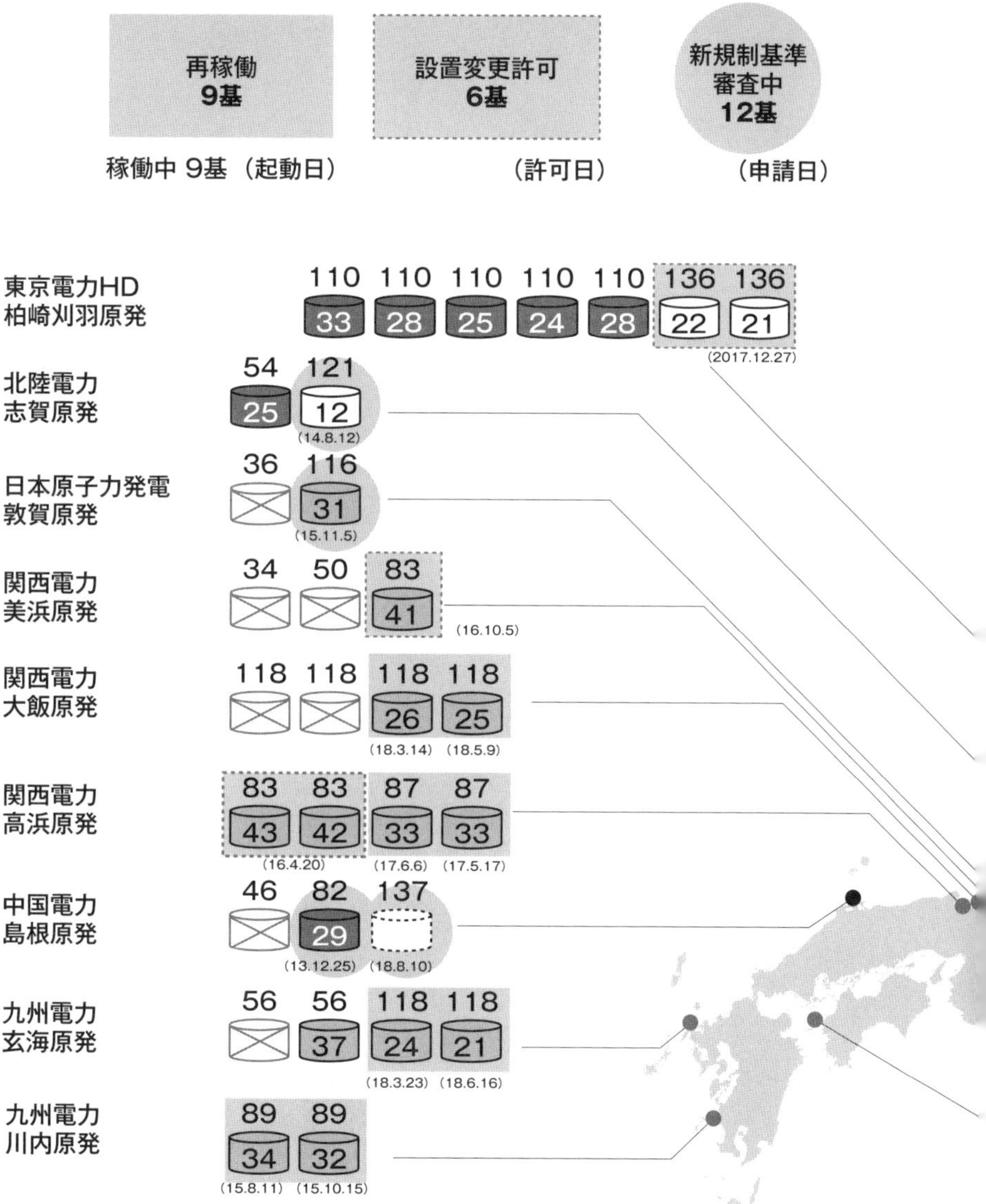
再稼働 9基
設置変更許可 6基
新規制基準審査中 12基
稼働中 9基（起動日）
（許可日）
（申請日）
東京電力HD 柏崎刈羽原発
110 110 110 110 110 136 136
33 28 25 24 28 22 21
(2017.12.27)
北陸電力 志賀原発
54 121
25 12
(14.8.12)
日本原子力発電 敦賀原発
36 116
31
(15.11.5)
関西電力 美浜原発
34 50 83
41
(16.10.5)
関西電力 大飯原発
118 118 118 118
26 25
(18.3.14) (18.5.9)
関西電力 高浜原発
83 83 87 87
43 42 33 33
(16.4.20) (17.6.6) (17.5.17)
中国電力 島根原発
46 82 137
29
(13.12.25) (18.8.10)
九州電力 玄海原発
56 56 118 118
37 24 21
(18.3.23) (18.6.16)
九州電力 川内原発
89 89
34 32
(15.8.11) (15.10.15)

経済産業省「原子力発電所の現状」をもとに作成

3 2030年、50年に向けたエネルギー戦略
——望ましい電源構成比率とは

増える変数、複雑化する基本計画

資源に乏しい日本のエネルギーの将来像をどう描くべきか。経済産業省は2003年に最初のエネルギー基本計画を作った。その後、およそ3年ごとに見直し、17年から18年にかけて第5次計画をまとめた。30年度における1次エネルギー全体の電源構成比は現行計画を踏襲した。当初から世耕弘成経産相が「基本的に骨格を変えるということではなく、30年目標をどうすれば実現できるかという視点で集中的に検討」と述べていた通り、無難な決着を見たとも言える。

今般の見直しでは、パリ協定（27ページ参照）の目標を見据えて50年のエネルギーを取り巻く環境、取るべき政策の将来像も平行して議論された。提言がまとまり、再生可能エネルギーは主力電源として低コスト化に努め、導入を拡大していく方針が決まった。原発は「実用段階にある**脱炭素化***の選択肢」と位置付けられた一方、「可能な限り依存度を低減するとの方針は堅持する」とされた。

計画の改定は03年の第1次計画以降、07年に第2次、10年に第3次、14年に第4次、そして18年7月に閣議決定された第5次と続く。改定に際しては、当時の国内外の情勢や経済動向を反映しているのが分かる。さらに、改定を重ねるたび、内容が膨らみ、複雑さも増している。ページ数だけを見ても、第5次計画は第1次の2・5倍超となっている。

特に、東日本大震災の後で初の見直しとなった第4次計画の改定では、原発の扱いをめぐってさまざ

まな意見が出た。「震災前に描いてきたエネルギー戦略は白紙から見直し、原発依存度を可能な限り低減する」との文言が盛り込まれた。一方で、30年の電源構成に占める原発の割合を「20～22％程度」とする目標も明記された。原発に関し、低減を目指すとも読み取れる半面、原発の活用を前提とした電源構成の目標が定められた。

これは、計画の見直しが始まった当時、原発ゼロを掲げていた与党の民主党が、12年末の衆院選で原発活用を掲げる自民党に政権の座を明け渡したことによる影響も大きい。原発をめぐって世論が分かれる中、推進側の主張が盛り込まれる結果となった。

事故後も原発を活用する方針を国が明示したことで、原発の再稼働に道が開かれた。12年に国内全ての原発が停止していた

＊キーワード解説

脱炭素化

発電などの過程で二酸化炭素の排出を減らし、究極的には全くなくそうとする地球温暖化対策。パリ協定を契機に、従来の低炭素化という言葉に代わって使われるようになり、化石燃料使用からの完全脱却を目指す、より強力な目標が掲げられるようになった。

第5次エネルギー基本計画の概要

		温室効果ガス	再生可能エネルギー	原子力	化石燃料	その他
2030年に向け	エネルギーミックスの確実な実現	13年度比26％削減	・主力電源化への布石	・依存度を可能な限り低減	・自主開発促進	・徹底的な省エネ
			・低コスト化	・安全性向上と再稼働	・高効率火力の活用	・水素や蓄電などの推進
2050年に向け	エネルギー転換・脱炭素化へ	80％削減	・経済的に自立し脱炭素化した主力電源へ	・脱炭素化の選択肢	・過渡期は主力、資源外交強化	・分散型エネルギーシステムと地域開発（EVなどと組み合わせ）
			・再エネを通じた水素などの技術開発	・安全な炉の追求	・ガス利用シフト、非効率石炭の廃止	

30年の電源構成

状況から、18年12月までに9基が再稼働した。

原発は1基稼働すると、それまで代わりに焚き増していた火力燃料費が抑えられるといった理由で、月に数十億円から100億円ほど企業の収支が改善するとされる。国の基本計画で原発活用のお墨付きを得て、電力各社の首脳陣は「地元をはじめ社会の皆さまの理解を大前提に、安全が確認された原子力プラントの再稼働を目指す」と口をそろえる。

企業の展望

電力会社に限らず、エネルギー基本計画はガス会社と石油会社にとっても、経営戦略上の重要な指針として注視されている。

3~5年の中期経営計画に加え、国のこうした政策を踏まえつつ、30年などを見据えた長期の展望を打ち出すエネルギー企業が増えている。

各社の共通点として、長期的には国内需要の先細りが避けられないと見ている一方、成長市場の海外への展開を強化する傾向がある。

第5次計画では再生可能エネルギーを普及させる方向性があらためて確認され、国家的課題としての重要度が高まった。今後、エネルギー企業各社はこの方針に沿って知恵を絞っていくことになる。ニュースなどで、「再生可能エネルギー」という言葉を耳にする機会がさらに増えるだろう。

エネルギー企業・団体の長期展望

中部電力	20年代後半までに販売電力量1300億kW時程度を維持、ガス・LNG販売量300万トンに拡大
	JERAの競争力ある電力・ガスの活用、大阪ガスとの首都圏での協業
関西電力	30年に再生可能エネルギー導入量50万kW程度
九州電力	30年の海外発電事業持ち分出力を17年度の155万kWから500万kWに拡大、再生可能エネルギーの開発量を18年の195万kWから400万kWに拡大
電源開発	25年度に水力や風力などの再生可能エネルギーの新規開発100万kW規模（17年度比）
日本ガス協会	30年に、燃料電池や再生可能エネルギーの普及を通じた低炭素社会への貢献と、天然ガスの供給網の飛躍的な耐震性向上などを通じた供給基盤強化
大阪ガス	30年に連結経常利益を17年度の640億円から3倍程度に拡大
	海外事業と国内事業の利益比率を1対2に
	ガスビジネス規模1700万トン、発電規模900万kW
JXTGホールディングス	30年度に、サプライチェーン全体における二酸化炭素排出量を09年度比408万トン削減
出光興産	30年に有機ELなどの成長分野事業や新規事業を合わせた営業利益の構成比を40%以上に（17年度は17%）
国際石油開発帝石	40年に国際大手石油会社のトップ10へ
	再生可能エネルギーを事業ポートフォリオの1割へ

各社の経営計画などをもとに作成

4 地球温暖化対策と国家的責任
──脱炭素化への道

パリ協定締結

温室効果ガス*の扱いをめぐり、エネルギー産業の発展は環境問題と一体で議論せざるを得ない。その傾向は年々、顕著になっている。

２０１５年11月、地球温暖化対策を話し合う国連気候変動枠組み条約締約国会議（ＣＯＰ：Conference of the Parties）がフランスのパリで開かれ、温室効果ガスの排出削減を約束する国際的な合意がなされた。いわゆる「パリ協定」である。

地球温暖化対策をめぐっては、１９８８年に国連とその専門機関に当たる世界気象機関が共同で設立したＩＰＣＣ（Intergovernmental Panel on Climate Change：気候変動に関する政府間パネル）が国際的な議論を深めるきっかけとなった。92年採択の「国連気候変動枠組み条約」（ＵＮＦＣＣＣ：United Nations Framework Convention on Climate Change）に基づき、ＣＯＰは95年から毎年開催されている。２０２０年までの温室効果ガス排出削減目標を定めた「京都議定書」を採択したＣＯＰ３（１９９７年）が有名だろう。

ただ京都議定書は、中国、インドという大量に排出している国に削減義務が課されなかったことなどから主要排出国のアメリカが参加しなかった。地球

＊キーワード解説
温室効果ガス
太陽の熱を閉じ込めて地球から逃がさないように作用するガスの総称。二酸化炭素やメタン、代替フロンなどがあり、特に化石燃料の消費や森林破壊による二酸化炭素の排出が懸念されている。

温暖化をめぐる国際的な取り組みの難しさ、先進国と途上国の間の温度差が露呈した格好だった。

こうした教訓を踏まえ、「全ての国が参加する新たな枠組み」の構築を目指し、２０１１年のＣＯＰ17で作業部会の設置に合意した。それが15年のＣＯＰ21でパリ協定に結実した。

地球温暖化対策をめぐる国際的取り組み

1992年	国連気候変動枠組み条約（UNFCCC）採択
95年	ベルリン・マンデート（COP1）：COP3までに新たな「議定書またはその他法的文書」で政策と措置を詳細に定めることなどを指令すると合意
97年	京都議定書（COP3）：温室効果ガスの削減目標を策定（192カ国・機関締約）
2009年	コペンハーゲン合意（COP15）：先進国・途上国の2020年までの削減目標・行動のリスト化に留意
11年	ダーバン合意（COP17）：全ての国が参加する新たな枠組み構築に向けた作業部会設置
14年	気候行動のためのリマ声明（COP20）
15年	パリ協定（COP21）：20年以降の枠組みとして、史上初めて全ての国が参加する制度の構築に合意
17年	ドイツ・ボンでCOP23開催。パリ協定のルールブック作成進行、温室効果ガス排出量の削減目標の上方修正を目指す対話を18年に実施
18年	COP24、12月にポーランド・カトウィツェで開催

※18年11月現在、197カ国・機関が締約

先進国、途上国を問わず、排出量の削減目標を定め、5年ごとに提出し、世界全体の実施状況も精査することになっている。アメリカ、中国の２大排出国が同時に締結するなど画期的で、世界各国が相次いで締結した。合意から1年を待たず、16年に国際枠組みが発効した。ＣＯＰ25は19年11月に開催予定となっている。

合わない歩調

しかしそこには落とし穴があった。アメリカが17年、ドナルド・トランプ大統領の政権下で脱退を表明し、国際公約を反故《ほご》にした。伝統的にエネルギー産業が盛んなこの国は、時に政治的思惑によって温暖化対策より資源開発が優先されてきた。

石炭業界やそこで働く多くの労働者などが共和党とトランプ氏を支持してきた経緯があり、脱退表明はそうした支持母体に対するアピールといった側面もあるとされる。ジョージ・Ｗ・ブッシュ大統領時代の01年に、京都議定書への不参加を表明したのも、

根は同じである。

「船頭多くして船山に登る」ではないが、地球温暖化をめぐる議論は各国の主張が対立する局面も多い。往々にしてまとまらず、一進一退が続き、時にこうしたちゃぶ台返しがある。

日本の温暖化対策の方向性

	推奨する取り組み
個々人	・省エネ商品への買い替え ・高断熱で高気密な住宅の新築・リフォーム ・カーシェアリングや自転車の活用 ・クールビズやウォームビズの推進
街・ふるさと	・エネルギーの地産地消などを通じた低炭素化と地方創生の同時実現
海外	・「二国間クレジット制度」（JCM※）の実施加速

※ JCM（Joint Crediting Mechanism）：温室効果ガス排出量削減に寄与する省エネ設備や技術を新興国に導入し、削減量に応じて自国の削減分と見なす排出量取引制度

環境省「パリ協定から始めるアクション 50-80」をもとに作成

石炭火力への世界的逆風

北極で解ける氷、行き場を失い右往左往するホッキョクグマ。そうした映像が温暖化問題を象徴し、「このままではいけない」と感覚的に訴えている。環境保護、エコロジーの理念は地球で暮らす「地球人」として当然守らねばならない暗黙のルールのようにさえなっている。

トランプ政権によるパリ協定脱退表明はむしろ異端で、世界的潮流に逆行している。政権内部からも反対の声が上がるなど、国内外で批判が相次ぎ、排出量の多い中国とインドさえ、パリ協定を支持する姿勢は揺らいで

＊キーワード解説

ＥＳＧ投資

世界規模の環境問題や、労働力の不当な搾取といった人権問題を防ごうとするESG（環境：Environmental、社会：Social、企業統治：Governance）の観念に基づく投資。それらに「十分に配慮していない」と見なされた企業は資金が融通されず、社会的にも厳しい目を向けられる。

いない。

世界屈指の銀行をはじめ、金融機関も「ＥＳＧ投資*」の理念に基づき、温室効果ガス削減に非協力的な企業には融資などを控えている。石油産業も再生可能エネルギー開発への投資割合を拡大している。アメリカも決して一枚岩ではない（「第８章　世界の最新エネルギー動向」、２２３ページ参照）。

最近多いのが石炭火力発電をめぐる対立である。環境省は環境影響評価（アセスメント）により、個別の石炭火力の新設計画を精査し、「意見」を述べる。18年も3月に神戸製鋼所、8月にＪＥＲＡの各計画に対し、中川雅治環境相（当時）が「排出削減の道筋がつかないなら、事業を再検討するよう求める」と意見した。ただ、あくまで意見であり、計画を撤回させるほどの効力は持たない。

一方の経産省は、第５次エネルギー基本計画で、石炭を「高効率化・次世代化を推進するとともに、よりクリーンなガス利用へのシフトと非効率石炭のフェードアウトに取り組むなど、長期を展望した環境負荷の低減を見据えつつ活用していくエネルギー源」と位置付けた。

新設計画が進む一方、電源開発は運転開始から約半世紀たち老朽化した兵庫県の石炭火力について、18年に設備更新計画の中止を発表、四国電力は仙台市での新設計画を撤回した。いずれも電力の需要減に伴う採算性の悪化がネックとなった。石炭火力の運営は難しい局面を迎えている。

5 電気自動車と新エネルギー・水素で動く自動車

——低コスト化が課題

加速するEVシフト

中国やインドは、巨大な人口を背景とした旺盛な自動車需要と深刻な大気汚染への対策、欧州はディーゼル車の排ガス規制不正に対するメーカー不信など、各国で事情は異なるが、電気自動車（EV：Electric Vehicle）の導入拡大が進むのは間違いなさそうである。

電力会社とEVの関係は密接で歴史が長い。東電は2010年、自動車メーカーとEVの急速充電器の国際規格化を目指す協議会「CHAdeMO（チャデモ）」を立ち上げた。会長は当時東電会長の勝俣氏だったが、原発

EVをめぐる各国の動向

ノルウェー	2025年以降、ガソリン車とディーゼル車の販売禁止
	25年までにZEV（無公害車）の販売に100%移行
オランダ	25年以降、ガソリン車とディーゼル車の新車販売禁止
ドイツ	30年までに内燃エンジン新車の販売禁止
フランス	40年までに国内でのガソリン車とディーゼル車の販売禁止
英国	
アメリカ・カリフォルニア	一定比率以上のZEVの販売義務付け
スペイン・バルセロナ	30年までにガソリン車とディーゼル車の新車販売禁止
カナダ・バンクーバー	
インド	30年以降、EVとHV（ハイブリッド車）のみ販売検討も難航
中国	19年に自動車メーカー各社の年間販売台数に占める新エネルギー車（NEV）の比率を10%以上に義務付け
	将来的にガソリン車とディーゼル車の製造・販売禁止
日本・東京	40年代までに都内でのガソリン車販売禁止

各種資料や報道をもとに作成。議会などで継続審議の内容も一部含む

事故を受け、チャデモの会長を退いた。さらにさかのぼって1911年には東電の前身の東京電燈《とう》が自動車メーカーと共同で日本初の電気自動車を試作した。91年には最高速度時速176キロ、1回の充電で約550キロ走行できる試作車「IZA」を開発した。今も東電の展示施設「電気の史料館」（横浜市鶴見区、閉館中）に置かれている。

近年は再びEVの蓄電池を活用することで再生可能エネルギーの普及を促進する実証実験を進めている。EVの導入が本格化するにつれ、電力各社の動きも活発になってくるだろう。

日本がリードする水素技術

EVに加え、日本が世界に先駆けて開発に取り組んできたのが水素エネルギーである。水素源の1つ、水は地球上に無尽蔵に存在し、化石燃料だけでなく、太陽光、バイオマスなど再生可能エネルギーからも製造できる。また、利用時に二酸化炭素を排出せず、省エネで地球温暖化対策に寄与するとされ、「夢の

電力各社の実証実験や取り組み

	開始・発足	内容	協力企業
東北電力	2018年10月	EVの蓄電池を活用して地域の電力系統につなぎ、充放電する技術構築の実証プロジェクト	日産自動車、三井物産、三菱地所
東京電力	18年4月	サウジアラビアでのEVと急速充電器の性能、二酸化炭素排出削減の検証	日産自動車など
	17年12月	EVの充放電による電力需給の調整を通じたバーチャルパワープラント（VPP：仮想発電所）の実証実験	日産自動車
	10年3月	急速充電器の普及を促す「チャデモ（CHAdeMO）協議会」設立	自動車メーカー各社など
中部電力	18年度	EVなど電動自動車に搭載された電池の再利用に向けた実証実験	トヨタ自動車
	18年3月	EVの充電履歴をブロックチェーンで管理する技術の実証実験	インフォテリア
関西電力	18年1月	VPP構築に関するEVの充電遠隔制御の実験	住友電気工業、日産自動車
	09年10月	EVの普及拡大と充電インフラの整備を目指す「関西電気自動車普及推進協議会」設立	トヨタ自動車、ホンダなど
九州電力	18年6月	EVを電力の需給調整に活用するための実証試験	日産自動車、三菱自動車など

エネルギー」とも言われる。燃料電池車（ＦＣＶ：Fuel Cell Vehicle）や家庭用燃料電池のエネファーム（125ページ参照）が主な用途である。

ＦＣＶは、水素を燃料として発電した動力で走り、トヨタ自動車は92年に開発を始め、２００２年に日米で「トヨタＦＣＨＶ」をリース限定で発売した。14年12月からはセダンタイプの「ＭＩＲＡＩ（ミライ）」を販売し、ホンダも16年３月に「CLARITY FUEL CELL（クラリティ フューエル セル）」を発売した。

ただ期待度とは裏腹に、ＦＣＶの全国普及台数は18年３月時点で、２４００台ほどにとどまる。ＦＣＶに燃料を補給する「水素ステーション」は初期の整備費が４億円ほどとガソリンスタンドに比べて高いため、思うように整備が進んでいないのが実情である。18年春に１００カ所目が開設されたが、15年度中としていた目標より２年ほど遅れての達成となった。普及にはＥＶよりも時間がかかると見込まれる。現状では投資費用に見合うだけのリターンが望みにくく、ある石油元売り大手の幹部は「ガソリン販売の競争が激しく、利益率も低い石油業界事情からすれば、本腰を入れてやる余力はないですよ」と自嘲気味だった。

低調な状況を打開しようと、経産省が後押しし、18年３月、整備の推進役として「日本水素ステーションネットワーク合同会社（ＪＨｙＭ＝ジェイハイム）」が設立された。トヨタ自動車、ホンダ、日産自動車の自動車大手３社やＪＸＴＧエネルギー、出光興産、東京ガスなどのエネルギー会社、豊田通商、日本政策投資銀行など計11社が参画し、社長にはトヨタ出身の菅原英喜氏が就いた。菅原氏は「国家戦略として取り組む」と意気込んでいる。

政府の目標としては20年度に１６０カ所、25年度に３２０カ所、30年度に９００カ所まで拡大を見込む。これに伴いＦＣＶの台数も20年度に４万台、25年度に20万台、30年度には80万台まで急速に普及していく見通しである。20年代後半には補助金などがなくとも自律的に水素ステーションが経営できるようにすべく、規制緩和を進めていく。

エネルギー基本計画で水素は「利便性やエネル

ギー効率が高く、利用段階で温室効果ガスの排出がなく、非常時対応にも効果を発揮することが期待されるなど、多くの優れた特徴を有している」とされている。その見方に異論はないが、水素社会の実現までにかかる時間や費用をどう考えるか。これも計画に明記の通り「技術面、コスト面、制度面、インフラ面で未だ多くの課題が存在している」。

FCVの仕組み

水素と酸素で発電・走行

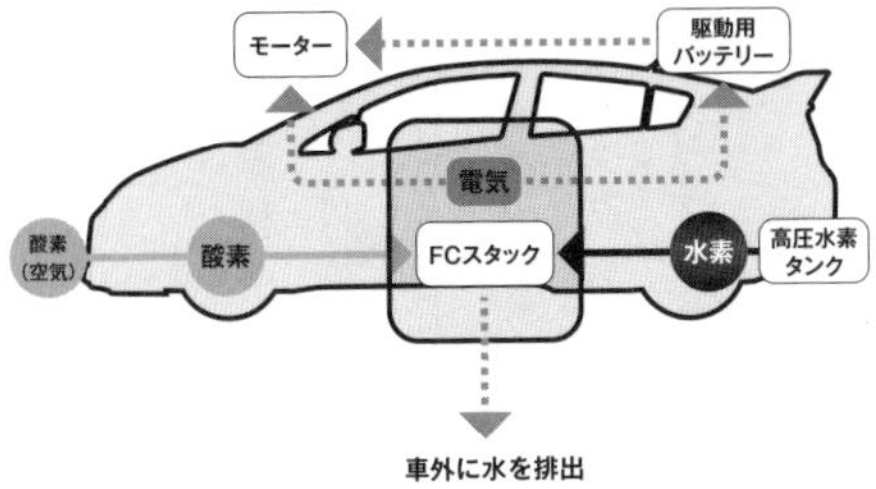

トヨタ自動車などのウェブサイトをもとに作成

FCV普及台数と水素ステーション整備の推移

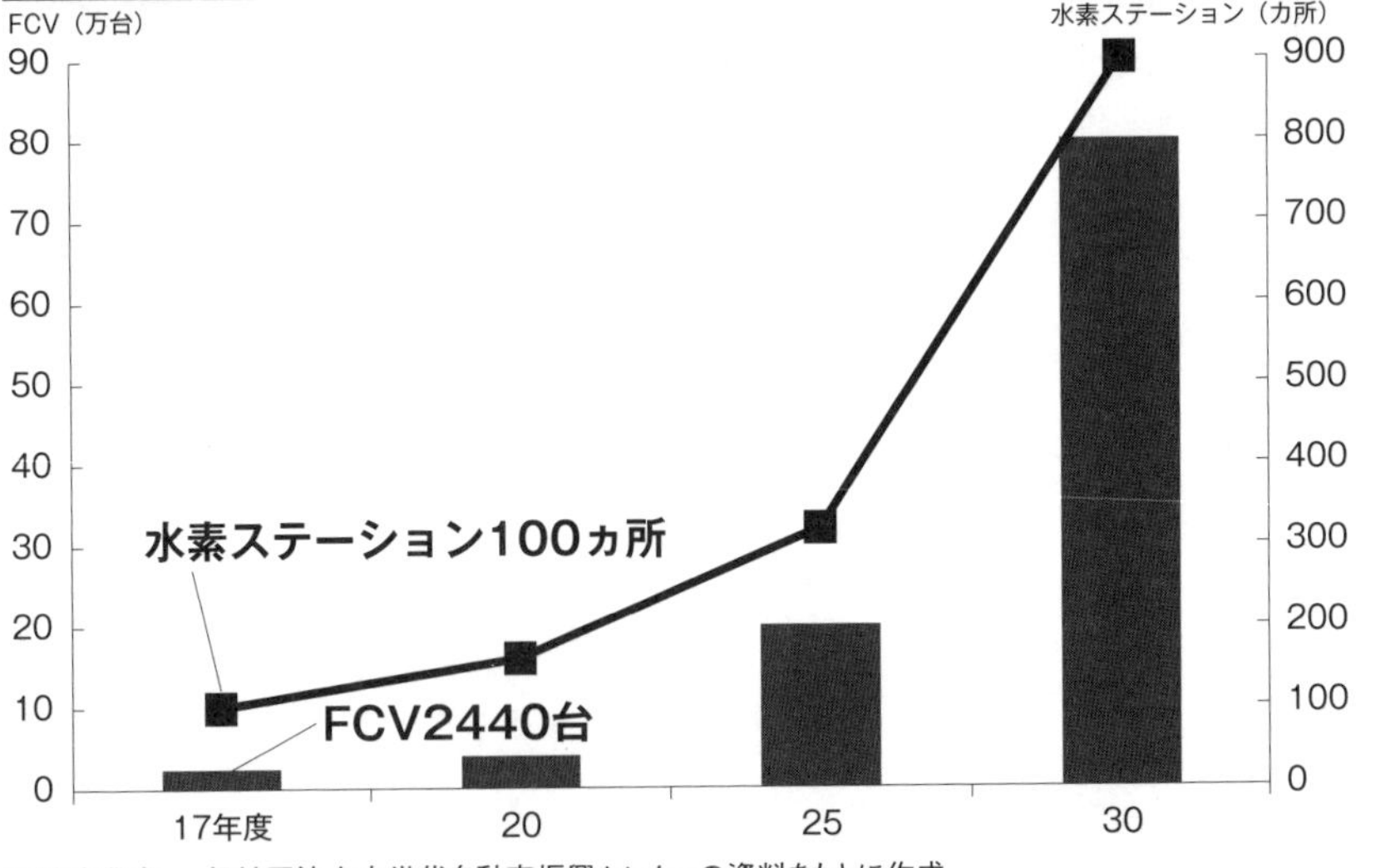

経済産業省、一般社団法人次世代自動車振興センターの資料をもとに作成

6 伸び続ける世界のエネルギー需要――主役交代、電源はよりクリーンに

世界情勢を左右する国々

世界のエネルギー需給に多大な影響力を持つとして注目されるプレーヤーは、日本や欧州諸国から中国、インド、東南アジアやアフリカの新興国へと変わりつつある。あるいは変わった。依然、アメリカは消費量、生産量共に世界屈指のエネルギー大国となっているが、化石燃料に頼る需給構造をどう組み替えていくかについて議論は尽きず、国内は一枚岩ではない。欧州にガスを大量供給し、エネルギーを武器にした強硬姿勢で長期政権を保っているプーチン大統領のロシアも、アメリカ発の「シェール革命」（137ページ参照）により近年原油・ガスの生産量で世界1位の座を維持できないでいる。ロシアの供給を受ける欧州も、国によって電源構成がかなり異なり、原発依存度が7割を超えるフランス、その隣のスイスは水力が6割近く、ノルウェーはほぼ全てを水力が賄うなど違いが見られる。

これまで電気が通っていなかったアフリカ・サブサハラの地域でも電化が進みつつある。そこでは火力発電など大型の基幹電源を通じて各地に電線で送るといった従来の電源開発の方式ではなく、集落や工場地帯など需要のある地域ごとに再生可能エネルギーなどを配置する「分散型電源」の開発の検討も進む。

「分散型」は、大型火力などに基づく「集中型」よりも送電時に電気を無駄にせずに済み、設備投資も抑えられると期待される。アフリカに限らず、特に島嶼《とうしょ》部の電化に有効と見込まれる。

世界の1次エネルギー消費量推移

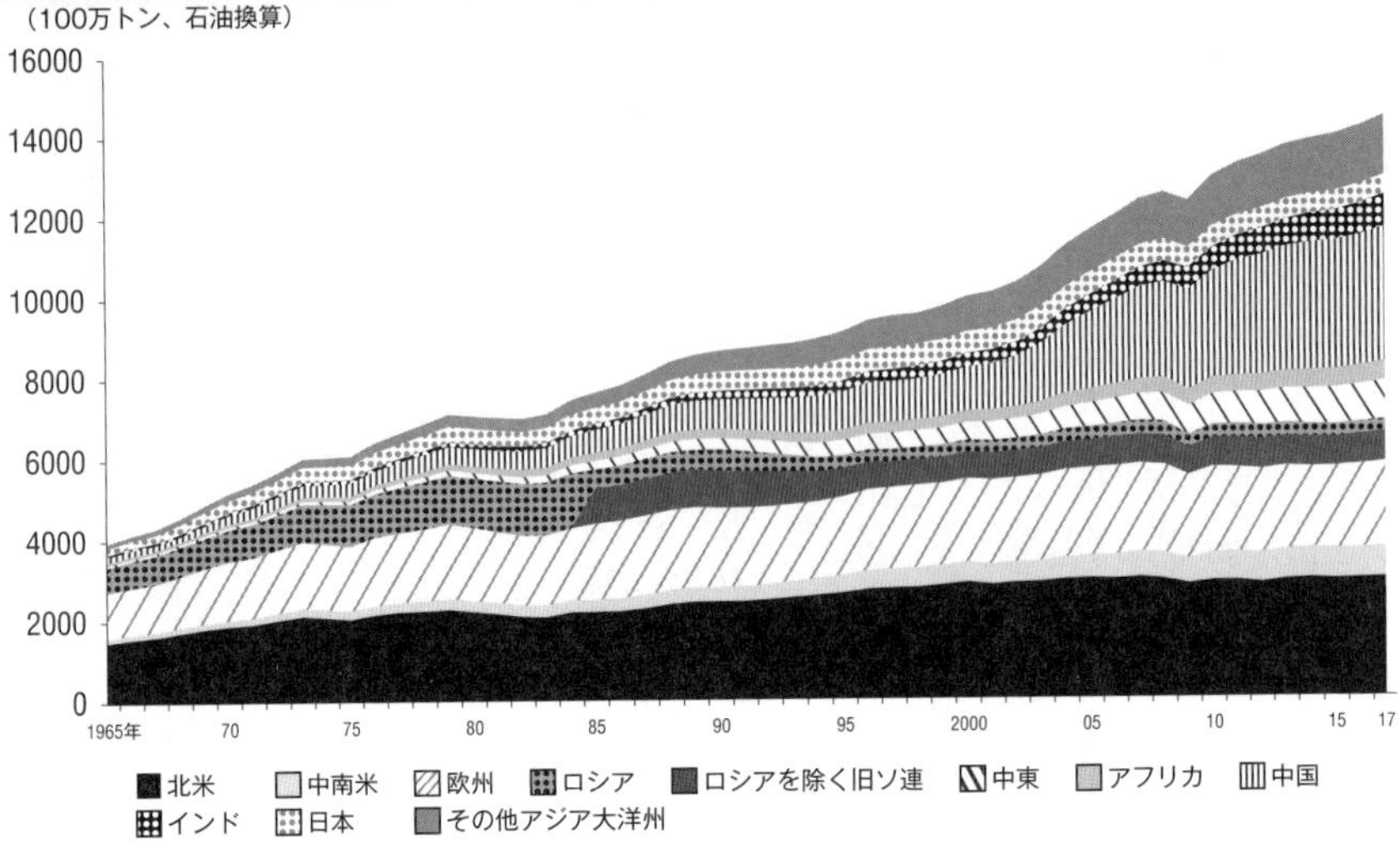

「bp-stats-review-2018-all-data」をもとに作成

需要地は欧米からアジアへ

産業革命後の欧州や高度経済成長期の日本で、エネルギー需要が爆発的に増加したのと同様、現在東南アジアや南アジアで需要が急拡大している。

今後もアジア地域の伸びが見込まれるほか、南米、そして「最後のフロンティア」と呼ばれるアフリカの需要増が続くと予測されている。

次にエネルギー源別では、1次エネルギー消費に占める割合は石炭が1900年に95%、13年に92%、20年に86%と石炭全盛の時代が続いた。石油も徐々にシェアを増やし、50年に30%に達した。63年にはシェア約40%と石炭とほぼ並び、以降シェア33%の現在に至るまで首位となっている。20世紀が「石油の世紀」と呼ばれるゆえんである。2016年はガスが24%、石炭が28%、水力が4%、原子力が7%、再生可能エネルギーが4%という比率になっている。ガスは1970年以降、20%前後で一定の需要がある。

世界の1次エネルギー消費構成比の推移

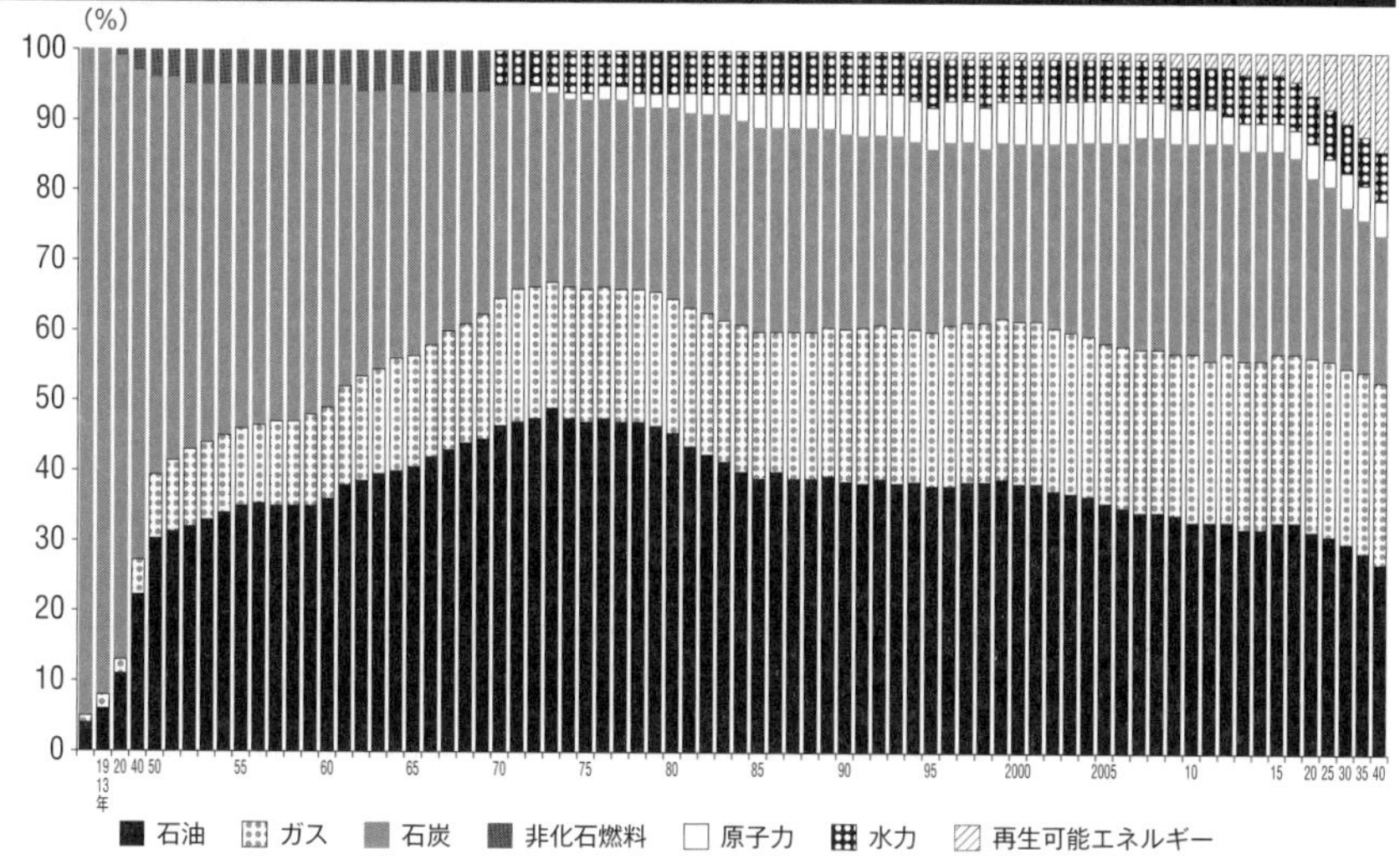

「BP Energy Outlook 2018 edition」をもとに作成、2020年以降は予測

見通しは不確実性を多分にはらんでいる。アメリカのトランプ政権によるパリ協定脱退表明のような不測の事態や、シェール革命のような革新的技術の開発により、予測は見直しを余儀なくされる。今回は主にBPの統計を拠りどころとしたが、IEA（国際エネルギー機関）や日本エネルギー経済研究所の各統計で、前提や試算結果は異なる。前述のエネルギー基本計画をめぐっては、こうした不確実性がどの程度あり得るものかを議論しつつ、その中でエネルギー自給率が低く、海外と接続する送電網やパイプラインを持たない日本がどのような選択肢を取り得るかを話し合った。導き出されたのは、地球温暖化対策が急務であるという共通認識のもとに、再生可能エネルギーの普及と脱化石燃料の加速という方向性である。

資源に乏しいながら、世界屈指の省エネ技術を誇る日本、そのエネルギー各産業がどういった取り組みをしているか、次章以降、詳しく見ていきたい。

Column1

原子力の光と影

1963年、旧日本原子力研究所が実験炉で原子力による国内初の発電に成功した。その日、10月26日は「原子力の日」とされている。54年に旧ソ連が世界初となる原子力発電所の運転を始めてから約9年後の出来事だった。

太平洋戦争後の日本は電力需要が急増していたが、原子力関連の研究は連合軍により禁じられていた。52年のサンフランシスコ平和条約発効による解禁後、原発をめぐる動きが一気に本格化し、55年に原子力基本法が成立し、翌56年に原子力委員会ができた。57年には日本原子力発電が発足、66年に国内初の原発、東海発電所の運転を始めた。これを皮切りに国内で原発建設ラッシュとなった。

一方、原子力政策が動き出した50年代前半、被爆国としての抵抗感から、原子力推進に反対する世論も少なくなかった。54年に起きた第五福竜丸事件が大きな反原子力運動につながった。

公害が社会問題化する中で、「NIMBY」（ニンビー）という意識も広がるようになった。"Not In My Back Yard"（うちの裏庭ではやめて）の頭文字で、「施設は必要かもしれないが、自分の住んでいる地域ではやめてほしい」といった趣旨である。原発建設計画のある地域の住民らが反対する理由の1つとされ、アメリカのスリーマイル島原発事故（79年）や旧ソ連のチェルノブイリ原発事故（86年）が反対運動に拍車をかけた。

そして福島第1原発事故が起き、世論は反原発へと強く傾いた。全国で原発の運転差し止めを求める市民団体の仮処分申し立てが相次ぎ、原発に対する社会の理解を得る難しさを示している。

Chapter2

電力業界の基礎知識

1 電気が家庭に届くまで
――安定供給を支える施設と備え

発電の仕組み

テレビや照明、冷蔵庫に冷暖房、家の多くの機器に電気が使われ、最近はＩｏＴ（Internet of Things：モノのインターネット）でネットとつながる家電も増え、電気の用途はますます多様化している。その電気を安定的につくって送り続けるため、休みなく支えているのが大手電力や新電力である。

電気は光や熱、動力、通信の媒介手段として使われる。発電所でつくり出され、送電線、変電所、配電線を通じて家庭やビル、学校などに届けられる。

発電方法は火力、水力、原子力のほか、太陽光や風力に代表される新エネルギー、新エネルギーを含むさらに広い概念の再生可能エネルギーがある。

発電の原理は、エネルギーを利用してタービンを回して動力源とし、つながった発電機を動かすというのが、多くの電源に共通している。その電源をいかに組み合わせるかの「エネルギーミックス」が今まさに問われている。

電源ごとに長所、短所があり、石炭は低コストだが二酸化炭素の排出が多い。逆に風力発電や太陽光発電は排出量が少ないが、高コストが難点である。原発は安全な運転と社会の理解が最重要課題となっている。また、最大出力に達するまでにかかる時間の長短や、天候による出力の変動、設備メンテナンスのために運転できない期間なども勘案し、地域、季節に応じたバランスのよい運転が求められる。

最近では開発が進む太陽光発電など再生可能エネルギーによる発電量が増え、需給の調整がより複雑化するとともに、より重要になってきている。四国電力のエリアでは2018年5月に日中の太陽光発電の最大出力が177万kWに達し、その時間の電力需要全体の8割を占めた。火力電源の抑制や、揚水発電の運転などにより需給バランスを維持、電力の安定供給を確保したという。こういった再生可能エネルギーの急増などに伴い、他の電源の出力を調整することを、業界では「しわ取り」と呼んでいる。

発電から配電まで

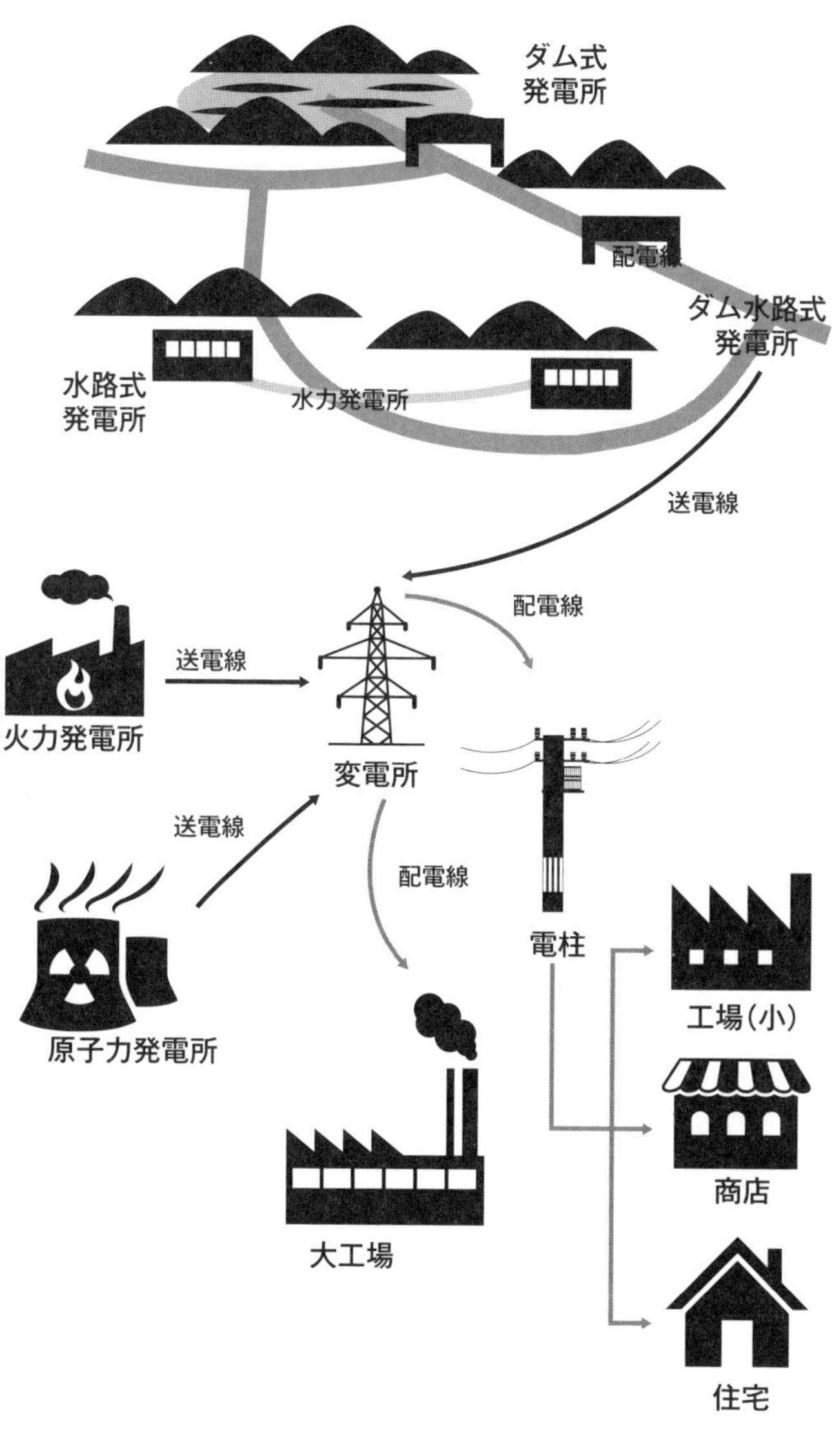

長野県のウェブサイトなどをもとに作成

火力発電

一口に火力発電と言っても、燃料となる石炭と石油、LNGはそれぞれ特徴が異なる。石油や石炭、LNGを燃焼して水を熱し、その際に発生する高圧の蒸気でタービンを回して電気をつくる。これを「汽力発電」と言うのに対し、蒸気の代わりに高圧のガスを使う「ガスタービン発電」もある。汽力とガスタービン両方の発電を組み合わせた方式は「コンバインド・サイクル発電」と呼ばれる。

東京電力と中部電力による折半出資の共同事業会社JERAが最大規模の火力設備を保有することになる。18年7月現在、東電、中部電がそれぞれ持つ火力発電の出力合計は6600万kW超で、日本全体の火力の約4割を占める。次いで、関西電力の1944万kW、東北電力の1235万kWが続く。

日本最大の出力規模を持つのは重油やLNGを燃料とする東京電力フュエル&パワーの鹿島発電所（茨城県）で、1~7号機で計566万kWである。

各火力燃料の特徴

	調達価格などの経済性	仕向け地条項など調達しやすさ	二酸化炭素排出量など環境性	発電量当たりの必要量
LNG	○	△	◎	◎
石炭	◎	○	△	△
石油	△	○	○	○

電力会社の資料などをもとに作成

火力発電の仕組み

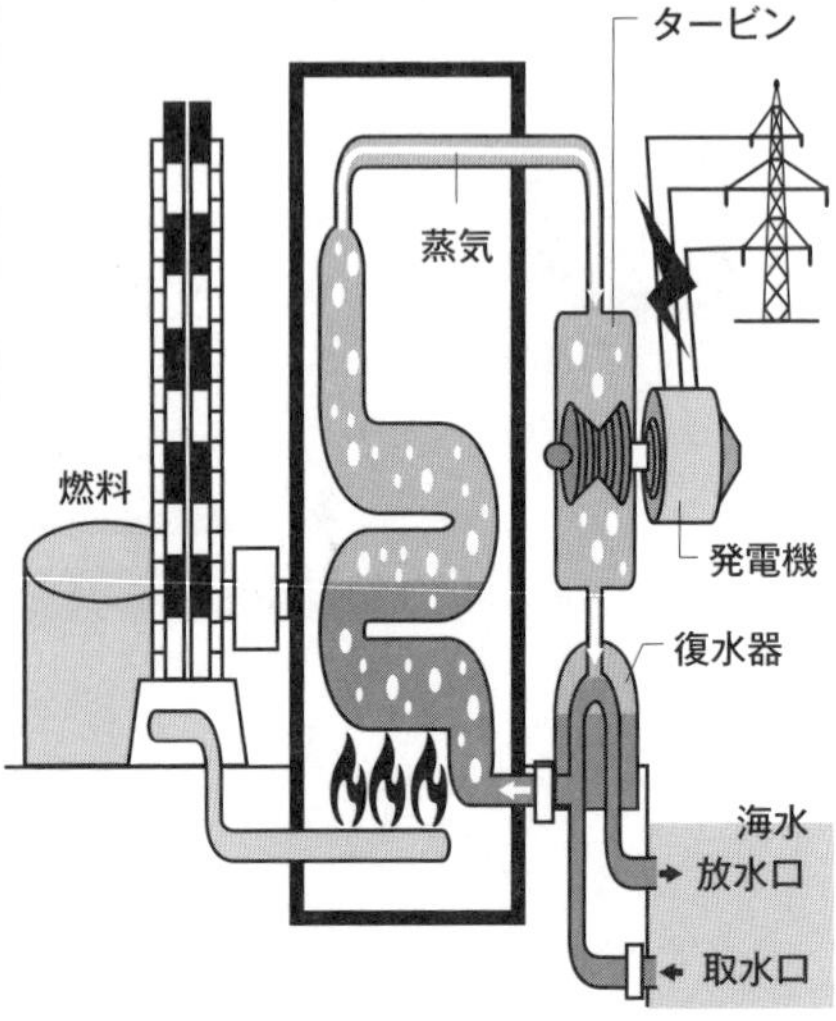

四国電力の資料をもとに作成

水力発電

水力発電は、水が高いところから低いところへ落ちる力で水車を回し、水車とつながった発電機で電気をつくる。水量が多いほど、水が落下する高低差が大きいほど多く発電できる。しばしばダムが利用されるのはそのためである。中には、火力や原発でつくられた電気を使って夜間に水を汲み上げ、電気がたくさん必要な昼間に、水を落として電気をつくる揚水発電もある。

かつては川をダムでせき止めて造る大規模な電源開発が進んだ。最近は大規模開発の余地が少なくなり、中小規模の水力発電に注目が集まっている。「中小」に明確な定義はなく、概ね3万kW以下の出力の水力を指すことが多い。

日本全体の水力発電は18年7月現在、出力4956万kWで、大手10社の合計が3721万kWと約8割を占める。全体の内訳は一般的な水力発電が2209万kW、揚水発電が2747万kWとなっている。

水力発電の仕組み

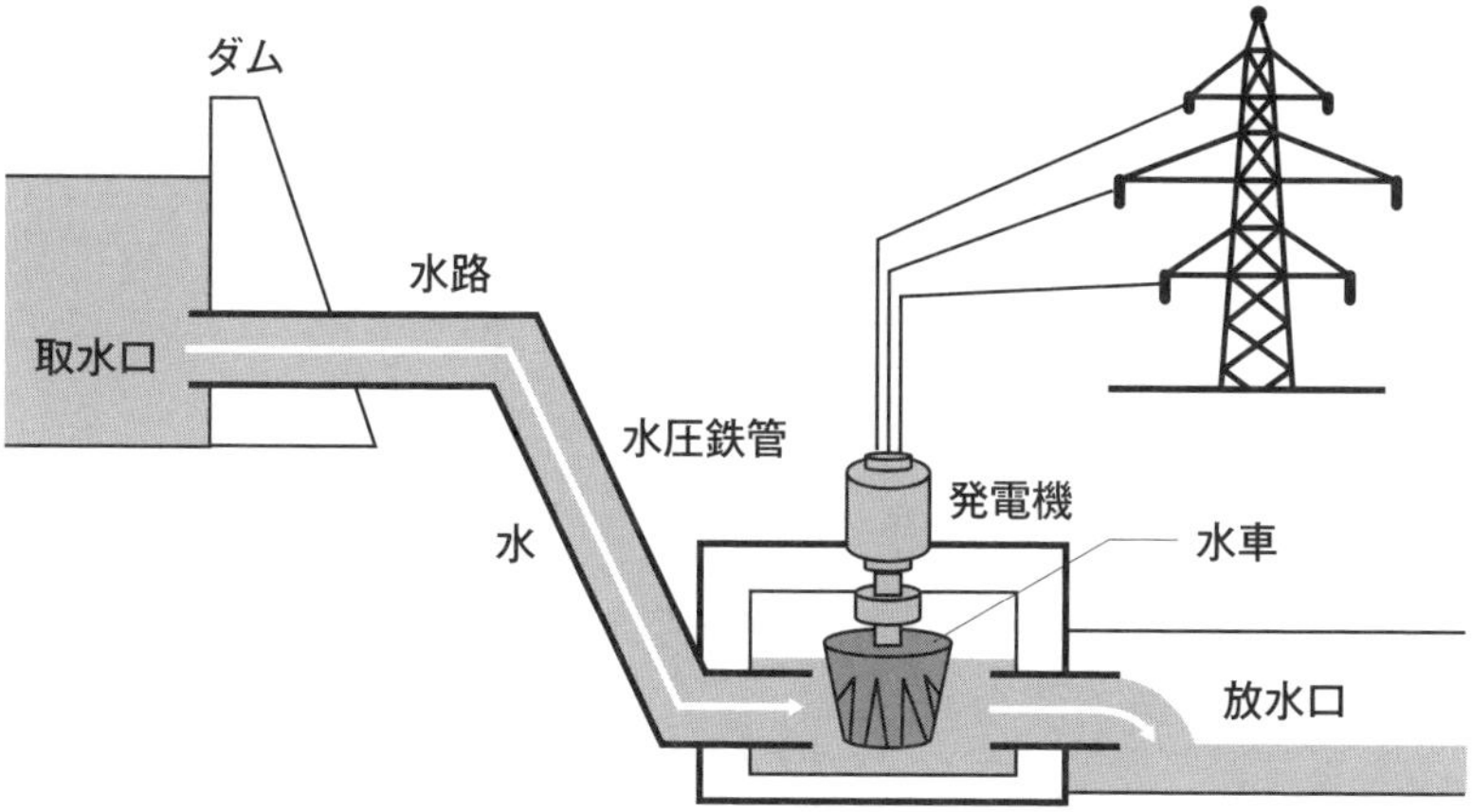

四国電力の資料をもとに作成

エネルギー業界 最新動向
電力業界 基礎知識
電力業界 主要企業
ガス業界 基礎知識
ガス業界 主要企業
石油業界 基礎知識
石油業界 主要企業
エネルギー業界 世界動向

揚水発電の仕組み

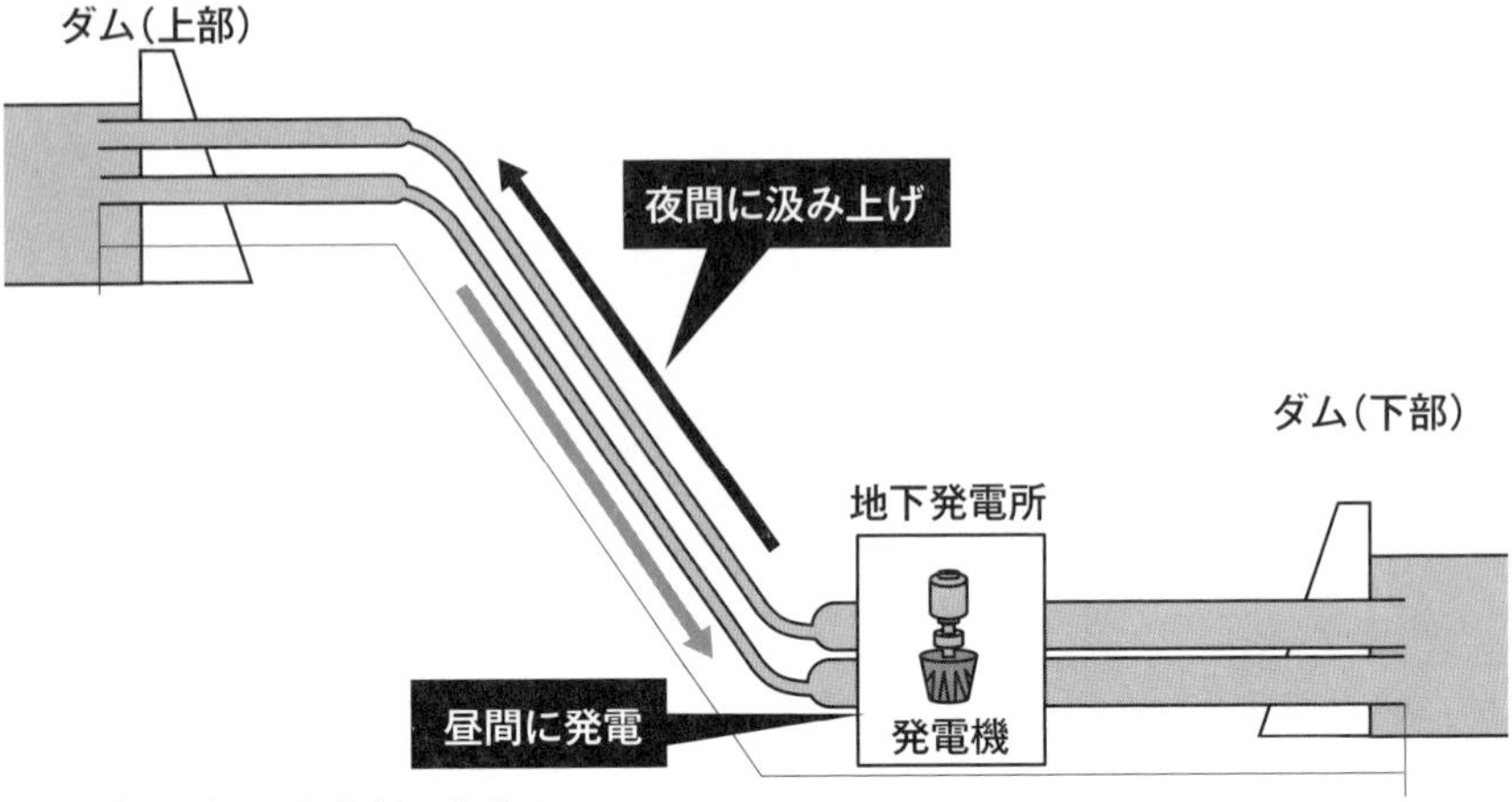

首相官邸ウェブサイトなどをもとに作成

原子力発電

原子力発電は、ウランの核分裂に伴う熱による蒸気でタービンを回して電気をつくる。核分裂の熱を冷やすために水を利用する原発を軽水炉と言う。大きく分けて沸騰水型軽水炉（ＢＷＲ）と加圧水型軽水炉（ＰＷＲ）の2種類がある。ＢＷＲは原子炉で直接蒸気を発生させるのに対し、ＰＷＲは原子炉で高温加圧した1次冷却水を蒸気発生器に送り、間接的に蒸気を発生させるという違いがある。ＰＷＲは丸いドーム状の屋根が特徴的である。

原発の是非をめぐっては議論百出で、安全、安心はもとより地球温暖化対策、経済性、廃炉、技術継承、使用済み核燃料の処理など論点が多い。後ほど見ていくとして、日本国内における原発の稼働や廃炉の状況、設備容量は22〜23ページの通りである。世界では、中国やロシアを中心に建設計画がある。

原子力発電の仕組み

PWR

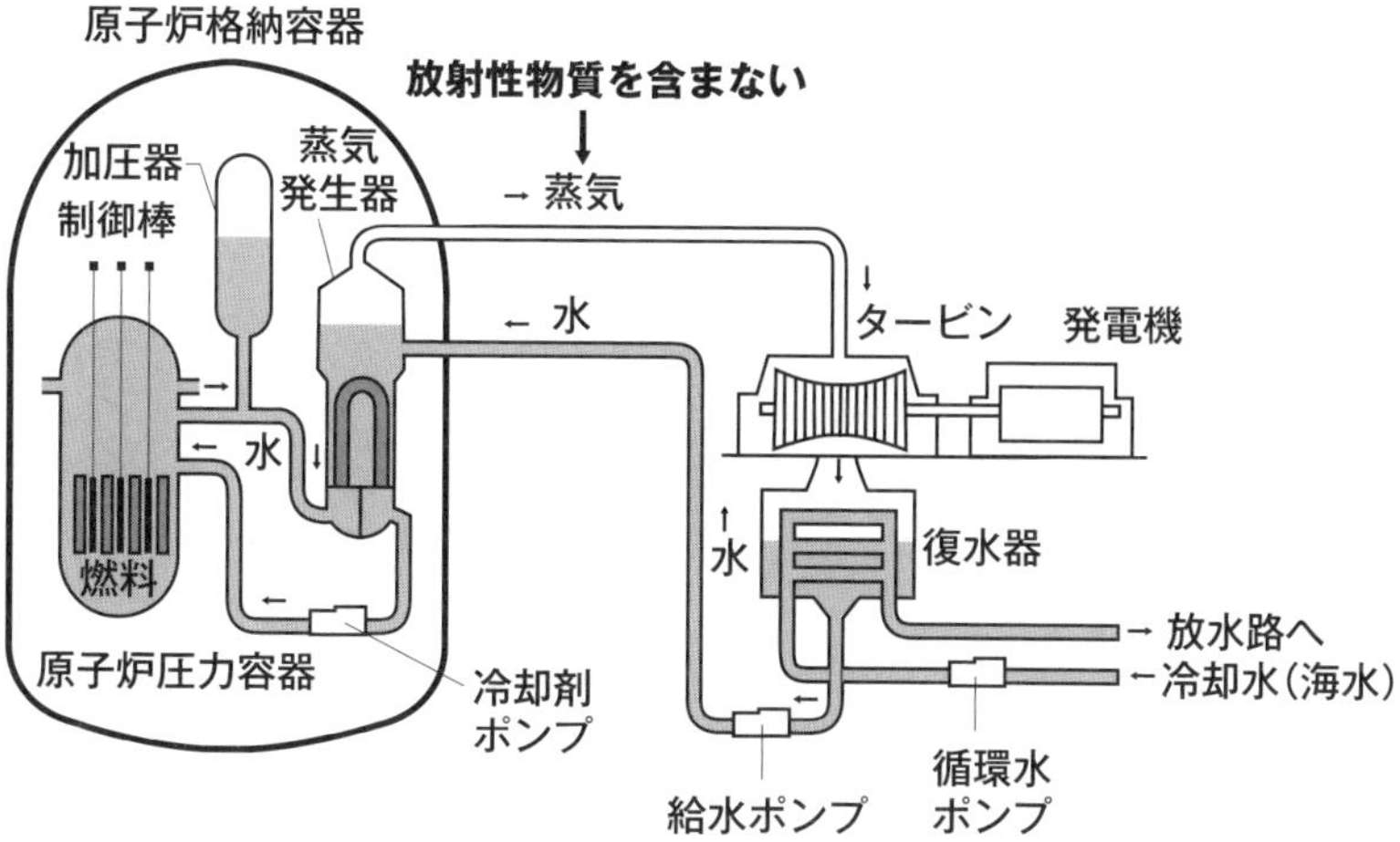

BWR

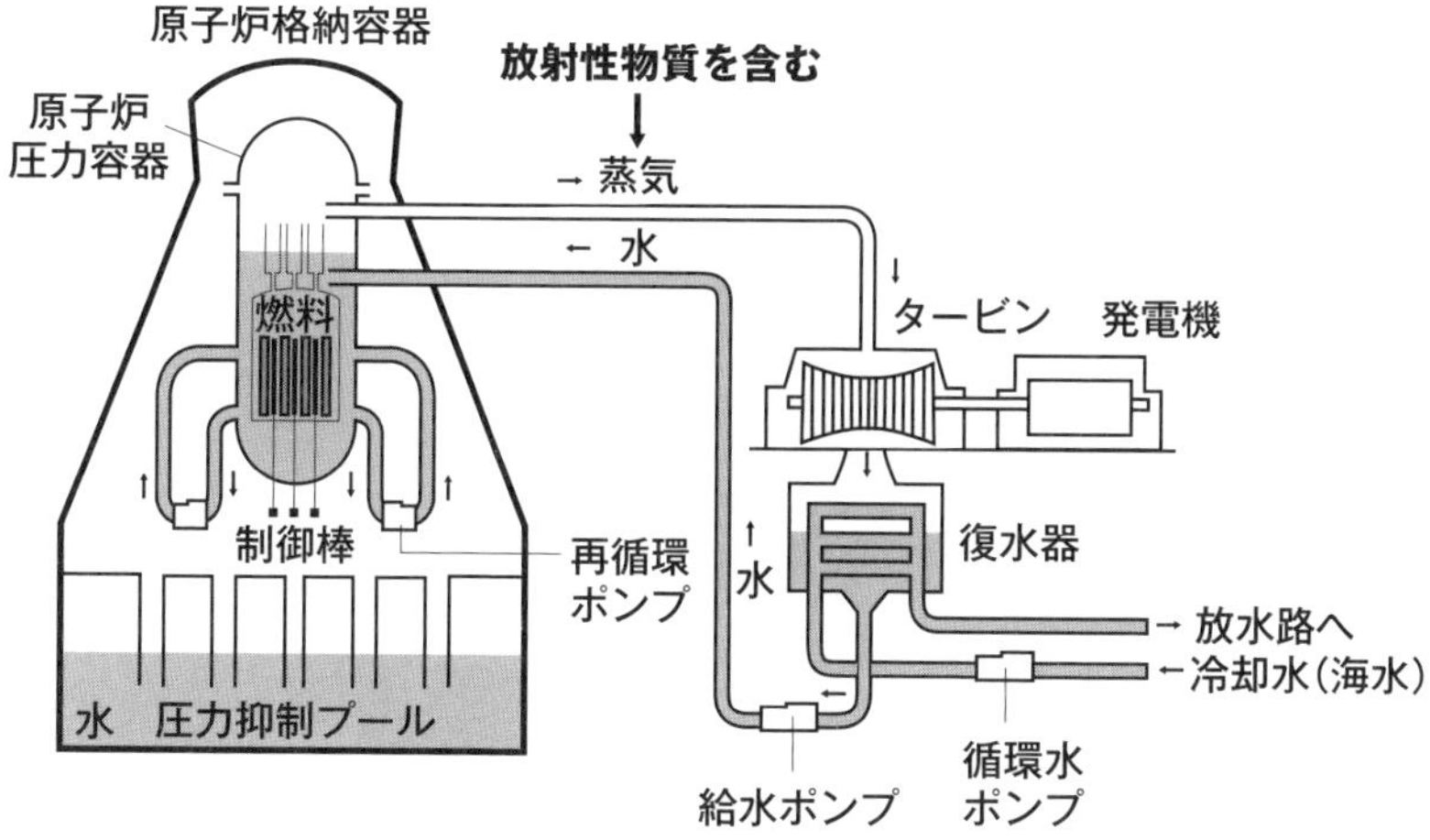

九州電力などの資料をもとに作成

2 期待高まる再生可能エネルギー
——主力電源への道のり

エネルギー源の分類

水力発電は再生可能エネルギーに分類される点で、火力発電、原子力発電と一線を画す。さらに再生可能エネルギーの中でも、経済性の観点から十分に普及していない技術は「新エネルギー」に分類される。例えば水力でも中小規模なら新エネルギーの範疇に入る。

再生可能エネルギーのうち、海洋エネルギーは、波が打ち寄せる力による波力発電や、潮の満ち引きによる高低差を利用する潮汐発電、海洋温度差発電などに分かれる。

エネルギー源の分類

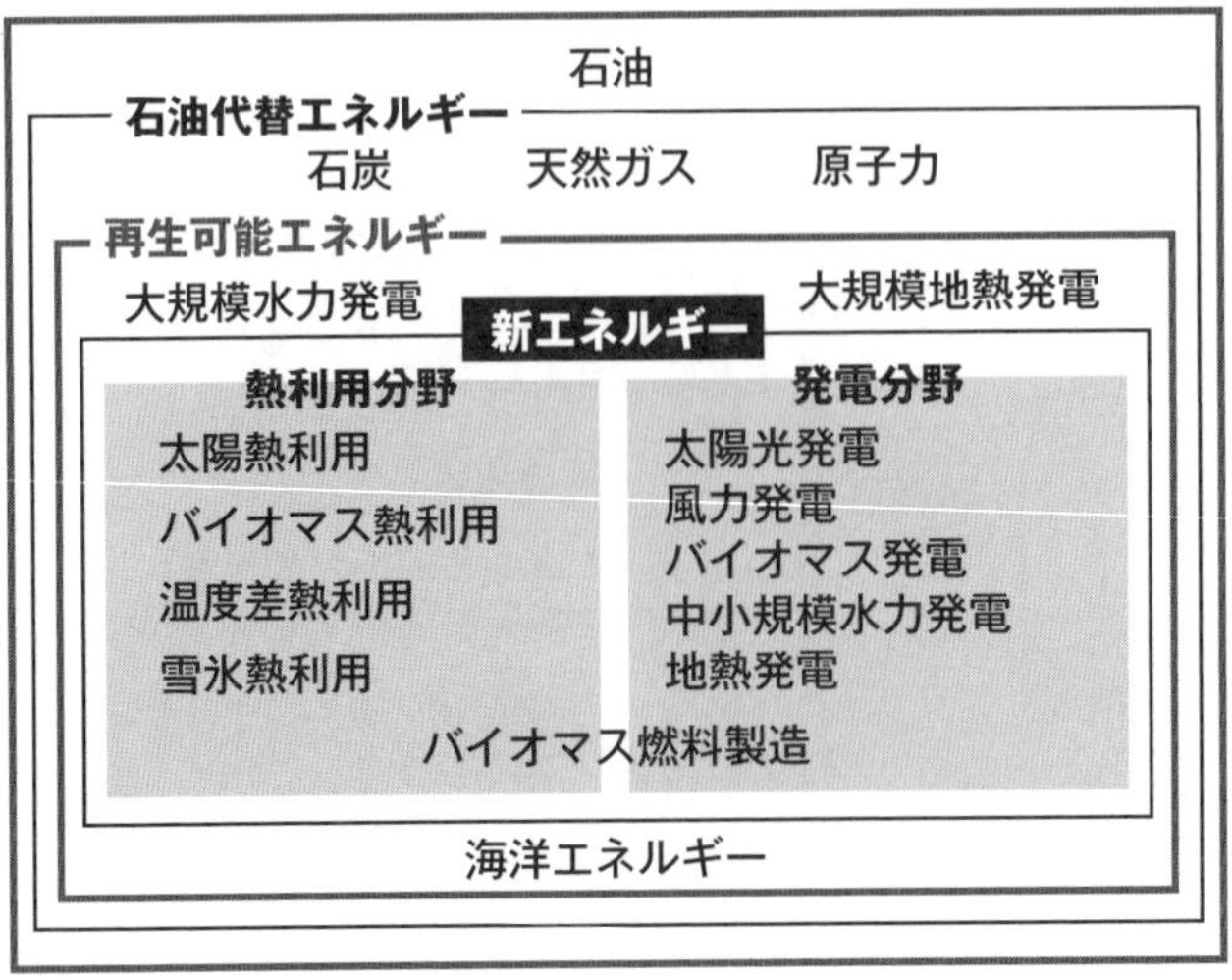

主力電源への道のり

再生可能エネルギーの導入拡大は経産省や電力業界にとって最優先事項であると言っていい。エネルギー基本計画では、第4次、第5次とも、２０３０年度に電源全体の22～24％程度とされ、主力電源化を推し進めている。14年に作られた第4次計画で太陽光、風力、地熱、バイオマスなどの再生可能エネルギーは「温室効果ガス排出のない有望かつ多様で、重要な低炭素の国産エネルギー源。３年間、導入を最大限加速し、その後も積極的に推進」と謳われた。

導入拡大へ促進策を試行錯誤

第５次エネルギー基本計画は、再エネ主力化の方針は示すものの、課題や論点の整理が中心で、即効性、具体性のある導入策が決まったわけではない。高コストの導入費など、難題が山積みである。

過去にも02年からＲＰＳ制度で導入促進策が講じられてきたが、実効性はいま一つであった。ＲＰＳは「再生可能エネルギー導入量割当」(Renewables Portfolio Standard) 制度で、電力会社に対して一定割合の再エネ導入を義務付けるものだった。

また、09年から12年は「余剰電力買い取り制度」が実施され、電力大手は、太陽光発電で余った電力を、発電業者から一定の価格で買い取ることが義務付けられた。これにより徐々に太陽光発電導入量は増えつつあった。

固定価格買い取り制度の成果と課題

東日本大震災を経て、12年に施行された「再生可能エネルギー特別措置法」により「固定価格買い取り制度」(ＦＩＴ；Feed-in Tariff) が始まった。電力会社が一定期間定額で買い取る仕組みである。事業者にとっては投資回収の見通しが立ちやすい一方、天候による発電量の増減が不透明な点は課題とされている。当時は、前年に起きた原発事故を背景に再エネに対する期待が高まり、新規参入が相次いだ。

再生可能エネルギーの買い取り価格

<table>
<tr><th></th><th></th><th>2012年度</th><th>15年度</th><th>18年度</th></tr>
<tr><td rowspan="6">太陽光</td><td rowspan="2">10kW以上</td><td>40円+税</td><td>29円+税</td><td>18円+税</td></tr>
<tr><td colspan="3">20年間</td></tr>
<tr><td rowspan="2">10kW未満</td><td>42円</td><td>35円</td><td>28円</td></tr>
<tr><td colspan="3">10年間</td></tr>
<tr><td rowspan="2">10kW未満
(ダブル発電)</td><td>34円</td><td>29円</td><td>27円</td></tr>
<tr><td colspan="3">10年間</td></tr>
<tr><td rowspan="6">風力</td><td rowspan="2">20kW以上</td><td>22円+税</td><td>22円+税</td><td>20円+税</td></tr>
<tr><td colspan="3">20年間</td></tr>
<tr><td rowspan="2">20kW未満</td><td>55円+税</td><td>55円+税</td><td>20円+税</td></tr>
<tr><td colspan="3">20年間</td></tr>
<tr><td rowspan="2">洋上風力</td><td>–</td><td>36円+税</td><td>36円+税</td></tr>
<tr><td>–</td><td colspan="2">20年間</td></tr>
<tr><td rowspan="6">水力</td><td rowspan="2">1000kW以上
3万kW未満</td><td>24円+税</td><td>24円+税</td><td>20円+税</td></tr>
<tr><td colspan="3">20年間</td></tr>
<tr><td rowspan="2">200kW以上
1000kW未満</td><td>29円+税</td><td>29円+税</td><td>29円+税</td></tr>
<tr><td colspan="3">20年間</td></tr>
<tr><td rowspan="2">200kW未満</td><td>34円+税</td><td>34円+税</td><td>34円+税</td></tr>
<tr><td colspan="3">20年間</td></tr>
<tr><td rowspan="4">地熱</td><td rowspan="2">1万5000kW以上</td><td>26円+税</td><td>26円+税</td><td>26円+税</td></tr>
<tr><td colspan="3">15年間</td></tr>
<tr><td rowspan="2">1万5000kW未満</td><td>40円+税</td><td>40円+税</td><td>40円+税</td></tr>
<tr><td colspan="3">15年間</td></tr>
<tr><td rowspan="4">バイオマス</td><td rowspan="2">メタン発酵ガス</td><td>39円+税</td><td>39円+税</td><td>39円+税</td></tr>
<tr><td colspan="3">20年間</td></tr>
<tr><td rowspan="2">間伐材等由来の
木質バイオマス
(2000kW以上)</td><td>32円+税</td><td>32円+税</td><td>32円+税</td></tr>
<tr><td colspan="3">20年間</td></tr>
</table>

経済産業省資源エネルギー庁の資料をもとに作成。年数は買い取り期間

導入量は次項で示した通りで、普及は進みつつあるが課題も多い。

その固定価格は毎年改定され、太陽光（10kW以上）は12年度に1kW時当たり40円だった買い取り価格が、18年度には18円まで下がった。風力発電も、出力20kW未満の小型風力発電の買い取り価格は、17年度までの1kW時当たり55円から18年度は20円と大幅に引き下げられた。

世界の再エネコストが低下しているのに比べ、日本は依然として割高である。年々、国民が負担する再エネ賦課金も上昇傾向が続いている。こうしたことを踏まえ、第5次エネルギー基本計画では「再生可能エネルギー源の最大の利用の促進と国民負担の抑制を、最適な形で両立させるような施策の組合せを構築することを軸とし、（中略）２０２０年度末までの間に抜本的な見直しを行う」との方針を示している。

3 コスト低減が急務——太陽光や風力、中小水力の各電源

太陽光——震災後に導入量急拡大

太陽光発電は太陽の光が当たることでパネル状の太陽電池を構成する半導体が反応し、発電する仕組みである。太陽電池が光エネルギーを電気に変換する時の効率を「変換効率」と呼び、数値が高いほどたくさんの電気を生むことができる。太陽電池の種類によって変換効率には差がある。シリコン系や化合物系、有機系、それから有機・無機のハイブリッド系があり、それぞれ発電効率が異なる。現在はシリコン系が主流で、世界市場の8割以上を占めている。

市販されている太陽電池の変換効率は、およそ15~20%だが、日本メーカーが26%を超えて世界最高水準となっている。さらに実証段階では37%も達成しているほか、理論上は60%まで可能とされ、期待が高まっている。

普及を担うのが、近年ニュースでも日常化してきた大規模太陽光発電所「メガソーラー」である。出力1MW（メガワット）、つまり1000kW以上の大規模な設備であり、1MWにより一般家庭約300世帯分の年間使用電力を賄えるとされる。

火力発電と異なり、エンジンやタービンといった稼働部分がないため、故障しにくい。一方、太陽光が当たらない夜や曇り、雨など日照不足の時は十分に発電できず、設備の稼働率が不安定なのが難点である。

設備の販売シェアはかつて2000年代初頭にシャープが世界一を誇っていた。08年にはテレビコ

マーシャルに女優の吉永小百合さんが登場し「救うのは太陽だと思う」と太陽光発電の時代が来ていることを大々的に伝えていた。シャープはその後、中国など低価格品を武器に台頭した新興メーカーの後塵を拝することになった。16年に大阪で鴻海《ホンハイ》精密工業の傘下入りが決まった後のシャープの取材を担当した際、幹部は「投資の規模と時期があかんかった。方向性は間違っていなかったはず」と悔しがっていた。

12年度に固定価格買い取り（ＦＩＴ）制度が始まると、メガソーラーの建設などで急拡大し、導入量は開始前の５６０万kWから、18年３月末には４４５０万kWとなった。ただ、設備として認定されている７５８０万kWに対し、運転開始済みは半分以下となっており、対策が議論されている。一方、急拡大したために送電網の容量をオーバーし、電気を送電線に接続できないといった事態が、四国や九州で起きている。

また、新規参入の増加による競争激化で採算割れを起こすなどして太陽光発電を手掛ける事業者の倒

太陽光発電の国内導入量とシステム価格の推移

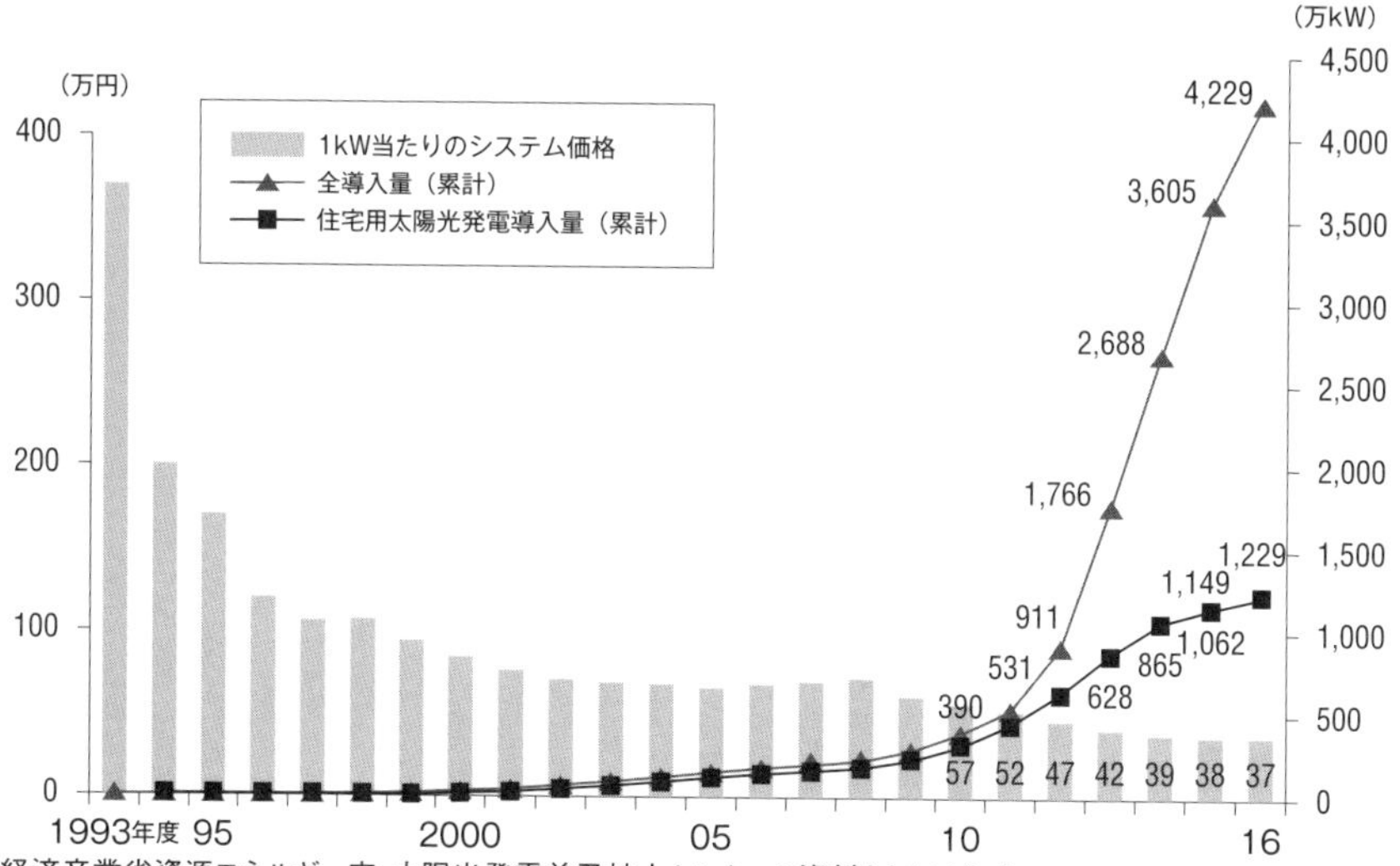

経済産業省資源エネルギー庁、太陽光発電普及拡大センターの資料をもとに作成

産も目立つようになっている。東京商工リサーチの調査では、17年に太陽光発電関連の倒産件数は調査を始めた00年以来過去最多の88件（前年比35・4％増）となった。欧米に比べ割高なシステム費用の低減も課題とされる。

19年度には09年の制度開始時から太陽光発電の余剰電力を売電してきた世帯の契約が終了する。対象とされる50万世帯が自ら電気の売り先や価格を決める必要があり、電力業界にとっても初めての事態を迎える。

こうした課題はあるものの、太陽光が再エネ普及を推し進める原動力となるのに疑いはない。経産省は規制緩和や広報活動を強化しつつ、導入拡大の手綱を引く。

風力――洋上に熱視線

太陽光と同様、再エネ普及の鍵となる、技術革新が目覚ましい電源である。文字通り、風の力を利用して発電するもので、原理は風車と一緒である。日

日本国内の風力発電導入量の推移

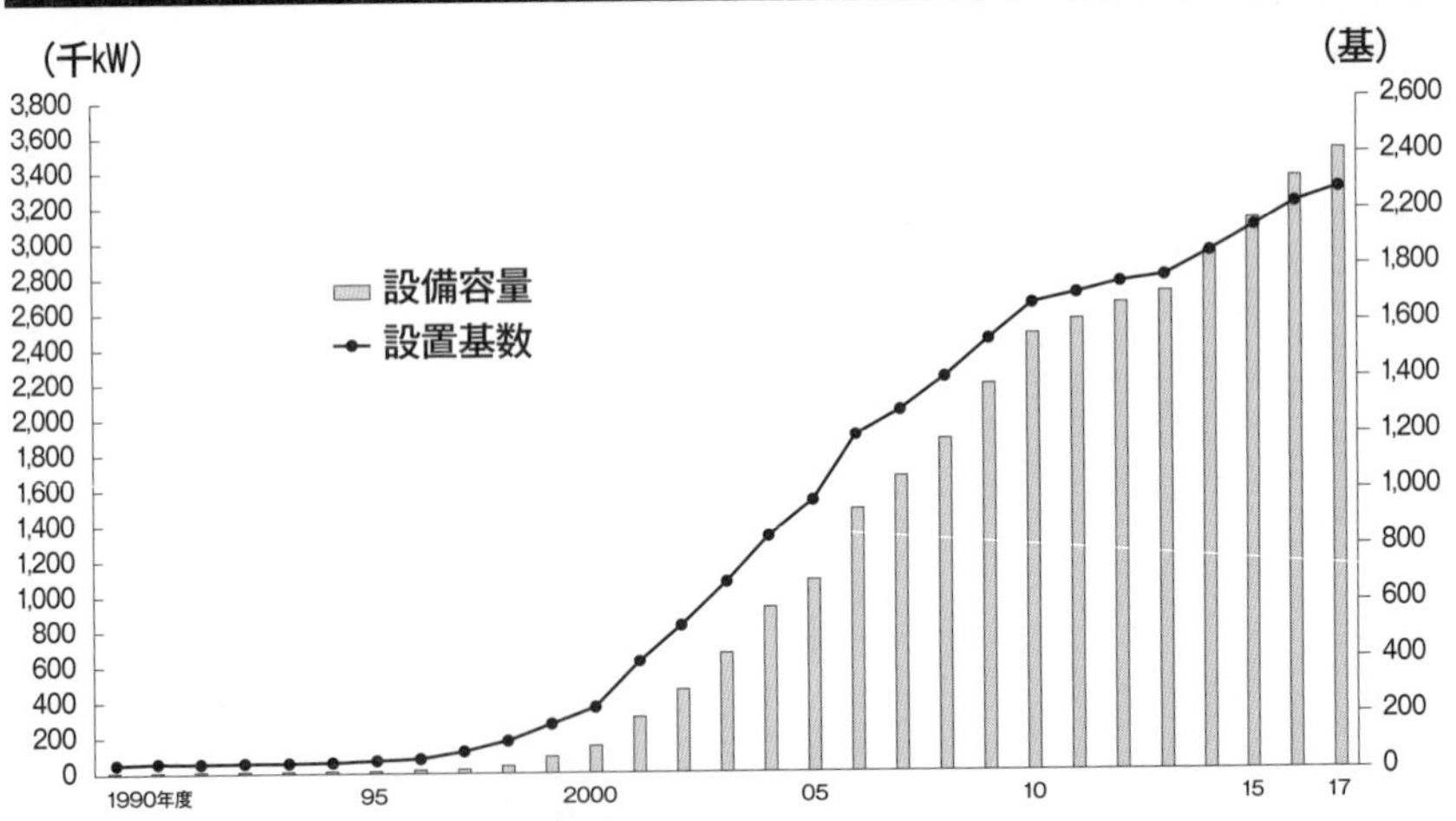

新エネルギー・産業技術総合開発機構の資料をもとに作成

本では１９７０年代から本格的に導入が進んできた。ブレードと呼ばれる羽根で風を受けて、連動するモーターで発電する。風が強く、遮る物の少ない海岸沿いや山あいが立地に適している。

ＦＩＴ開始前に２６０万kWだった導入量は、18年３月までに１００万kWの微増にとどまる。ただ、認定量を見れば、約７７０万kWと3倍近くまで伸びている。これは太陽光発電設備と同様、着工済みあるいは未着手で、運転開始はこれからの設備が多いことを示す。海外と比べて高いコストをいかに下げられるかが普及拡大を左右する。

また、開発が進んで好立地が減ってきており、今後注目される余地は洋上である。特に東北各県で導入が進む兆しがある。ただ、発電設備の建設や運転時の騒音により漁業に影響が出るとして、地元漁協の理解が得られるかなども焦点となっている。

中小水力——高コストがネック

前述の通り、中小水力の定義は明確でないが、本書では、ＦＩＴ制度が適用される３万kW未満の電源を中小水力発電とする。制度開始後、認定量は徐々に増加してきているが、初期投資のリスクや建設コストといった壁があり、新規開発は十分に進んでいない。諸外国と比べて高コストであり、買い取り価格も高止まりしている。

中小水力の好適地

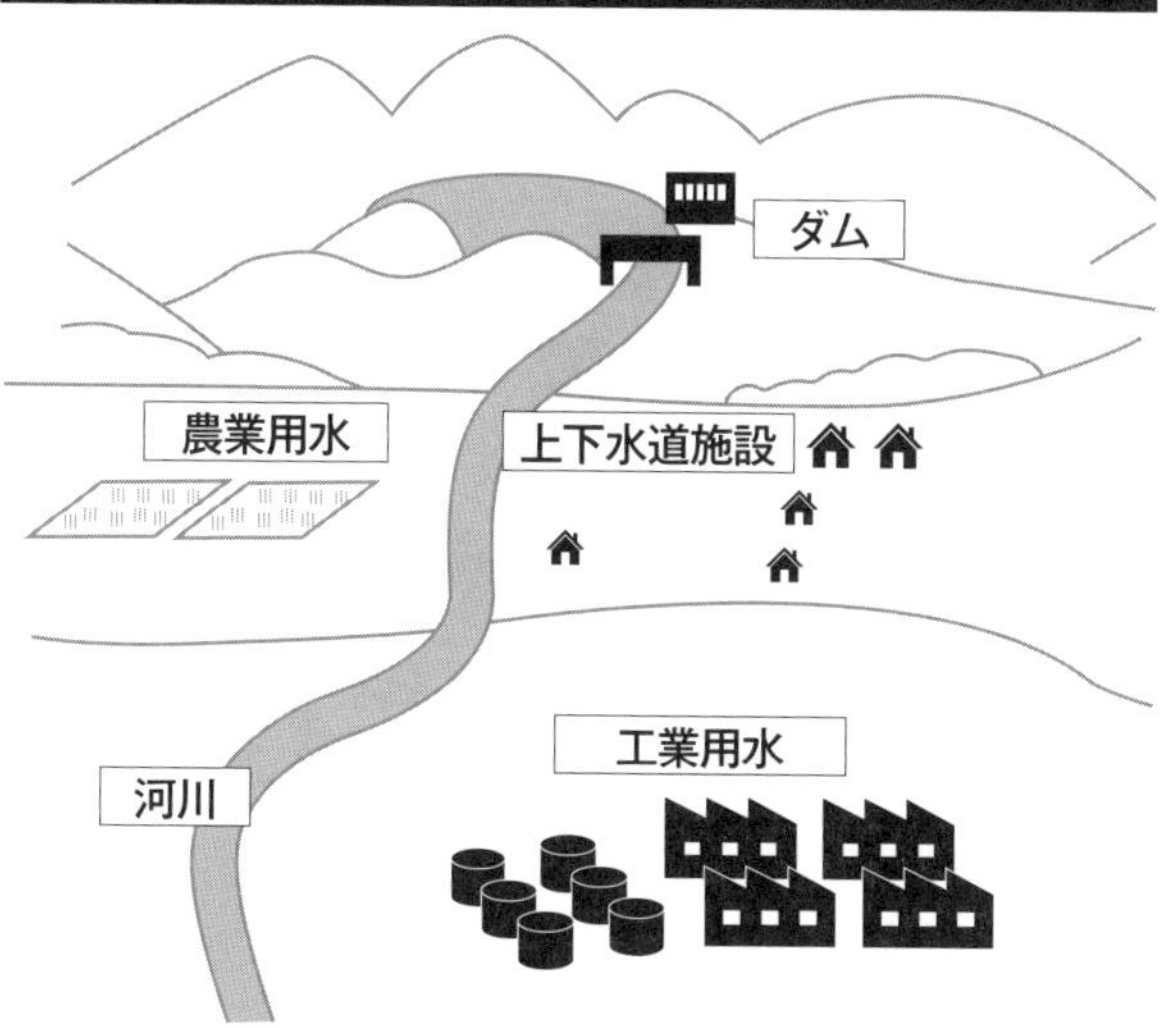

水力設備メーカー各社の資料をもとに作成

機器を新設できるのは、一定の流量、落差がある場所に限定されており、残る未開発地点の多くは奥地で小規模など自然条件が厳しい。そのため、土木の工事費がかさみやすいほか1年以上の流量調査が必要で、その結果、事業性が確保できないこともある。また、河川法をはじめ水源の利用許可など手続きも多い。そうした初期投資のリスクや制約の多さから、二の足を踏む事業者がいるのも一側面である。新技術やコスト低減、規制緩和などを通じ、一層の新規開発が望まれている。

地熱――初期投資にリスク

日本はインドネシア、アメリカに次ぐ世界3位の地熱資源量に恵まれているが、導入量では第10位に甘んじている。30年までに導入量140万～155万kWを目指しているが、固定価格買い取り制度開始後も約2万kWと少ない。

今後は、規制緩和で開発できるようになった国立公園などを中心に、新規開発が期待される。北海

地熱発電の仕組み

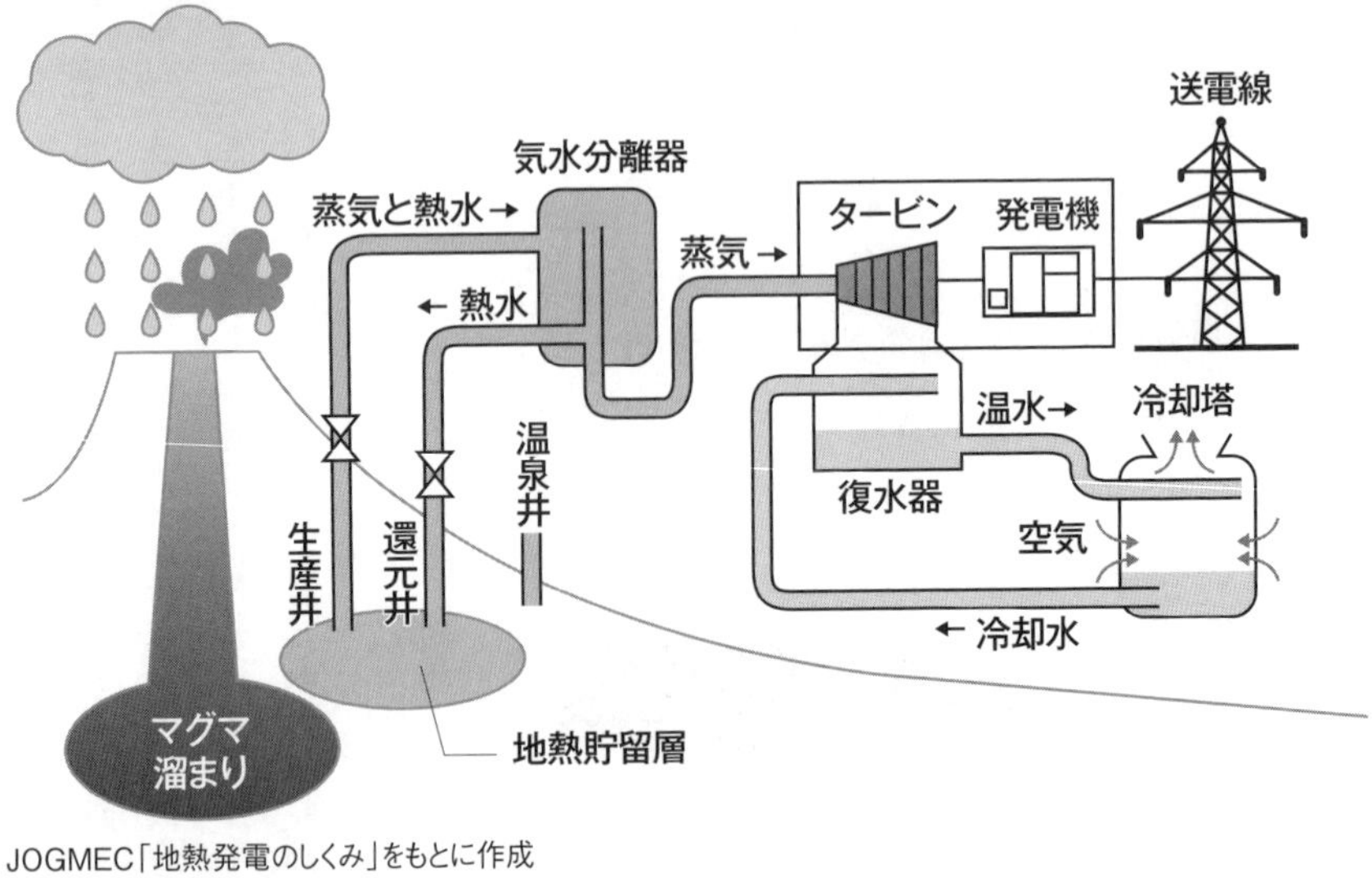

JOGMEC「地熱発電のしくみ」をもとに作成

道や東北、九州の各地に資源開発の可能性が潜在している。

ただ、開発が進むにつれて、発電可能量が判明してくるという事業特性もあり、開発初期段階の投資は、他の電源と比較しても大きい。地熱は、地下のエネルギー資源を活用する点から、石油やガスの掘削とも親和性がある。そうした背景もあり、政府は石油天然ガス・金属鉱物資源機構（ＪＯＧＭＥＣ）に地熱資源開発の探査に対する出資機能を追加し、開発を後押ししている。15年7月に岩手県松尾八幡平地区での開発案件が出資第1号として採択され、17年に開発・発電段階に移行した。発電規模は7000kWと想定されている。

バイオマス——地産地消で期待

「バイオマス」は、動植物などから生まれる有機性エネルギー資源である。石油など化石燃料は除かれる。バイオマス発電は、間伐材などの直接燃焼による発電と、下水汚泥などのガス化による発電に大別

バイオマス発電のイメージ

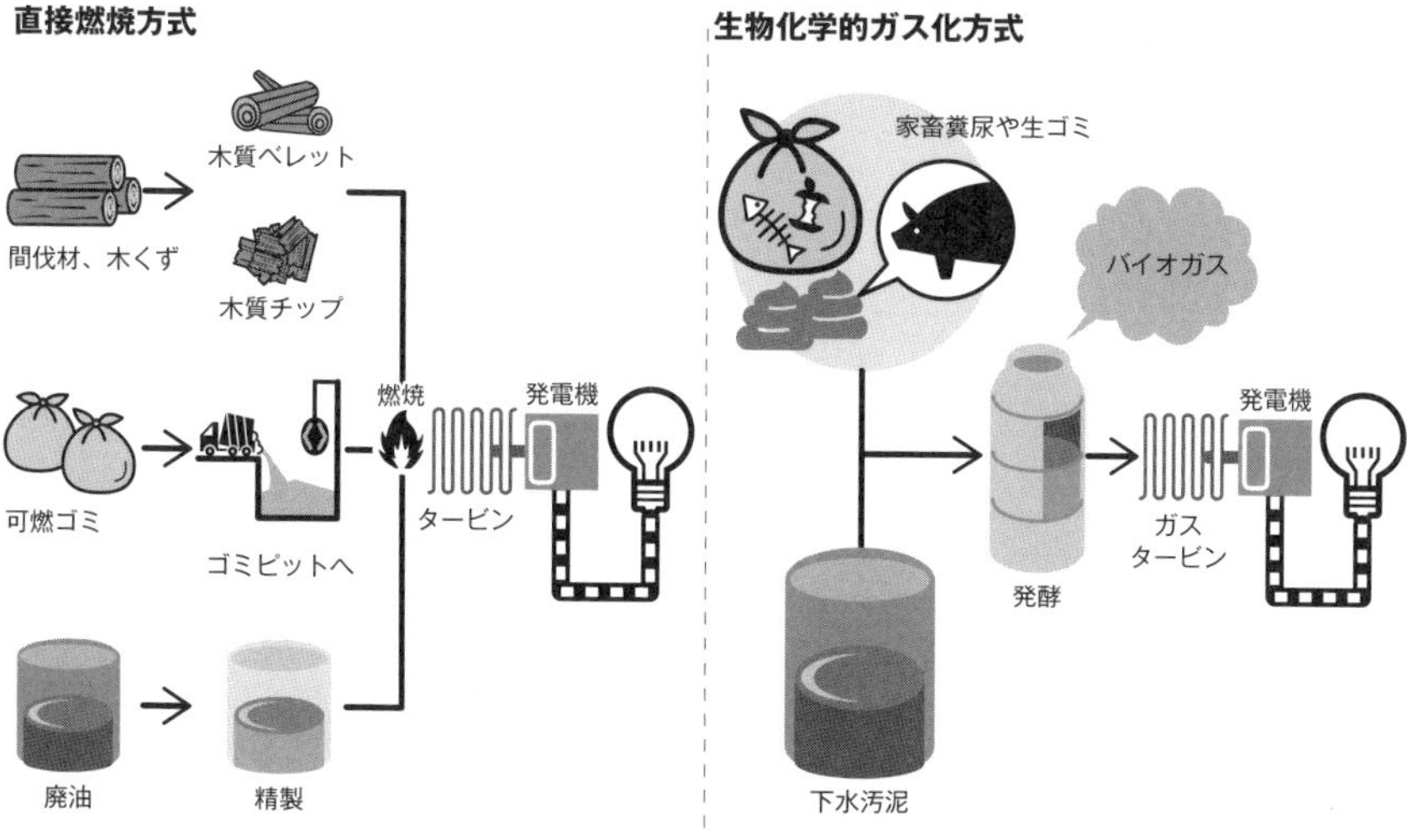

SBエナジーのウェブサイトをもとに作成

でき、タービンを回して発電機を動かす仕組みである。近年は既設の火力発電所に間伐材などを粉砕して木質チップとして混ぜて燃料に使う「混焼方式」を採用する電力会社も増えている。最近では、木質ペレットを燃料に混ぜる東京電力常陸那珂《ひたちなか》火力（茨城県東海村）や、中国電力と広島ガス（広島市）が共同で設立した「海田バイオマスパワー」（広島県海田町）が建設・運転するバイオマス混焼発電所がある。

バイオマス資源は国内各地にあり、資源の地産地消として期待されている一方、他の電源と比べてコスト全体に占める燃料費が7割ほどと高いのが難点である。16年に新たなバイオマス活用推進基本計画が閣議決定され、25年における目標や技術開発の方向性が定まった。これに基づき、各自治体は独自の計画を策定、推進することが求められるようになった。

30年の目標導入量は602万～728万kWで、18年3月末時点では360万kWとなっている。

4
電気使用量の動向
——需要増の予測も

電力需要、戦後に急拡大

電気の需要は、戦後の高度経済成長期に著しい伸びを示した。１９９０年代にバブル崩壊後も電力需要は伸び続け、２００７年度にピークを迎えた。東日本大震災後は、節電意識の高まりもあり、漸減傾向が続いている。しかし政府の試算では、30年には電力需要が今より伸びているとの予測もあり、電力大手などは新たな電源の開発や高効率化に取り組んでいる。

電気使用量の変動

次の図で示したように、電気の使用量は、１日のうちでも朝昼夜や天候に左右される。また1年のうち、夏や冬には冷暖房の需要が高まるといった季節による傾向もある。

当然のことのようだが、電気事業を営むうえではこの需要をいかに予測し、満たすかが肝心要である。個人の消費行動や経済情勢、社会のトレンドなどを踏まえて予測し、備える。時代を追うごとにその予測は精緻なものになっている。送配電を担う事業者は、需給を均衡させ、電気の周波数を常に一定に保つことが求められている。そのバランスが崩れると、停電などの不具合が生じる。何十年もの経験、教訓が積み重なり、今でこそ日本は停電に縁遠い国となっているが、東南アジアやアフリカでは日常的に停電がある地域が少なくない。日本も半世紀以上昔は今よりも停電が発生しやすかった。

エネルギー業界 最新動向
電力業界 基礎知識
電力業界 主要企業
ガス業界 基礎知識
ガス業界 主要企業
石油業界 基礎知識
石油業界 主要企業
エネルギー業界 世界動向

ある日の電力需給のイメージ

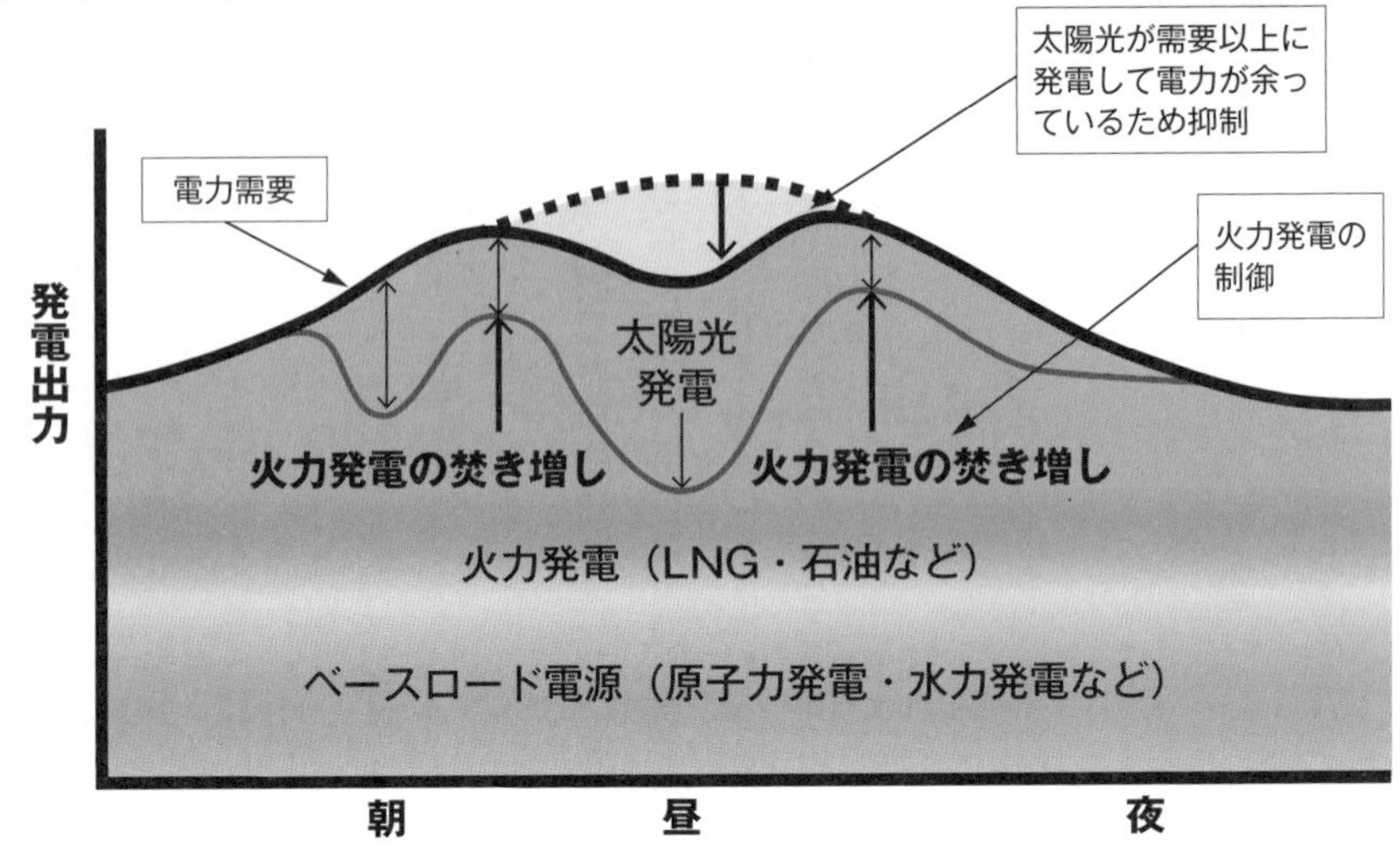

経済産業省資源エネルギー庁「再エネの大量導入に向けて」をもとに作成

停電させないため、特に需要が高まる夏や冬は、各社が神経をとがらせつつ、家庭や企業に節電を呼び掛けるなどの対応もしている。18年1、2月に東京都をはじめ関東が連日の寒波に見舞われた際は暖房需要が急増し、東京電力管内で需給が逼迫《ひっぱく》した。他社からの応援融通や、事前契約により工場など大口需要家が使用を控える「**ネガワット取引***」などで凌《しの》いだ。

一方、北海道電力管内では9月、北海道で起きた最大震度7の地震により道全域295万戸が停電するという前代未聞の事態に陥った。当時、道内の電力供給の半分を担っていた出力165万kWの苫東厚真《とまとうあつま》発電所（厚真町）が3基全て止まったことが響いた。北海道と本州をつなぐ送電線は、

＊キーワード解説

ネガワット取引

厳寒や酷暑など需給が逼迫した際、需要家の工場が電力会社との事前契約に基づいて数時間単位の節電に応じ、その対価として報酬を受け取る取引。一定量の電力需要を減らして需給バランスの悪化を防ぐ仕組みで、日本では17年度に導入された。

容量が60万kWと道内の電力需要を賄うには及ばず、復旧には時間を要した。

次ページのグラフのように天候に左右されやすい再生可能エネルギーの普及なども背景に、需給の予測はいっそう複雑になっている。一方、そこに商機を見出し、ＩＴ企業や日本気象協会が活躍する場も増え始めている。

電力需要予測に関する取り組み

電力大手各社「でんき予報」	1日のピーク時の需要と供給の予測値を示し、逼迫が見込まれる場合は企業や家庭に節電を呼び掛ける
東芝	多地点での気象情報の作成と、人工知能（AI）を活用した複数の予測手法を組み合わせた独自の高精度な予測システムを開発
大阪ガス	自社の気象予報士が気象予報を行うサービス開始に向け、業務許可を18年9月に取得。ガス火力へのデータ提供、風力発電所の建設地検討など気象情報を事業に有効活用
日本気象協会	天候や気温などの気象データと電力利用実績を基に、AIを活用して電力需要を予測するサービスを新電力向けに提供
電力中央研究所	日本気象協会と新たな電力需要予測システムを開発、18年4月から運用開始

日本の電源別発受電電力量の推移

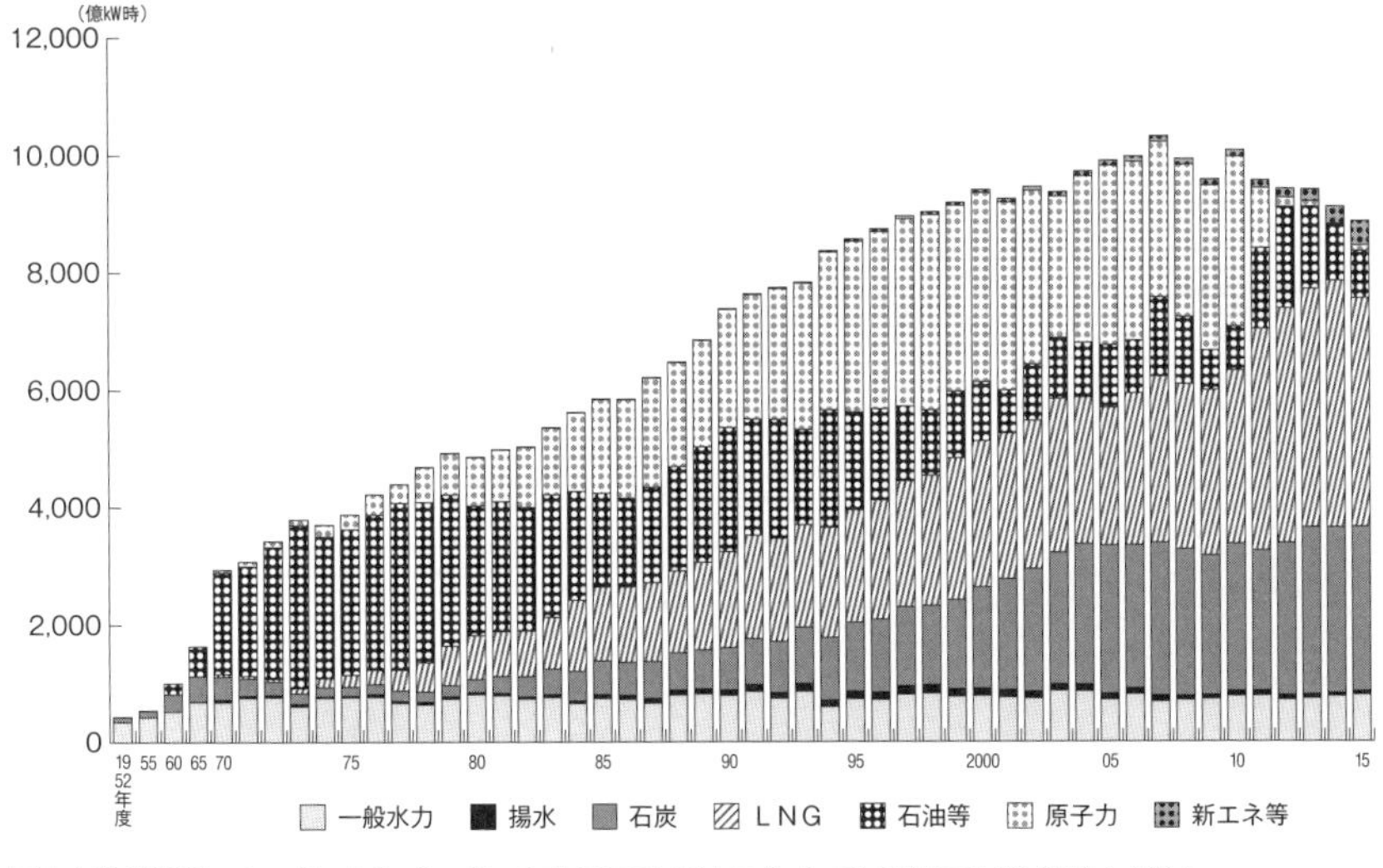

経済産業省資源エネルギー庁「エネルギー白書2017」をもとに作成、71年度までは沖縄電力を除く

天候により異なる太陽光発電出力

〔天候：曇りのち晴れ〕

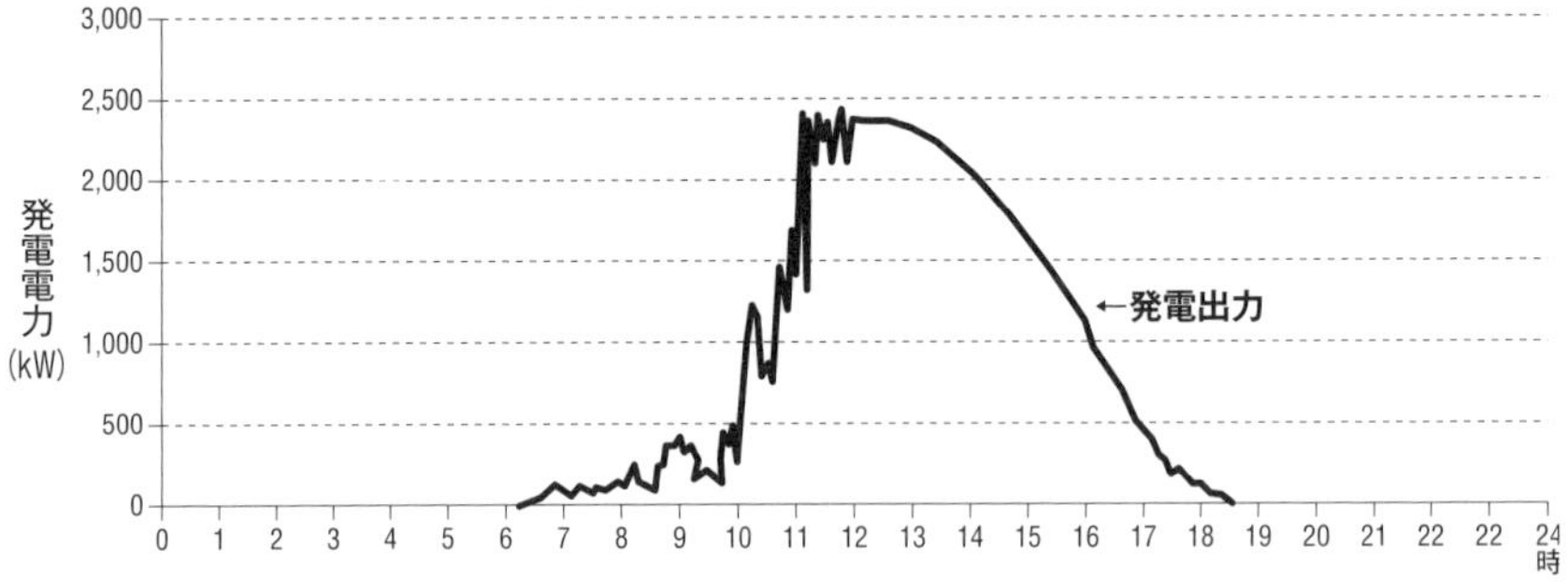

〔天候：曇りのち雨〕

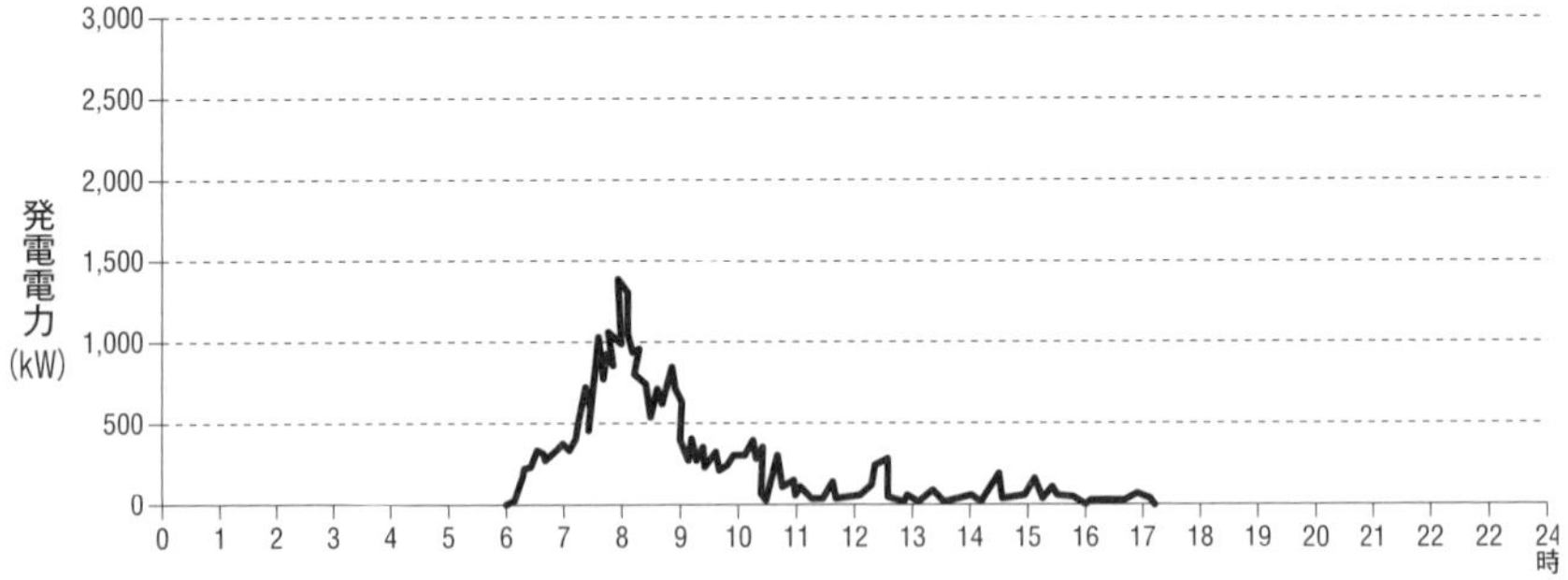

〔天候：晴れ〕

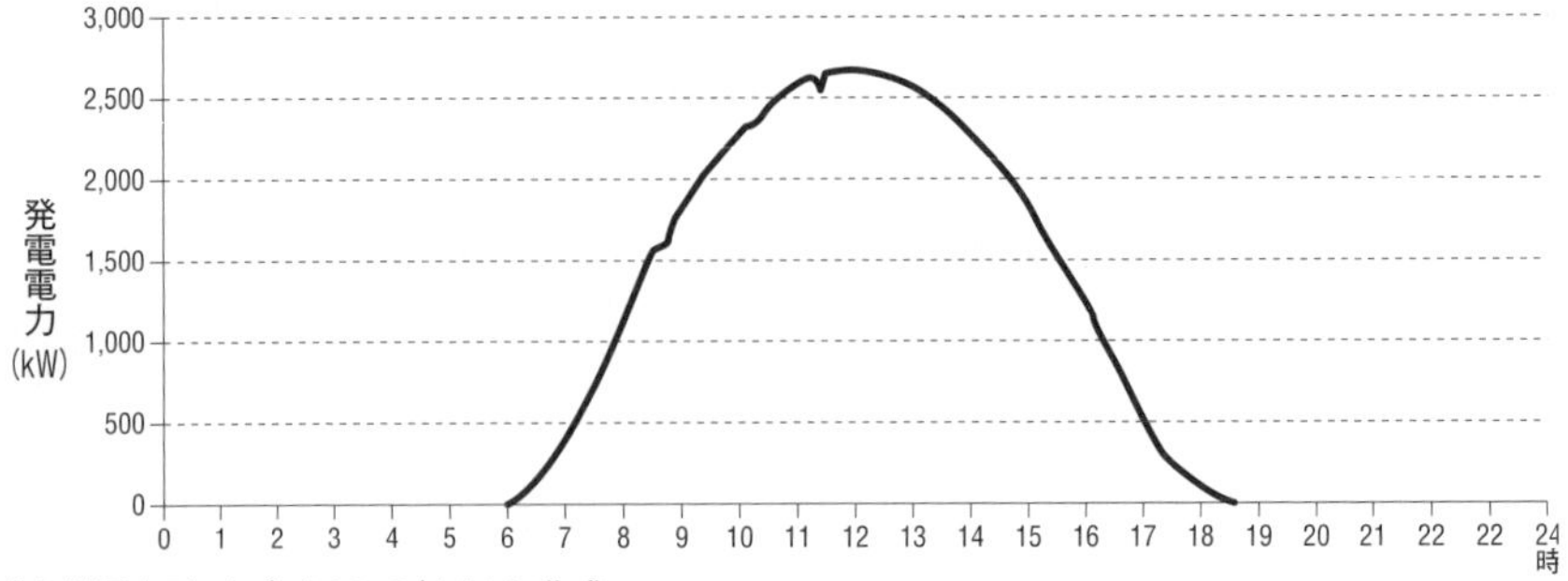

「九州電力データブック2018」をもとに作成

5 規制緩和と競争進展
——新電力が続々参入

段階的に進んだ自由化

第1章でも触れたが、あらためて電力業界の自由化の流れを確認する。

電力の自由化は1995年に始まり、段階的に進んだ。まずは発電部門からで、将来の「発送電分離」を見据えたものだった。1964年以来、31年ぶりに電気事業法が改正され、電力の卸売市場が開放された。96年に卸電力の入札が実施され、鉄鋼や石油など価格競争力に優れたIPP（独立系発電事業者）が応じた。競争原理が働いているのを確認できたとして、通商産業省（現経産省）はその後、火力発電所の新設を全て入札制に切り替えていった。

続いて2000年に再び法改正され、小売り部門も自由化された。小売りの規制緩和の範囲はまず、電気を受ける側の電圧が2万V以上、契約電力2000kW以上の「特別高圧電力」が「特定規模需要」と区分され、入札制などに切り替わっていった。デパートや省庁、オフィスビル、大規模工場などが該当し、当時の市場全体の約4分の1が開放されたことになる。

新規参入したのは、NTTファシリティーズと東京ガス、大阪ガスが出資するエネット（東京）や中部電力、三菱商事系のダイヤモンドパワー（東京）、新日本製鉄（現・新日鉄住金、19年4月から日本製鉄）など20社超だった。電力需要の多い関東圏に電源を持つPPS（旧特定規模電気事業者、現新電力）が目立った。

ただ、その後は電力大手の値下げ攻勢や、電力の需給バランスを保つ**「同時同量」制度***の対応の難しさなどにより、ＰＰＳは勢いを失っていく。

　電力各社が料金値下げに踏み切ったのは、この00年の法改正で値下げが従来の認可制から届け出制へと緩和されたことが大きかった。

　自由化の範囲は3年後の03年の法改正で「高圧電力」に広がった。04年4月から契約電力が５００kW以上、05年4月から50kW以上に対象が拡大した。主に中小のビルや工場の電力契約で、徐々に競争原理が浸透していった。一方、16年の電力小売りの完全自由化直後の状況と同様、東北電力や北陸電力、沖縄電力などの管内では競争が低調にとどまり、さらなる活性化が課題とされていた。

　05年の規制緩和以降、自由化の議論や情勢はむしろＰＰＳに不利な方向に傾いていった。１つには08年に1バレル＝１００ドルの大台に乗った原油価格の急騰である。これに伴いＬＮＧ価格なども上昇し、火力発電に頼っていたＰＰＳは、原子力や水力など多様な電源を持つ電力大手に対し、価格面で対抗するのが難しくなった。

　08年に第4次改革がなされたが、低調な卸市場の活性化に向けた施策に主眼が置かれ、自由化の進展は「5年後をめどに範囲拡大の是非を検討する」との内容にとどまり、議論は先送りされた。

　07年の新潟県中越沖地震に起因する東京電力柏崎刈羽原発の全7基停止により、議論は「競争より安定供給が優先」と潮目が変わった節もある。

　しかし、その3年余り後の11年、東日本大震災、東京電力福島第1原発事故が起き、電力事業を取り巻く環境は一変した。

＊キーワード解説

「同時同量」制度

電力の需要と供給の量を常に一致させるようにする仕組みのこと。このバランスが崩れると最悪の場合は停電に至るため、電力各社は時々刻々と変化する需要予測を踏まえながら、供給源となる発電所の出力などを日々調整している。

環境激変、競争じわり

原発事故は電力市場の改革議論に拍車をかけた。

16年4月からの小売り全面自由化を盛り込んだ改正電気事業法案が14年2月に閣議決定された。全面自由化から3年弱、家庭部門を含む低圧部門での新電力のシェアは販売電力量ベースで10%を超えた。地域差はあるものの、着実に新電力が浸透してきている。

新電力が身売りするといったケースも出始めた。マンション向けに約8万件の顧客を持っていたオリックス電力（東京）は17年、関西電力が入札で東京電力や大阪ガスに競り勝ち、買収した。また、東北電力は18年3月、東京急行電鉄子会社で首都圏沿線の家庭を中心に電気を供給する東急パワーサプライ（東京）の株式3分の1を取得した。他方、不動産賃貸の大東建託傘下の大東エナジー（東京）は26万件超を獲得していたが、17年に事実上撤退した。新規参入は減ってきているものの、新電力をめぐる動きは今後も出てくるとみられる。

こうした企業間の競争や事業者全体としての需給バランスの統率を取る組織も必要とされ、順次発足してきた。

1つが電力・ガスの自由化に当たり、市場の監視機能を強化し、市場における健全な競争を促すために設立された「電力・ガス取引監視等委員会」であ

電気事業改革の流れ

第1次改革　1995年12月
・電力会社の電源調達に入札制導入
第2次改革　2000年3月
・小売り供給の一部自由化、特別高圧需要（2万V以上で受電、2000kW以上で契約）が対象
・電気料金の値下げ、認可制から届け出制に
第3次改革　03年6月
・日本卸電力取引所（JEPX）創設
・04年4月　高圧需要（500kW以上）自由化
・05年4月　同（50kW以上）自由化
第4次改革　08年7月～
・全面自由化見送り、5年後に再検討
第5次改革　震災後、システム改革
・15年4月　電力広域的運営推進機関創設
・15年9月　電力取引監視等委員会設置（現在の電力・ガス取引監視等委員会）
・16年4月　小売り全面自由化
・20年度　発送電部門分離

低圧分野における新電力の順位

順位	事業者名	シェア
1	東京ガス	20%
2	KDDI	13%
3	大阪ガス	10%
4	JXTGエネルギー	7%
5	ハルエネ	3%
6	SBパワー	3%
7	サイサン	2%
8	イーレックス・スパーク・マーケティング	2%
9	ジェイコムウエスト	2%
10	東急パワーサプライ	2%
11	ケイ・オプティコム	2%
12	Looop	2%
13	エネット	1%
14	ジェイコムイースト	1%
15	北海道ガス	1%
16	東邦ガス	1%
17	ミツウロコヴェッセル	1%
18	HTBエナジー	1%
19	洸陽電機	1%
20	MCリテールエナジー	1%

電力取引報をもとに作成、2018 年 3 月時点

低圧分野での新電力の販売シェア

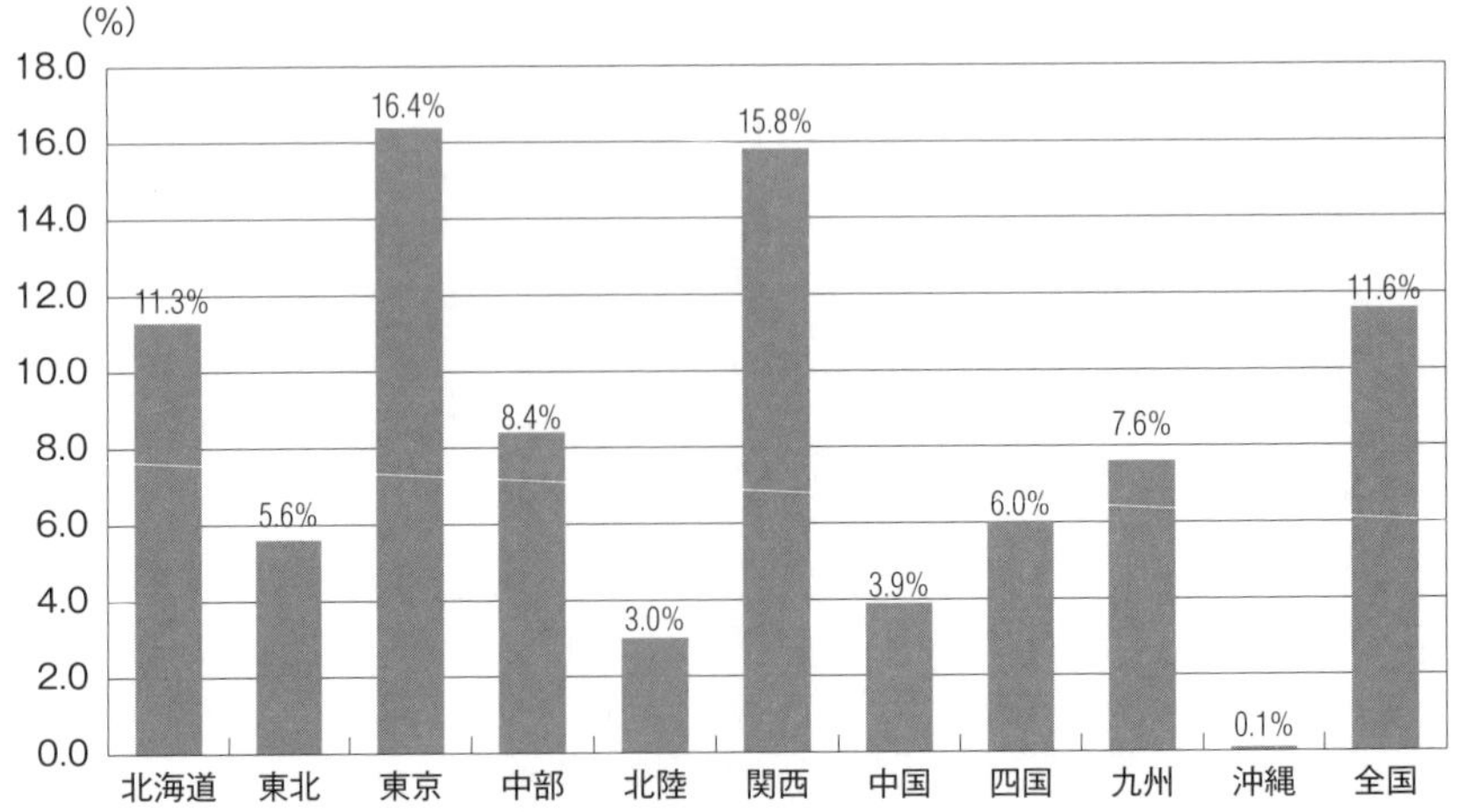

電力取引報をもとに作成、18年8月時点

る。経産相直属の組織で、「電力取引監視等委員会」として発足、16年4月に今の名称、体制となった。市場の健全化、活発化のため、事業者への立ち入り検査や業務改善勧告などを単独で行う権限を持つ。

もう1つは15年4月発足の「電力広域的運営推進機関」で、全国規模で平常時・緊急時の需給調整を担う司令塔となる。需給状況の悪化時に事業者へ改善のための指示、全国規模の需給バランスの状況を把握するほか、中長期的にも安定供給を確保し、連系線の利用を管理する。まだ立ち上げ期で試行錯誤の面もあるが、その役割は幅広く、重責である。今後、ますます活動の場が広がっていくものとみられる。

制度改革のゴール

こうして今、電気事業は制度改革の只中にある。

電力大手の発電部門と送配電部門を別会社化することでその中立性・独立性を高め、送配電ネットワークを誰もが公平に利用できるようにするのが目的である。発電事業により参入しやすくなり、再生可能エネルギーの普及なども進むと政府はもくろむ。

発送電分離に向けた電力の自由化は、アメリカでは既に１９９０年代から先行して始まっていた。中でもカリフォルニア州は、98年に小売りが全面自由化され、発電や小売りの新規参入が相次いだ。新参の発電事業者の勢いが強まった半面、既存の電力大手は劣勢に立たされた。また、分離された送配電事業が、発電事業とうまく連携せず、２０００年から01年にかけて夏に需給が逼迫し、一部地域で輪番で停電する事態に陥った。「カリフォルニア電力危機」と呼ばれる。自由化の弊害を指摘する声が強まり、大手電力の倒産や州知事のリコールに発展し、全米的に自由化の議論が停滞した。

日本の25倍ほどの国土で各州が独自の権限も持ち、経済状況も異なるアメリカとは単純に比較できないが、海外で難航した例をもとに、日本の電力制度改革を不安視する見方もある。

6 電気料金の決まり方
——増える国民負担

電気代の原価

使用量に基づいて決まる毎月の電気料金。電力小売り全面自由化を踏まえ、請求書を精査している人も多いのではないだろうか。契約先の選択肢が広がったことに加え、従来と変わらず契約している大手電力の中だけでも多様なメニューが増えている。

まずは一般的な家庭向け料金の構成を見ていこう。電気代は、①基本料金（最低料金）＋②電力量料金±③燃料費調整額＋④再生可能エネルギー発電促進賦課金で構成される。

①は電気使用量が少なく、たとえ全く使用しなくても、「原則」かかる料金となる。数百円に設定している事業者が多い。原則というのは、新電力の中には、この基本料金を設けていない、つまり0円としている事業者もいる。太陽光発電などの再エネを重視する新電力、Ｌｏｏｐ（ループ、東京）は基本料金がかからず、電気使用量の少ない利用者には向いている。

②の電力量料金は電気使用量（kW時）に単価を乗じて算出される。ここも、新電力が他社と差別化できる腕の見せどころである。単価を下げることにより、「大手△電力の一般的な料金メニューの単価より最大5％安い」といった売り文句で集客している。①、②のような料金設定の幅が広がったことは小売り自由化による恩恵、利点の1つと言えよう。

③の燃料費調整額は、火力発電の燃料となる石油やＬＮＧ、石炭など各燃料の輸入価格過去3カ月分の平均値と貿易統計に基づいて自動的に算出される。

1カ月の電気代の請求例（東京電力「従量電灯B」の場合）

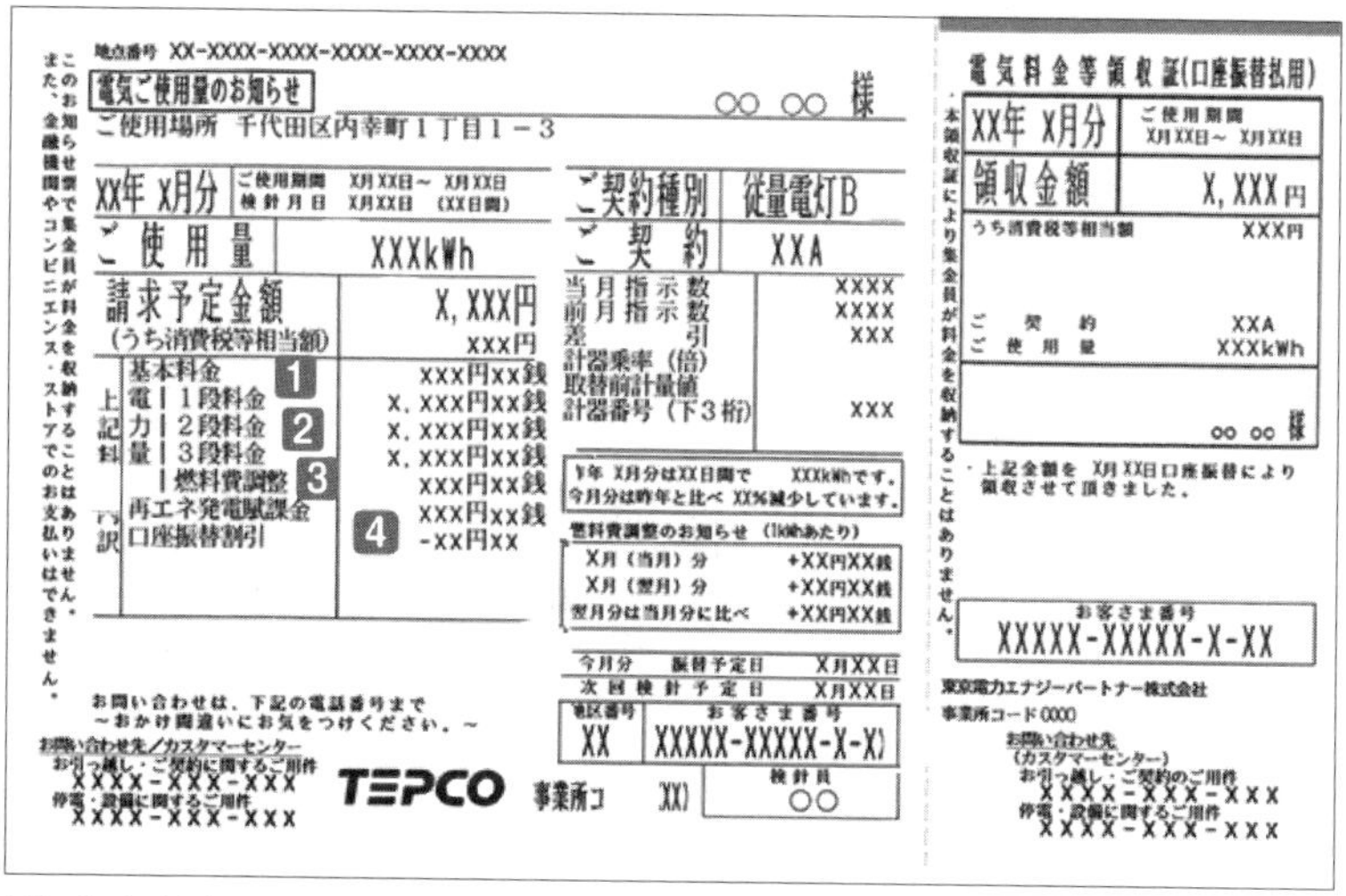
このお知らせ票で集金員が料金を収納することはありません。
また、金融機関やコンビニエンス・ストアでのお支払いはできません。

地点番号 XX-XXXX-XXXX-XXXX-XXXX-XXXX
電気ご使用量のお知らせ
〇〇 〇〇 様
ご使用場所 千代田区内幸町1丁目1－3

XX年 X月分	ご使用期間 X月XX日～X月XX日 検針月日 X月XX日 （XX日間）
ご使用量	XXXkWh
請求予定金額（うち消費税等相当額）	X,XXX円 XXX円
上記料金内訳 基本料金 1	XXX円XX銭
電力量 1段料金 2	X,XXX円XX銭
電力量 2段料金	X,XXX円XX銭
電力量 3段料金	X,XXX円XX銭
燃料費調整 3	XXX円XX銭
再エネ発電賦課金 4	XXX円XX銭
口座振替割引	-XX円XX

ご契約種別	従量電灯B
ご契約	XXA
当月指示数	XXXX
前月指示数	XXXX
差引	XXX
計器乗率（倍）	
取替前計量値	
計器番号（下3桁）	XXX

下年 X月分はXX日間で XXXkWhです。
今月分は昨年と比べ XX%減少しています。

燃料費調整のお知らせ（1kWhあたり）

X月（当月）分	+XX円XX銭
X月（翌月）分	+XX円XX銭
翌月分は当月分に比べ	+XX円XX銭

今月分 振替予定日	X月XX日
次回検針予定日	X月XX日
地区番号 XX	お客さま番号 XXXXX-XXXXX-X-XX
事業所コ XX	検針員 〇〇

お問い合わせは、下記の電話番号まで
～おかけ間違いにお気をつけください。～
お問い合わせ先／カスタマーセンター
お引っ越し・ご契約に関するご用件
XXXX-XXX-XXX
停電・設備に関するご用件
XXXX-XXX-XXX
TEPCO

電気料金等領収証（口座振替払用）
本領収証により集金員が料金を収納することはありません。

XX年 X月分	ご使用期間 X月XX日～X月XX日
領収金額	X,XXX円
うち消費税等相当額	XXX円
ご契約	XXA
ご使用量	XXXkWh

〇〇 〇〇 様
・上記金額を X月XX日口座振替により領収させて頂きました。
お客さま番号 XXXXX-XXXXX-X-XX
東京電力エナジーパートナー株式会社
事業所コード 0000
お問い合わせ先（カスタマーセンター）
お引っ越し・ご契約のご用件
XXXX-XXX-XXX
停電・設備に関するご用件
XXXX-XXX-XXX

1 基本料金

2 電力量料金

3 燃料費調整額

4 再エネ賦課金

東京電力エナジーパートナーの請求書をもとに作成

電力各社で使う燃料の量や割合が違うため、計算式も異なる。毎月変動し、資源価格が上昇している局面では調整額も上がり、逆に下落局面では値下がりする。これは燃料費調整制度と呼ばれ、電力事業者の経営効率化で吸収しきれない燃料費の上昇を電気料金に反映させる仕組みで、1996年1月に導入された。

以前は、四半期ごとに2四半期（6カ月）前までの輸入価格の平均値に基づいて計算されていた。しかし2008年の歴史的な原油高を受け、制度が見直された。2四半期前の平均値ではタイムラグがあり、足元で進む急激な資源高を反映できないとされたためである。ただ、燃料の価格が大幅に上昇した際の需要家への影響を和らげるため、自動的に調整される料金の幅は、基準時の50%という上限が設けられている。一方、下限値は設けられていない。

④の再生可能エネルギー発電促進賦課金は、「再エネ賦課金」などと略称され、固定価格買い取り制度（47ページ参照）で再生可能エネルギーを電気事業者が買い取る費用として使われる。再エネは日常の使用電力の一部として供給されているという観点から、使用者から広く集められる。賦課金は全国一律の単価に設定され、負担額は電気使用量に比例し、使用量が多いほど高額になる。単価は毎年見直され、18年度（18年5月～19年4月）は1kW時当たり2円90銭で17年度の2円64銭から26銭上昇した。制度が始まった12年度以降、一貫して上昇している。

このように③燃料費調整額と④再エネ賦課金は、電気を売る事業者全てに同じ条件で適用される一方、①基本料金と②電気使用量料金は事業者の裁量で決められる。「電気に色はない」と言われ、どこから電気を買っても質の良し悪しはないので、事業者は価格やサービスの部分で勝負するしかない。特に、

再生可能エネルギー賦課金の推移

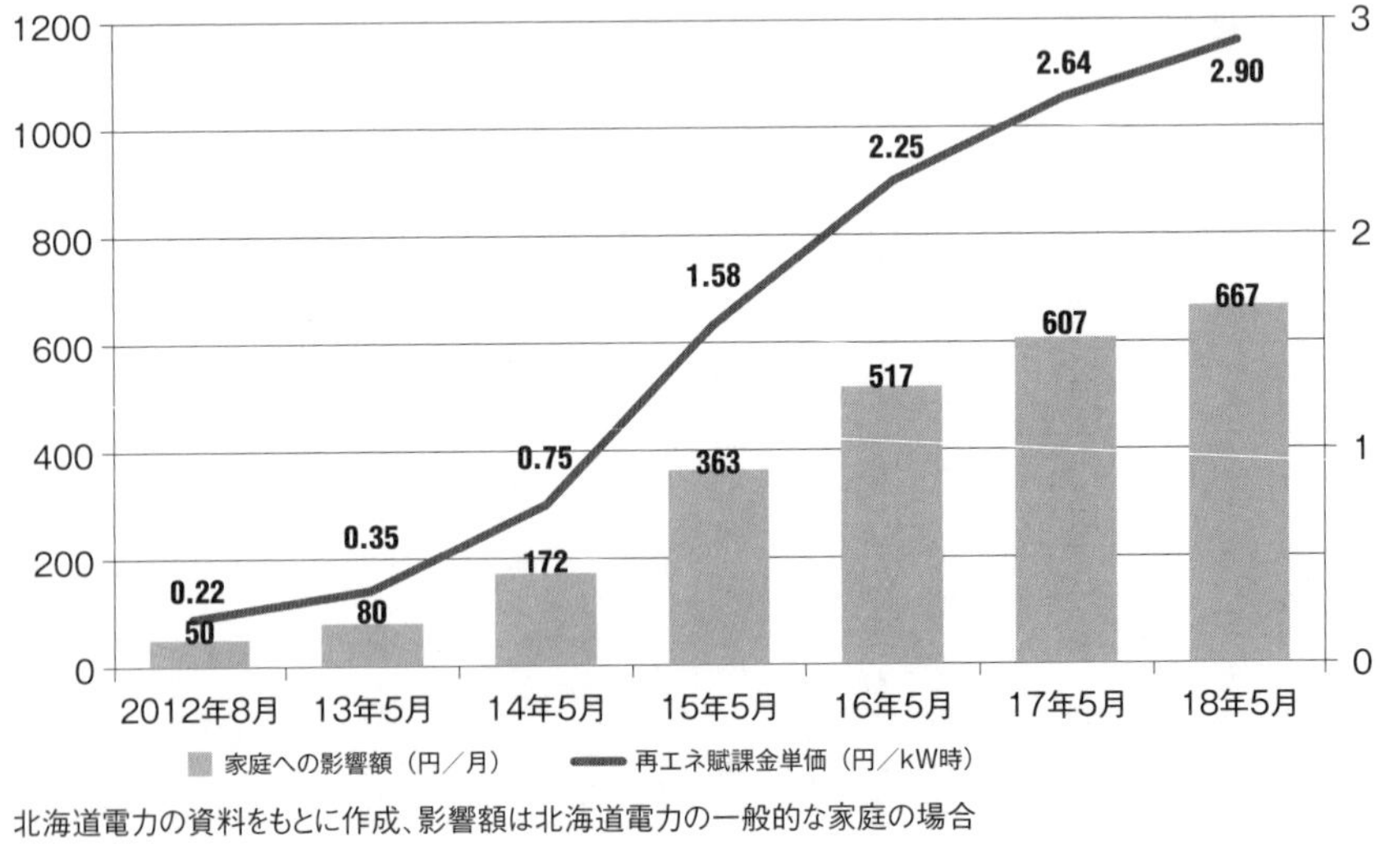

北海道電力の資料をもとに作成、影響額は北海道電力の一般的な家庭の場合

燃料費調整制度によるタイムラグ影響の例

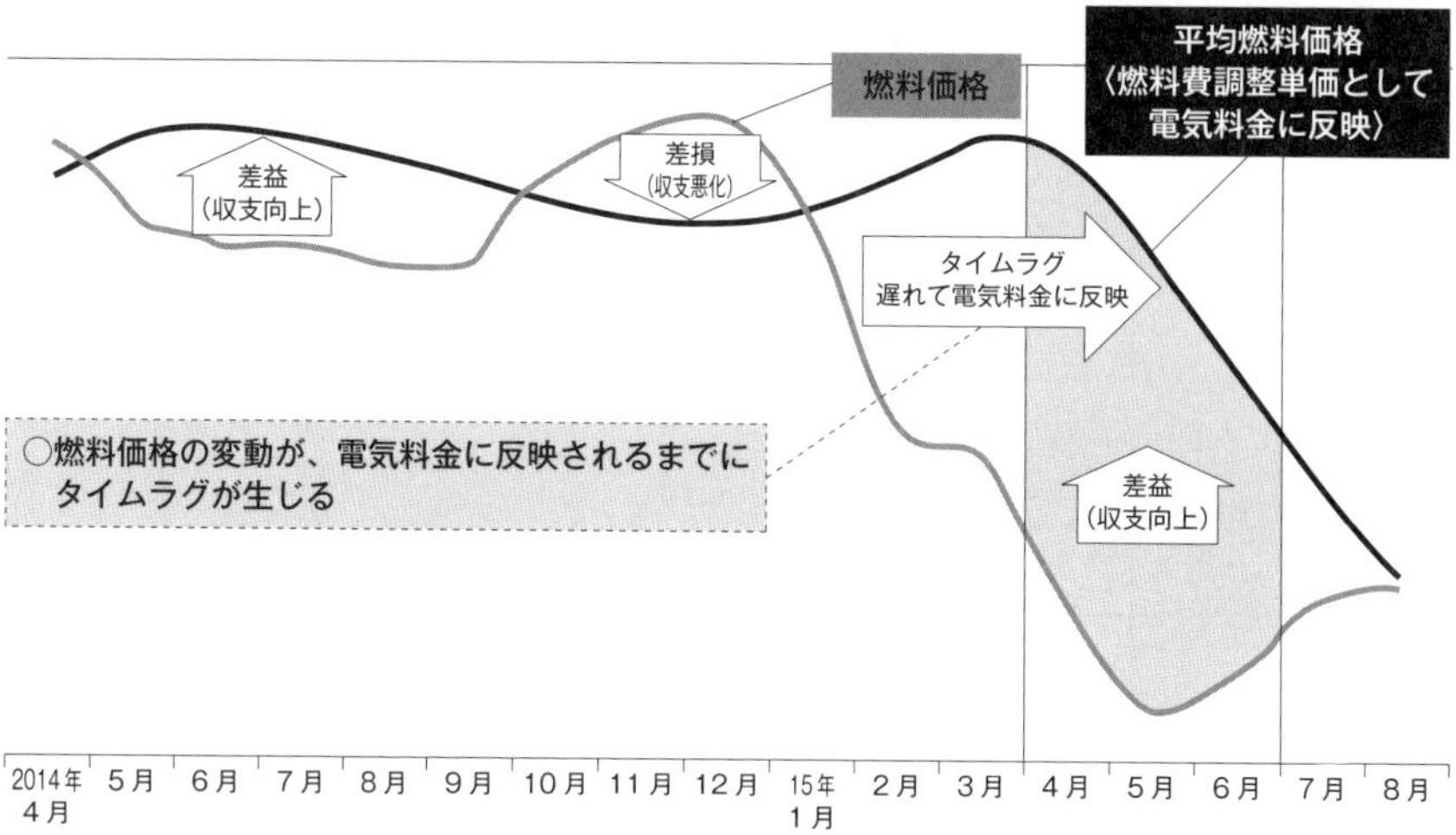

東北電力の資料をもとに作成

電気使用量が少ない家庭でも自由化の恩恵を受けられるような工夫が今後の課題となる。

ただ、こうした低価格競争は利用者にはプラスだが、「果てしない消耗戦だ」（大手ガス会社首脳）などとして、避けたいとする事業者は多い。争点はサービスの充実、顧客満足度や信頼性の向上に移り始め、各社は提携先の拡充を図るなどしている。

総括原価方式の撤廃と原発コスト

電力事業の制度改革は、20年4月に予定される発送電分離とそれに伴う総括原価方式の撤廃で一段落を迎える。今はその移行期で、送配電部門を抱える電力大手各社はその準備に向けて動いている。

発送電分離が実施されると、「総括原価方式」が撤廃され、大手電力はこれまでの安定した収益の見込みがなくなる。総括原価方式では、発電所の建設や設備更新など必要な投資額を電気料金に織り込み、報酬率も乗じて、家庭や企業など電気使用者から広く回収することが可能だった。そこには原発の建設から廃炉まで、巨額で長期の投資、回収を目算に入れていた。
電力自由化後の小売事業者が定める料金は、事業者の裁量で算定される費目と、託送料金をはじめとした法令などで算定される費目の合計となる。

電力大手10社の標準家庭の電気料金モデル

	支払額（円）
北海道	7730
	7194
	6833
東北	7492
	6967
	6517
東京	7353
	6650
	6157
中部	6994
	6406
	5920
北陸	6764
	6397
	6056
関西	6886
	6716
	6405
中国	7197
	6666
	6188
四国	7162
	6715
	6325
九州	6570
	6133
	5765
沖縄	7834
	7160
	6591

各社上から19年、18年、17年の各年1月のモデル料金。月額使用量は北海道電力が230kW時、九州電力が250kW時、他8社は260kW時と算定モデルが異なり、単純比較できない

電気料金の内訳

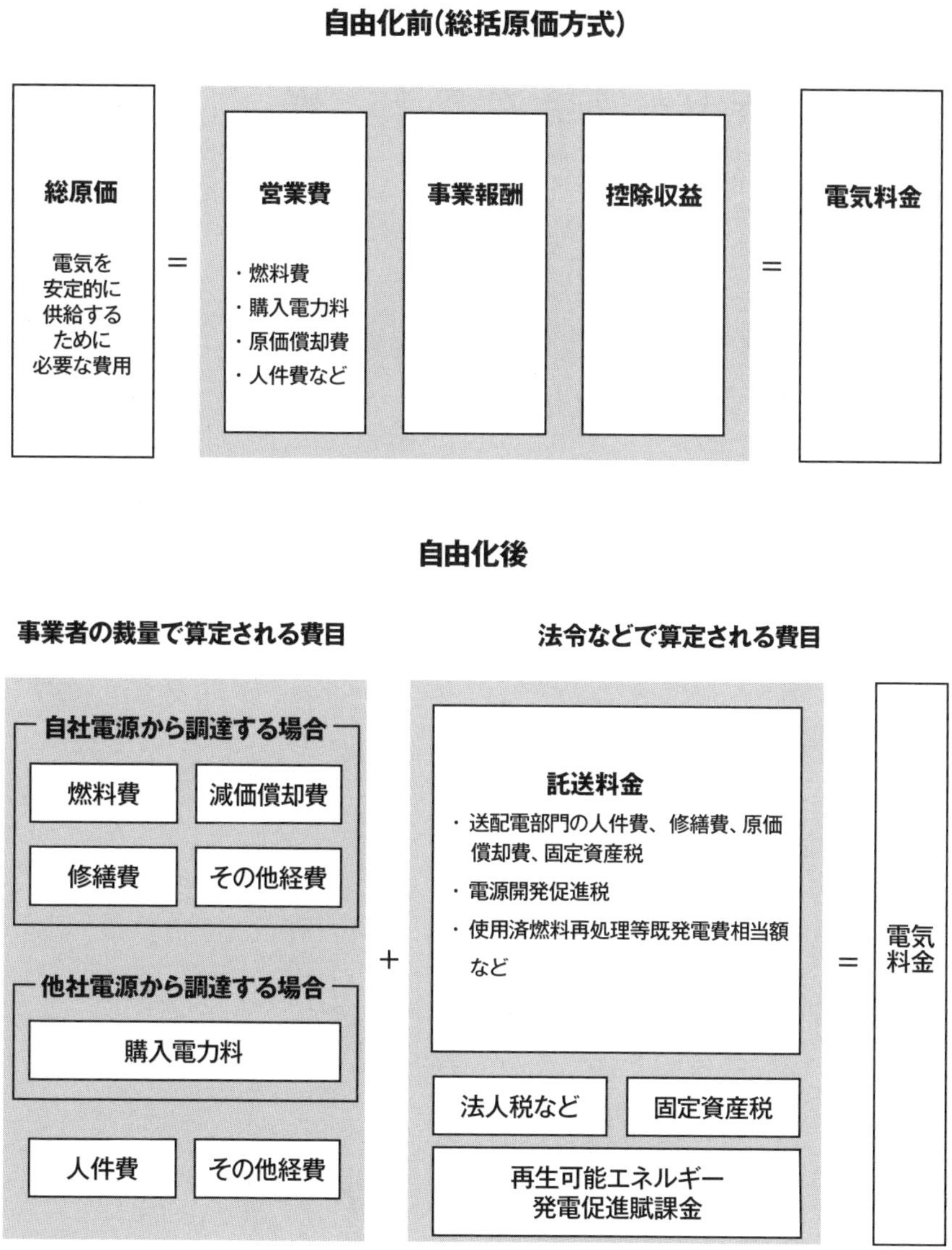

経済産業省資源エネルギー庁のウェブサイトなどをもとに作成

7 需給調整へ新たな取り組み ——全国規模で進む市場整備

多様化、複雑化する調達方法

再生可能エネルギーの普及に向け、欠かせないのが送配電網の整備である。現在は整備が道半ばで、再エネの電源が送電網に接続できず、十分に機能しない事態も起き始めている。そうした中、電気の調達、融通をいかに効率化していくかがあらためて問われている。

それを担うのが経済産業省の電力・ガス基本政策小委員会の制度検討作業部会となっている。2003年に発足して既に活用が進む卸市場の「日本卸電力取引所」に加え、20年前後に新たな市場の創設が相次いで見込まれている。

制度検討作業部会は17年3月の第1回以降、これまで30回近く開かれている。「事業者の経済合理的な行動を通じてより効率的に達成する観点から、必要な市場等を整備する」とされている。現在卸市場の取引の多くは、翌日分の電力を売り買いする「スポット市場」となっている。これに加え、東京商品取引所（TOCOM）を主体とした電力の「先物取引」をめぐる検討が加速している。

他に「ベースロード市場」「容量市場」「需給調整市場」の創設が予定されている。こうした市場整備に並行して、地域間の電力融通をしやすくするための連系線利用ルールも見直されている。今後数年で、電力需給の仕組みが劇的に変わる可能性を秘めている。

市場制度の導入時期

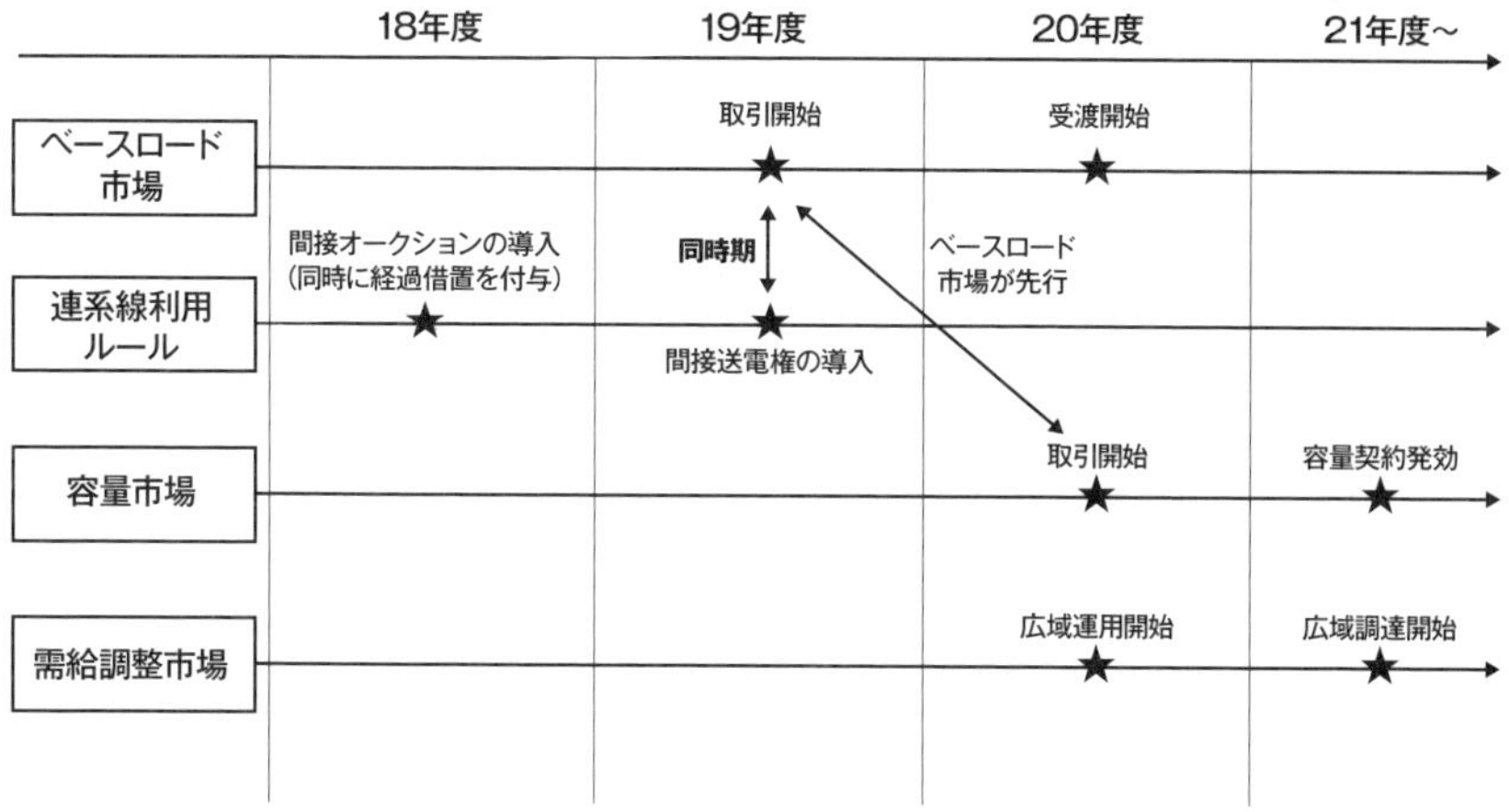

経済産業省「第23回 電力・ガス基本政策小委員会 制度検討作業部会」資料をもとに作成

ベースロード市場 ――新電力の競争力強化

石炭火力や大規模な水力、原子力といった「ベースロード電源」は主に大手電力が保有している。他の電源に比べ、発電コストが比較的安いが、建設費が掛かり、新設余地も少ないため、新電力による所有は難しい。そこで、新電力もベースロード電源を活用できるようにし、競争を活発化させようという取り組みである。「ベースロード市場」として19年度をめどに開設される。

制度として、大手電力会社が保有するベースロード電源で発電した電気を提供してもらうようにする。従来は電力大手がＬＮＧ火力や揚水といった「ミドル・ピーク電源」を卸取引所に供出するのが通例だった。

また、ベースロード電源とは反対に、ピーク時の需給を調整する揚水発電などの調整電源や、再生可能エネルギーの導入状況を踏まえ、制度を弾力的に見直していく姿勢も求められる。

容量市場——電源投資を回収しやすく

そうした卸電力の取引拡大や、再生可能エネルギーの普及に伴い、出力の調整が比較的容易で需給バランスを保つのに適した火力発電などの電源は稼働率の低下が見込まれ、自社電源への投資と採算を見通しづらくなった。そのため、電源への投資意欲が減退し、全国規模で必要となる供給力を維持していくことが、長期的には難しくなるとの懸念も出ている。

そのために設立するのが「容量市場」で、20年度に取引開始が予定されている。市場を管理する電力広域的運営推進機関が、あらかじめ将来の需要ピークを見越して必要な供給力を確保し、その電源を用意する発電事業者に相応の費用を支払うという仕組みである。電源投資について、一定の投資回収の予見性を担保し、より効率的に供給力を用意することが狙いである。

電源を持つ発電事業者が容量市場のオークションに参加するかどうかは任意だが、不参加を決めた電源は一定期間入札の対象外とすることが検討されているほか、沖縄電力のエリアは他の電力大手9社と地域的に隔たっている特殊性から容量市場の対象外となる。徐々にルールが明確になりつつあり、先行するアメリカの電力の独立系統運用機関ＰＪＭ(Pennsylvania-New Jersey-Maryland)や英国の導入事例を踏まえ、検討が本格化していく。

需給調整市場——将来的に広域で運用

20年4月の発送電分離も踏まえ、一般送配電事業者が各供給エリアの周波数の制御、需給の調整を担うことになっている。そのバランスを保つための「調整力」を用意するには、特定の電源を優遇しないことや過大なコスト負担を回避することが不可欠となる。

そのため、柔軟な調整力の調達や取引を行うことを目的に「需給調整市場」が設立される見通しである。既に導入が進んでいるアメリカや欧州の先行例も参考にしつつ、20年度から広域での運用を目指す。一方、広域の調達システムは、20年開催の東京五輪・パラリンピックも踏まえ、混乱の回避と適切なシステム開発の期間確保の観点から、21年度の開始を目指す。

　これまでの検討結果として、20年に向けて一般送配電事業者が代表会社を選び、共通プラットフォームを開発したうえで、需給調整市場を開設することや、調整力は必要となる週の前週に調達することなどが話し合われてきた。調整力の必要量の考え方、商品設計などの見直し、応札・落札結果の取引情報の適切な公開などをめぐる詳細設計の議論が深まりつつある。

＊キーワード解説

日本版コネクト&マネージ

　緊急時のために空けておいた容量や、発電していない時間帯の容量など送電線の隙間を最大限活用し、より多くの電気を接続できるようにする仕組み。英国など欧州での先行事例を踏まえて検討が進む。出力抑制などの解消にもつながると期待されている。日本の電力業界では「コネマジ」とも呼ばれる。

連系線の利用見直し

　こうした市場創設と併せて全国の送配電網の運用の見直しも進んでいる。1つが、地域間の連系線に関し、従来の「先着優先ルール」による運用を改め、スポット市場での入札価格が安い電源順に送電することを可能とするルールである。「間接オークション」と呼ばれ、18年に導入された。

　制度見直しの背景には、太陽光などの再生可能エネルギーの導入拡大に対し、送電網側に接続する余力がないことがある。送電網の整備拡張と同時に、既存の送電網でいかに対応するかが課題となっており、「**日本版コネクト&マネージ**＊」も具体的な論点となっている。

8 進むか業界再編

──変わる業界の勢力図

原発事故と東電再建

東日本大震災の津波による福島第1原発事故で、東電は廃炉や賠償に巨額の負担を余儀なくされることとなった。政府は2012年7月に原子力損害賠償支援機構（通称・原賠機構、14年に原子力損害賠償・廃炉等支援機構に改組）を通じて東電に1兆円を出資した。

廃炉や賠償、除染の費用は当初の想定から膨らみ続け、全体で約22兆円に上る。そのうち、東電の負担額は約16兆円で、廃炉や賠償に毎年5000億円を振り向ける計画としている。この金額も今後、状況次第で増額していくため、先行きは不透明となっている。

再編統合のゆくえ

「当面、送配電と原子力発電の分野を中心に共同事業体の設立と再編・統合への準備を着実に進めていく」。東電が17年5月に公表した新たな再建計画の表現である。「再編・統合の目標を共有できるような、潜在的パートナーの理解を得ることが必要である」とも記した。東電の廃炉や賠償、除染に対する巨額の費用負担に応じるため、再編統合が必要との考えを強調している。

ただ、この姿勢に他の電力大手は「再編統合は念頭にない」（東北電力の原田宏哉社長）など、警戒感をあらわにする。東電の再建計画には、経産省の意向が大いにはたらいており、そのことを身に染み

福島復興に向けた費用分担（試算値）

		廃炉・汚染水	賠償	除染	中間貯蔵	合計
金額		8.0兆円	7.9兆円	4.0兆円	1.6兆円	21.5兆円
分担内訳	東電	8.0兆円	3.9兆円	4.0兆円	-	15.9兆円
	大手電力	-	3.7兆円	-	-	3.7兆円
	新電力	-	0.24兆円	-	-	0.24兆円
	国	（研究開発支援）	-	（株式売却益）	1.6兆円	1.6兆円

「第6回東京電力改革・1F問題委員会」（2016年12月9日）公表の「有識者ヒアリング結果報告」をもとに作成、経産省として評価したものではない試算値

て知っている電力各社は、東電との再編統合に組み込まれれば、廃炉や賠償の負担が増すのではないかと懸念している。

そうした反応を察知してか、東電側はその後「再編統合は手段であり目的ではない」など説明する場面もあった。

東電がモデルケースとするのは、既に中部電力と統合した火力発電事業の実績である。両社の折半出資でJERAを立ち上げ、協業を深めている。

一方で、送配電事業では17年6月以降、既に中部、北陸、関西3電力が需給調整などの効率化に向けて詳細な協議を進めている。この枠組みを東京電力パワーグリッドの金子禎則社長は「歓迎している」としていた。この送配電の協業の可能性をさらに広げ、全国大で協議していく方針も決まった。

ただ、火力や送配電の各分野と、原子力は事情が異なる。東電の思惑通り成功体験を再現できるかは未知数である。

浮かんでは消える大構想

一方、原発事故以降、原子力事業は1企業で担えるものではないとの考え方も次第に広まってきた。そこで、原発専業の日本原子力発電を軸に、オールジャパンの原子力専業会社の創設を目指すとの構想が一時は浮上した。東電の柏崎刈羽原発（新潟県）を別会社化するという計画が報じられたこともあった。こうした構想は政府が裏で糸を引いているケー

スが少なくない。

また、東電が掲げた再編統合のうち、原発をめぐっては、工事段階で止まっている東通原発（青森県）の建設を前進させようとしている。他の電力会社などと共同事業化に向けた協議体の設置を検討し、17年秋から水面下で話し合いを本格化させてきた。18年夏には、東電と中部電、日立製作所と東芝の4社が、原発事業で協力を検討するとも報じられ、今後の成り行きが注目される。

こうした報道を受け、「決まった事実はない」などのコメントが当事者の企業から出ることもあるが、そのたびに関係する企業や地元は神経質になり、破談になるケースも時々ある。「火のないところに煙は立たぬ」とは言うものの、まだ選択肢が多くある中の1つに過ぎない段階や、担当者のアイデアレベルの生煮えの情報が出ることもあり、自戒の念を込めて情報を受け取る側は鵜呑みにしない姿勢も大切となっている。

9 原発をめぐる選択肢
──東日本大震災後の議論

脱原発宣言

東京電力福島第1原発事故で原子力反対の声が強まる中、国と企業は必然的に変容を迫られた。当時の民主党政権は急速に脱原発にかじを切り、稼働する原発をなくす方針を2012年秋に明確に打ち出した。しかし年末の衆院選で、原発活用を掲げる自民党が圧勝して政権を取り戻すと、再び原発推進派が息を吹き返した。原発をなくす方針は撤回された。

震災後、日本の原子力政策は揺れ続けている。「浜岡原子力発電所（静岡県）の全ての原子炉の運転停止を中部電力に対して要請をいたしました」。11年5月、原発事故の不安が冷めやらぬ中、当時の菅直人首相は記者会見で突如切り出した。

菅氏は浜岡原発が従来、活断層の上に立地する危険性などが指摘されてきたとし、熟慮を重ねた結果だと言った。浜岡原発停止の要請を、原発反対派は評価し、推進派の電力業界や自民党は疑問視した。夏の電力供給と計画停電の混乱も懸念され、賛否が巻き起こるも、中部電は結局この要請を受け、動いていた浜岡4、5号機を止めた。

経産省側には、「脱原発を目指す菅氏の情熱は異様」とも映っていた。ともあれ、一連の菅政権の動きは脱原発宣言と受け止められた。海外では賞賛する声もなくはなかったが、エネルギー資源を輸入に頼る日本が資源外交の交渉カードをみすみす捨てたとも受け取られた。日本のエネルギー業界からは「拙速だ」との声も上がった。

企業側の事情

電力会社は原発が止まっても電気を届ける使命がある。各社は持ち得る発電設備を総動員し、供給力の確保に苦心した。特に頼りにしたのが火力発電所で、設備の修繕の時期をずらすといった工夫もしながらフル稼働させ、1年のうち需要の高い夏や冬を乗り越えた。電源構成の原子力の割合が減ったのに対し、12年度に火力発電は約9割に上昇した。燃料となるLNGや石炭を海外から大量購入し、火力燃料費が収益を圧迫した。

案の定、各社の業績はみるみる落ち込んだ。12年3月期は原発を持たない沖縄電力を除く大手9社のうち8社が、連結純損益の赤字に陥った。東電を筆頭に数千億円の損失が相次いだ。東海第2原発（茨城県）が頼みの綱の日本原子力発電も、128億円と過去最悪の連結での純損失となった。13年3月期も北陸、沖縄の両電力を除く8社が赤字を計上した。原発に依存し、原発なしでは立ちゆかない電力各社の状況が浮き彫りとなった。

各社の原発依存の背景には、オイルショック以降の脱石油という政府の大方針もあった。経営効率化では対応しきれないとして、各社は相次いで電気料金の値上げに踏み切った。

電力各社の値上げの状況

	値上げ率（実施時期）
北海道	7.73%（2013.9） 15.33%（2014.11）
東　北	8.94%（2013.9）
東　京	8.46%（2012.9）
中　部	3.77%（2014.5）
北　陸	9.7%（2018.4）
関　西	9.75%（2013.5） 8.36%（2015.6） ※その後2度の値下げ
中　国	−
四　国	7.80%（2013.9）
九　州	6.23%（2013.5）
沖　縄	−

各社資料をもとに作成。北海道と関西の下段は再値上げ

再処理のサイクルは難航

核燃料サイクルを支える「日米原子力協定」が18年7月に30年の満期を迎えて自動延長となった。原発の使用済み燃料を再処理して取り出したプルトニウムを再利用することから、サイクルとの呼び名が付く。原爆に転用され得るプルトニウムの再処理は、核不拡散条約で原則、非核保有国には認められてい

ない。しかし日本はこの協定により例外的に再処理が認められている。

ただ、30年前の1988年に新日米原子力協定が発効した時点の見通しとは、状況が様変わりしている。80年代に審査、建設が進んだ高速増殖炉「もんじゅ」（福井県）は95年8月の運転開始から3カ月余りでナトリウム漏れ事故を起こした。その後、当時の事業主体の動力炉・核燃料開発事業団（動燃）による事故の隠蔽などトラブルが相次ぎ、計画は中断した。動燃の解体などを経て再出発しようと2010年5月に運転を再開したが、同年8月に原子炉容器に装置が落下し、再び運転休止になった。16年12月にもんじゅは廃炉が最終決定した。

そうした中、プルトニウムの主な使い道と目されるのが、プルトニウムとウランを混ぜたMOX燃料である。ただ、この燃料を使える原発は現在稼働中の原発のうち、関西電力高浜原発3、4号機（福井県）や四国電力伊方原発3号機（愛媛県）など少数で、電気事業連合会が目指す16～18基には遠い。

さらに、青森県六ケ所村で建設中の再処理工場は、

再処理工場の仕組み

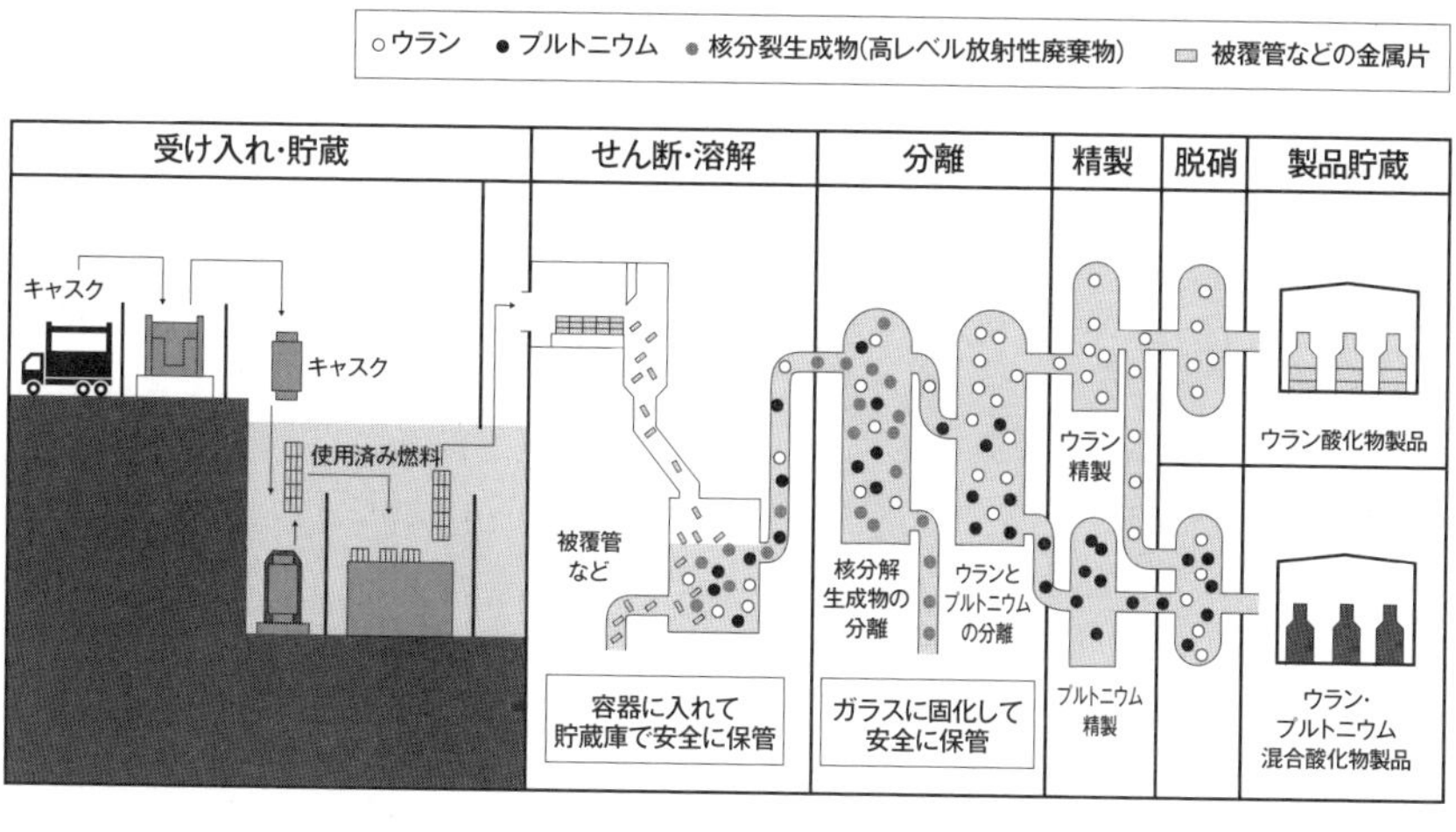

日本原燃の資料をもとに作成

燃料サイクルのイメージ

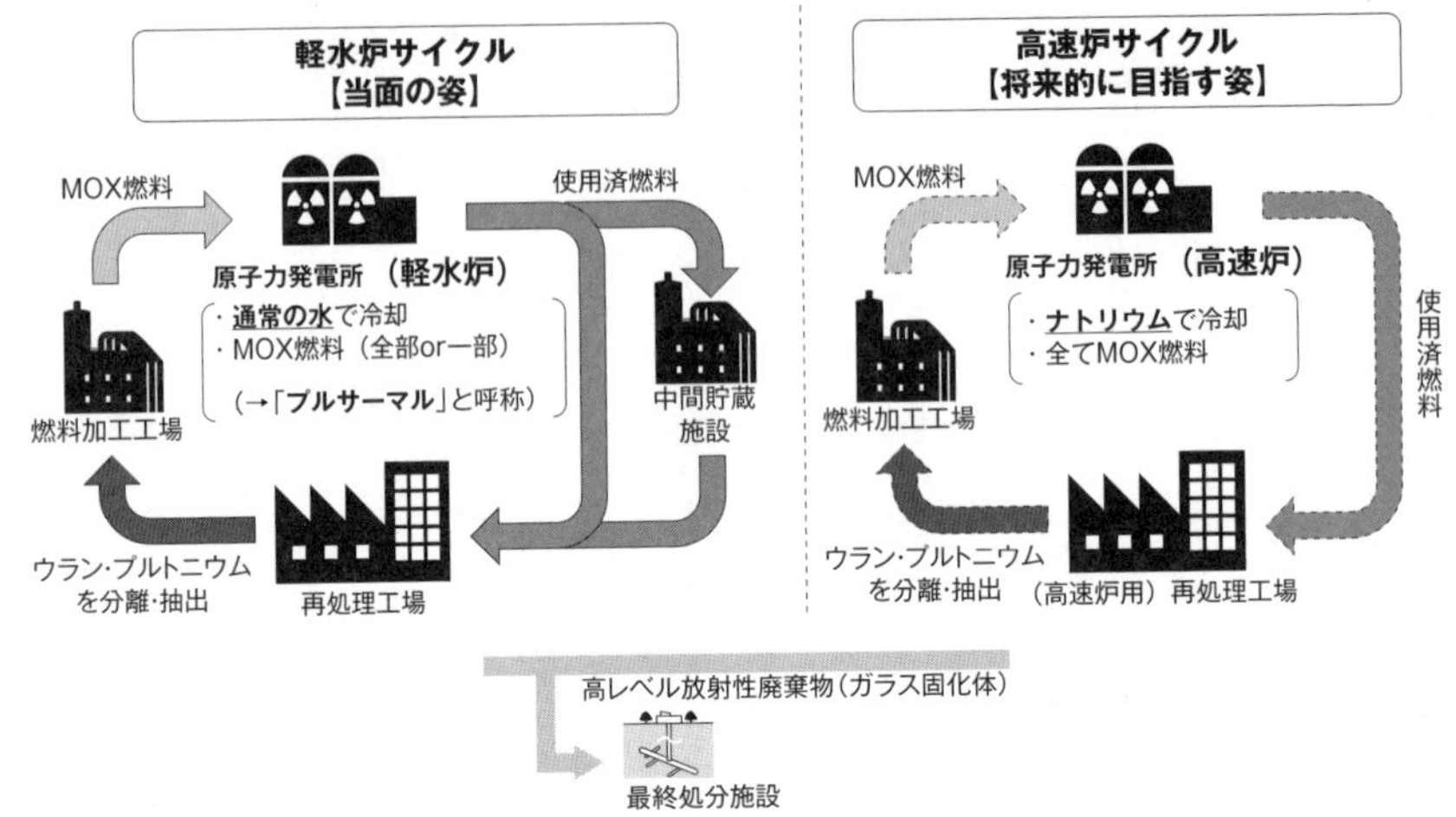

経済産業省資源エネルギー庁「核燃料サイクル・最終処分に向けた取組」などをもとに作成

完成が3年延び、21年度上半期（21年4～9月）になると、日本原燃が17年末に発表した。設備の不具合が相次ぎ、原子力規制委員会の審査が中断しているためである。延期は実に23回目で、当初は1997年に完成予定だったが、遅れに遅れている。

また、高レベル放射性廃棄物の地層処分も候補地選定は難航が予想される。電力各社が母体の原子力発電環境整備機構による公募が進められている。海外の先行事例をもとに今後、選定をめぐる議論が活発化していくと見込まれる。

この間、国際情勢も変化している。アメリカとの首脳会談が実現した北朝鮮をめぐっては、非核化が最大の焦点だが、「日本が例外的にプルトニウムの再処理を認められていることが、交渉の阻害要因になりかねない」（外交筋）との憂慮も囁《ささや》かれる。アメリカは日本にプルトニウムの管理を徹底するようあらためて求めている。

日本政府は国際社会の懸念を和らげるべく、エネルギー基本計画で「保有量の削減に取り組む」と明記した。今後、具体的な削減計画が出てくるかが焦点となる。

原発推進と脱原発と――

電力大手が脱原発と経営判断できない背景には、今後の廃炉を見据えた人材を確保したいという考えがある。廃炉は数十年かかる遠大な工程である。計画的に人材を採用し、育て、安全第一で着実に廃炉に取り組む覚悟が必要となる。

原発は他の電源に比べ、候補地の選定から運転開始までに長期間を要する。地元同意の醸成は容易でない半面、一たび不信を招けば、信頼の再構築は困難となる。用地取得や漁業者への補償も必要である。国と電力業界はこれまで、連携して電源3法交付金や地域との触れ合いなどを通じて地元の振興と理解を促す活動を行ってきた。しかし1990年代以降、東北電力の巻原発（新潟県）や中部電力の芦浜原発（三重県）など、計画撤回に追い込まれる事例もあった。

賛成、反対、推進、撤退、拒否――。原発の扱いをめぐっては常に政府や産業界、地元自治体、住民、外国のさまざまな思惑が複雑に絡み合っている。福島第1原発事故で、問題はよりいっそう難しくなった。

日本のエネルギーの歴史を振り返るとき、原発が果たしてきた役割は事実としてある。しかし、ひとたび原発事故が起きればそれまでの功績も、神話も、「まやかしだったのか」とのそしりを受ける。

原発推進の切り口は、地球温暖化対策への寄与度や、コスト計算上のLNGや石炭、再生可能エネルギーとの比較になりがちである。そのうえで優位性が語られることが多い。ただ算定し難いものがある。原発事故による農業や漁業への風評被害、甲状腺がんの不透明な発症率などの健康被害、それらに伴う精神的苦痛などである。

総選挙のたびに原発の是非が争点の1つにはなるものの、原発事故から月日がたつにつれ、他の政策、論点に埋没しがちでもある。しかし日本に住む限り、原発を考えずに、エネルギーのことを考えることはできない。

世界の原子力発電開発の状況

2018年1月1日現在（万kW）

国・地域		運転中		建設中		計画中		合計	
		出力	基数	出力	基数	出力	基数	出力	基数
1	アメリカ	10,356.1	99	220.0	2	406.0	3	10,982.1	104
2	フランス	6,588.0	58	163.0	1			6,751.0	59
3	日本	4,148.2	42	414.1	3	1,158.2	8	5,720.5	53
4	中国	3,566.0	37	2,263.4	21	2,572.0	24	8,401.4	82
5	ロシア	2,794.0	31	707.4	8	1,767.5	16	5,268.9	55
6	韓国	2,252.9	24	560.0	4	140.0	1	2,952.9	29
7	カナダ	1,427.2	19					1,427.2	19
8	ウクライナ	1,381.8	15	200.0	2			1,581.8	17
9	英国	1,036.2	15			326.0	2	1,362.2	17
10	ドイツ	1,001.3	7					1,001.3	7
11	スウェーデン	918.9	9					918.9	9
12	スペイン	739.7	7					739.7	7
13	インド	678.0	22	530.0	7	680.0	6	1,888.0	35
14	ベルギー	618.9	7					618.9	7
15	台湾	522.8	6					522.8	6
16	チェコ	420.0	6					420.0	6
17	スイス	348.5	5					348.5	5
18	フィンランド	287.2	4	172.0	1	120.0	1	579.2	6
19	ハンガリー	200.0	4			240.0	2	440.0	6
20	ブルガリア	200.0	2			100.0	1	300.0	3
21	ブラジル	199.0	2	140.5	1			339.5	3
22	スロバキア	195.0	4	94.2	2			289.2	6
23	南アフリカ	194.0	2					194.0	2
24	アルゼンチン	175.0	3			170.0	2	345.0	5
25	パキスタン	146.7	5	220.0	2	100.0	1	466.7	8
26	ルーマニア	141.0	2	141.2	2			282.2	4
27	メキシコ	136.4	2					136.4	2
28	イラン	100.0	1			249.9	3	349.9	4
29	スロベニア	72.7	1					72.7	1
30	オランダ	51.2	1					51.2	1
31	アルメニア	40.8	1					40.8	1
32	アラブ首長国連邦			556.0	4			556.0	4
33	ベラルーシ			238.8	2			238.8	2
34	バングラデシュ			120.0	1	120.0	1	240.0	2
35	トルコ					920.0	8	920.0	8
36	インドネシア					400.0	4	400.0	4
37	ヨルダン					200.0	2	200.0	2
38	リトアニア					138.4	1	138.4	1
39	エジプト					120.0	1	120.0	1
40	イスラエル					66.4	1	66.4	1
41	カザフスタン					出力不明	1	出力不明	1
合計 (前年値)		**40, 937. 5** **(40, 600. 1)**	**443** **(439)**	**6, 740. 6** **(7, 289. 7)**	**63** **(69)**	**9, 994. 4** **(11, 116.4)**	**89** **(98)**	**57, 672. 5** **(59, 006. 2)**	**595** **(606)**

日本原子力産業協会「世界の原子力発電開発の動向 2018」をもとに作成、「運転中」には停止中の原発を含む

10 電力業界の仕事
——多様化する事業内容

安定供給が最大の使命

電力会社の仕事は、何よりもまず、家庭や企業などの需要家へ電気を確実に送り届けることである。市場の全面自由化により、従来の電力大手10社以外と契約している人もいるだろうが、自由化前は電力大手と契約を結んでいたはずである。

電気事業改革に伴い、企業体は変化しつつあるものの、電力会社の発電して安定的に送り続けるという使命は変わらない。そのためにどういった仕事をしているのか、大手10社を見ていこう。

共通して担う役割は、大きく3つに分けられる。すなわち①発電部門、②営業部門、③送配電部門である。電気を送電線や変電所を通じて需要家に届ける送配電事業は電力大手にほぼ独占されている。一方、発電と小売りは新電力など従来の電力大手以外にも手掛ける企業が増えている。特に小売り部門は16年4月の完全自由化を機に、今後さらなる新規参入と競争の進展が期待される。

①発電部門は、火力、水力、原子力、そして再生可能エネルギーがあり、火力と原子力はそれぞれ独立した部署を設けている電力会社がほとんどである。この部門は大学などで専門知識を学んだ技術者が活躍できる機会が多い。原子力は東日本大震災以降、原子力規制委員会の新規制基準の審査対応で仕事量が増えている一方、廃炉に向けた技術の承継や人材確保も課題となっている。原発の是非は抜きにしても、当面必要不可欠な仕事であり、強い使命感が求められる。原発に限らず、いずれも生活に欠かせな

供給計画の提出の流れ

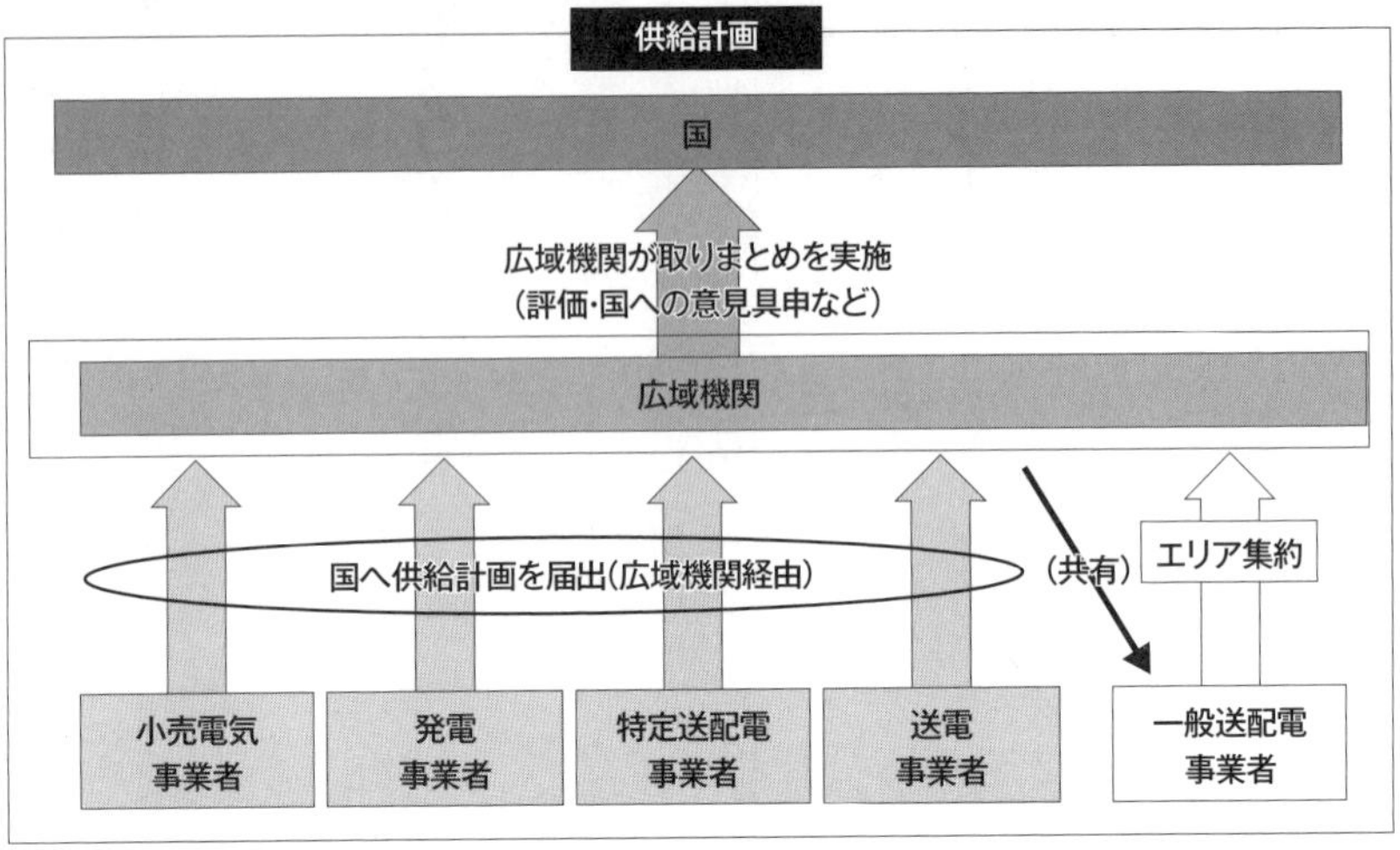

電力広域的運営推進機関の資料をもとに作成

い電力を生み出すというやりがいのある仕事であることは、昔と変わらないであろう。

②営業部門は文系の活躍する場面が多い部署である。特に電力小売り全面自由化以降、新電力、そして他の電力大手との越境による顧客争奪戦が熾烈《しれつ》さを増す中、地域独占で絶対的な顧客基盤があった時代とは事業環境が全く異なる。さまざまな商材を組み合わせたサービスなどアイデア勝負の面も強まっている。東電や関電などが参入しているガス小売りを担うのもこの部隊となる。なお、地域密着、地域貢献が長らく電力大手各社の特徴であり、使命でもあった。この傾向は自由化以降ますます強まっている。地域共生本部（北陸電力、九州電力）や環境・地域共生室（中部電力）など地域事業に特化した専属部署もある。

③そして送配電部門は、電力大手から法的に別会社化する20年4月の「発送電分離」で集大成を迎える。（65ページ参照）。これにより半世紀以上続いてきた送配電と発電の一体的な運営は、実質幕を閉じることになる。用地部や配電部、土木部などで構成

電力大手10社の18年3月期連結決算

売上高

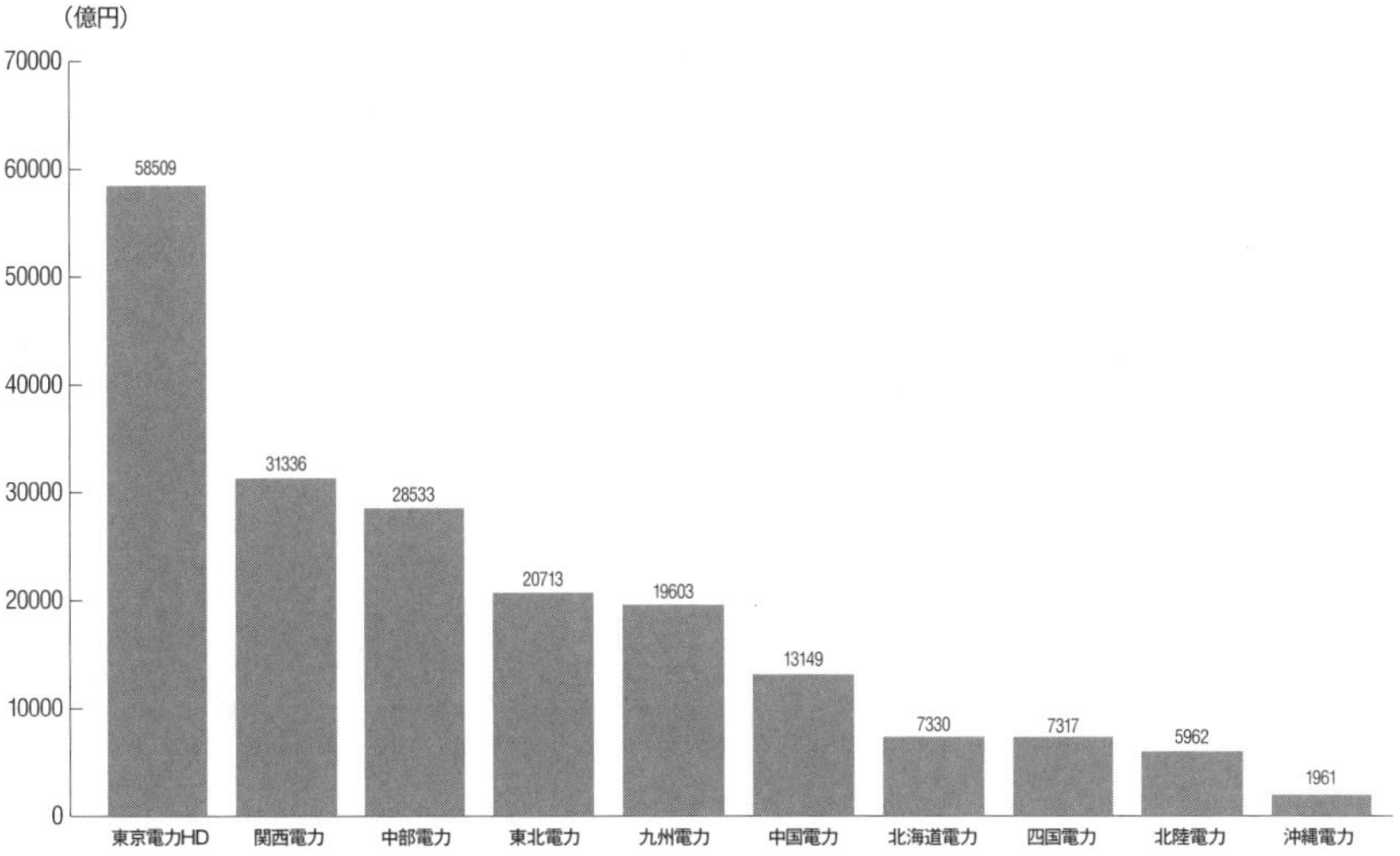

経常利益・純損益

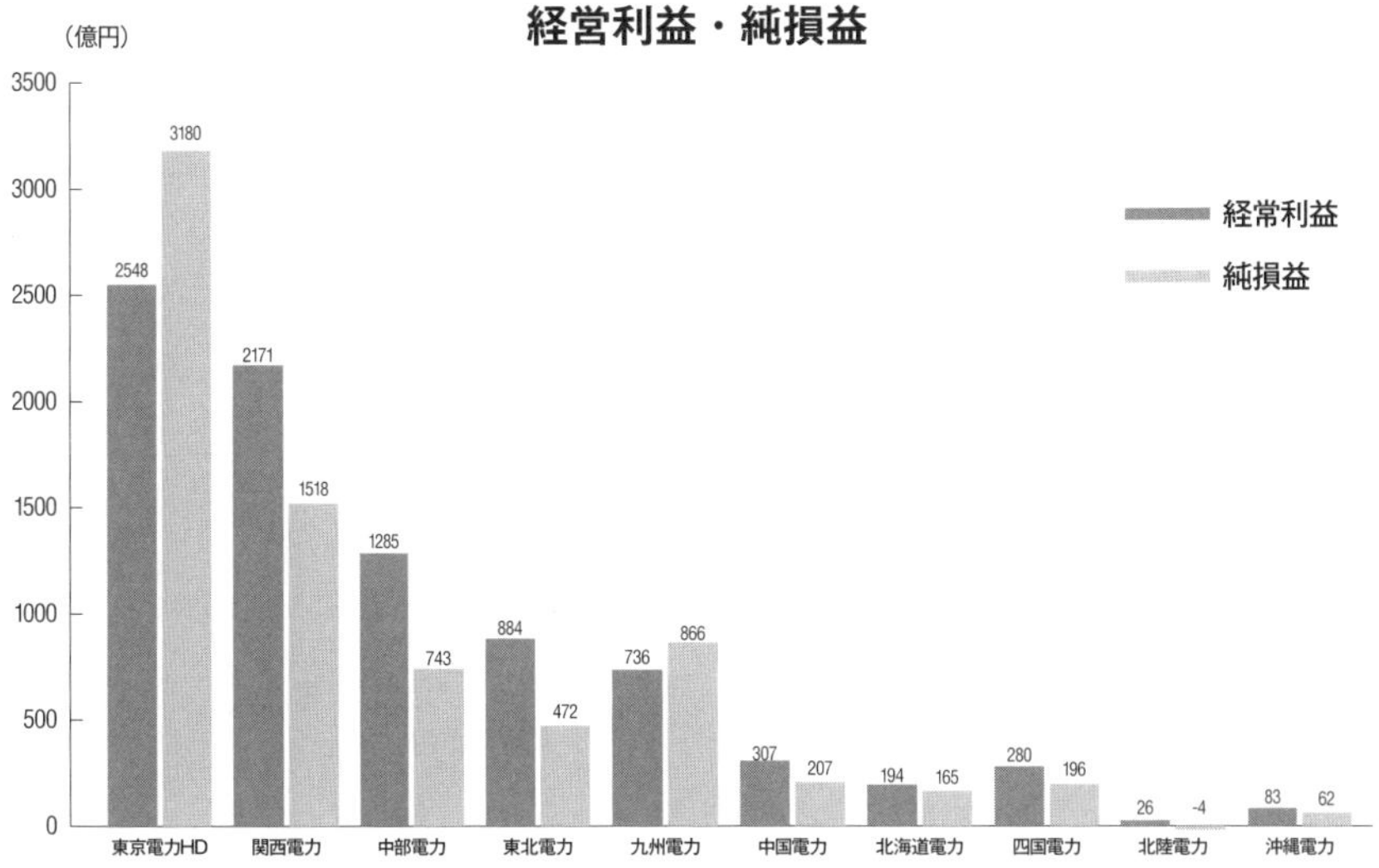

され、広域にわたって電線や鉄塔資材などを調達、運搬したり、必要な土地を用意したりと業務は多岐にわたる。従来の供給エリア、すなわち東電なら関東圏、関電なら近畿圏などの需要を勘案した供給計画を取りまとめる責務も負っている。また、電力広域的運営推進機関の発足とともに、全国規模の送配電網の整備が進んでいる。隣の電力大手同士でいかに物流や調達の効率化を図っていくか、といった協調的な観点もより求められる。

これら3部門の他に、会社のブレーン、頭脳となる経営企画の部署は各社にあり、AI（人工知能）などをいかにビジネスに取り入れていくかを考えるITの専属部署を持つ企業も目立つ。各社は研究所を構え、日夜技術革新に知恵を絞ってもいる。

自由化を機に体制変更

なお、発送電の法的分離を見据え、各社は相次いで「送配電カンパニー」などの社内分社を進め、組織体制は大きく変わりつつある。特に東京電力は16年、他社に先駆けて持ち株会社に移行した。東京電力ホールディングスの傘下に中核会社として、送配電部門を担う「東京電力パワーグリッド」と、販売部門の「東京電力エナジーパートナー」、そして火力発電を手掛ける「東京電力フュエル＆パワー」の3社を持つ。

なお、電力大手各社は従来、地元の営業エリア内での勤務が多かったが、小売り自由化後は東京などでの勤務や、国際事業の強化に伴う海外勤務の機会もさらに増えつつある。

Chapter3

電力業界の主要企業

1 東京電力ホールディングス
——福島復興最優先

日本最大の電力会社

首都圏、関東1都6県と山梨県と静岡県伊豆地方を供給エリアとする日本最大の電力会社である。2011年の東日本大震災による福島第1原発事故の対応を最優先し、福島復興が喫緊かつ長期的な経営課題となっている。18年6月には福島第2原発の廃炉を具体的に検討していくと表明した。

12年に政府の原子力損害賠償支援機構が1兆円を出資し、実質国有化された。数十年かけて債務を返済していくための財務体力をつけるべく、経営効率化を進める。16年4月に持ち株会社に移行し、東京電力ホールディングス（HD）の傘下に発電、販売、送配電の中核3会社を抱える。原子力事業を19年4月に社内カンパニーにする計画も進めている。

原発事故後に全原発が止まり、火力燃料費の増加で収支は悪化した。12年には料金値上げに踏み切った。柏崎刈羽原発（新潟県柏崎市、刈羽村）の再稼働を目指しており、17年12月に6、7号機が沸騰水型軽水炉（BWR）で初めて新規制基準に合格した。ただ、地元では再稼働の賛否が割れている。18年6月に就任した花角英世知事の姿勢が注目される。

再編統合と経営効率化

震災後、数年ごとに経営再建策を練り直しており、17年5月に第3次計画として新々総特（新々・総合特別事業計画）を公表した。それに沿って事業を進める。特に、効率化は地域の枠を越えた他社との協業を志向し、再編統合も辞さない考えでいる。建設中の東通原発（青森県東通村）では共同事業化を目指し、他の電力会社などに協議を呼び掛けている。

　再編統合を含む協業をめぐっては送配電事業がその筆頭に挙がっている。事業統合のモデルとしているのが、既に中部電力と統合した火力部門である。新会社ＪＥＲＡを15年に設立することで、経営効率化が進み、収支が改善している。19年４月に東電、中部電の火力発電所をＪＥＲＡに移管して統合が完了する。両社は震災後に原発が止まりＬＮＧ火力の燃料費が膨らみ、経営が悪化していた。そうした同じ悩みを抱えればこその統合だが、電力各社は原発部門や送配電部門でも人手不足、技術継承の課題は共通する。水面下で協議が進んでいるとみられる。

　国内の販売では、東京ガスなどの新電力や電力大手他社に家庭の顧客が流出している。２０００万件超あった家庭向け契約は16年４月の自由化後に２００万件以上減った。一方、ガスの家庭向け販売では展開を加速させている。18年度中に、提携先も含めた販売件数１００万件を達成するとしている。

東京電力ホールディングスの連結決算

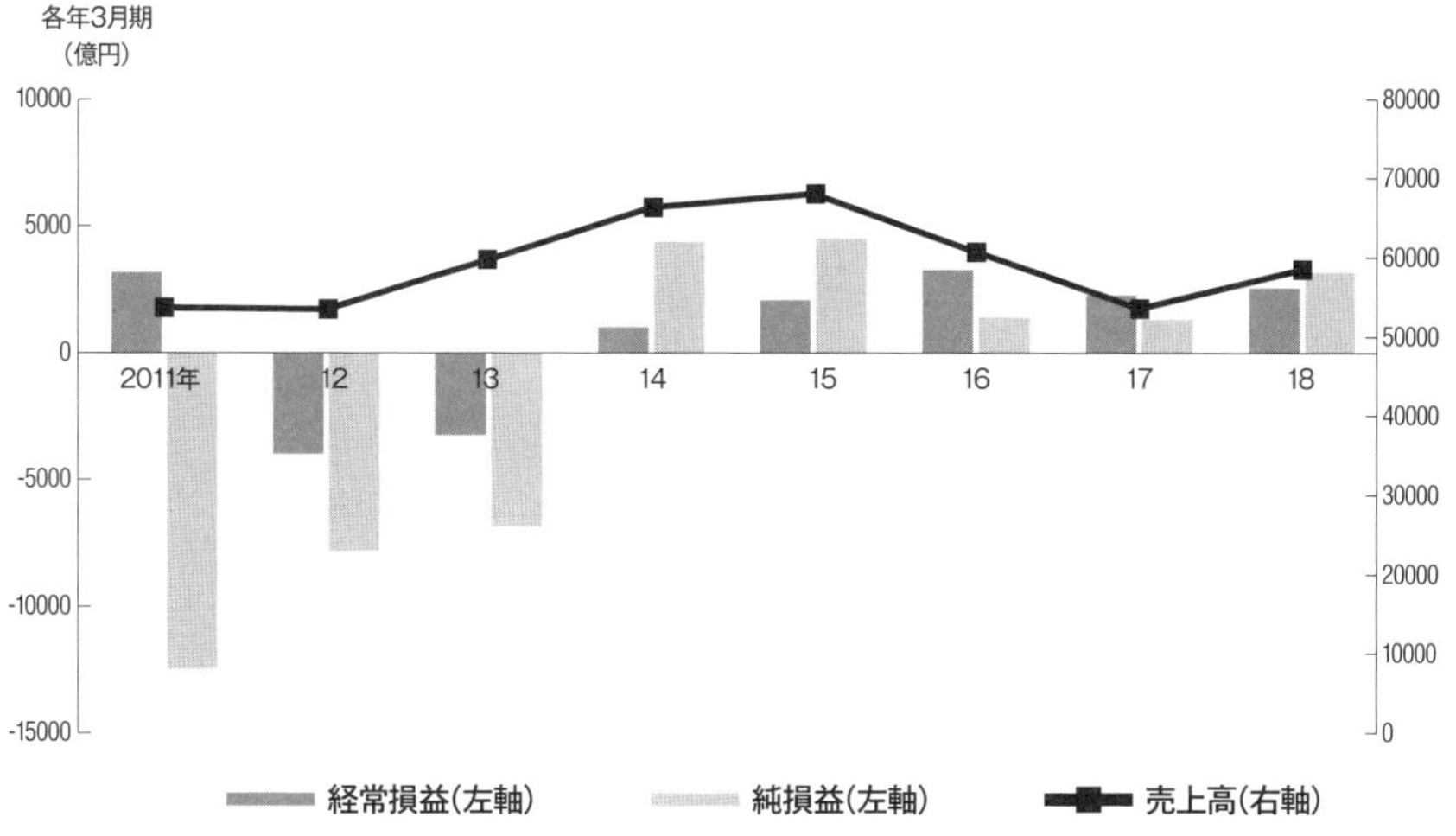

16年3月期までは東京電力、16年4月に東京電力ホールディングスに移行

2 関西電力
——関西以外にも販売攻勢

西日本を代表する電力会社

近畿2府4県と福井県の一部を主な営業エリアとする西日本を代表する電力会社。首都圏に加え、名古屋、岡山、広島の各市に営業拠点を設け、域外での攻勢を強めている。現行の中期経営計画（2016〜18年度）は16年春に公表、10年後に「バランスのとれた事業ポートフォリオで、経常利益3000億円以上を目指す」とした。内訳として、「総合エネルギー・送配電事業」と「国際・グループ事業」とに分け、その利益比率を2対1に設定した。

震災後に収支改善を見込んで2度の抜本的な値上げを行ったが、原発の再稼働を踏まえて2度値下げした。原発はいずれも福井県にあり、高浜原発3、4号機（高浜町）と大飯原発3、4号機（おおい町）の4基が運転中で、運転開始から40年超の高浜1、2号機と美浜原発3号機（美浜町）の再稼働を目指す。一方、美浜1、2号機と大飯1、2号機は廃炉を決めた。既存原発の取捨選択を進めている。

20年の発送電の法的分離を見越し、送配電は既にカンパニー化しており、独立採算に向けた取り組みを強化していく。また、17年6月には東隣の中部電力、北陸電力と共に、送配電網を通じた需給調整や系統運用の効率化に向けた連携を深めていくことを打ち出した。

地盤の関西では、16年に電力小売りに参入した大阪ガスに80万件超の顧客が流れ、巻き返しを図っている。17年から自由化されたガスの家庭向け販売を手掛け、19年度の早い時期に達成するとした80万件の顧客獲得を前倒しで実現した。電気とガスのセット販売をベースに、水漏れや鍵の紛失といったトラブルに対応する駆け付けサービスなどを提供し、大阪ガスと争っている。

事業多角化、新たな収益源へ

一方、首都圏の東京ガスとは協調関係にあり、アメリカでのガス火力発電事業や、シェールガスに基づくＬＮＧの輸入を共同で手掛けている。

国際部門を成長の柱の１つに据え、15年度に30億円だった収支を25年度に10倍の３００億円まで伸ばし、海外の発電容量も持ち分で１０００万〜１２００万kWまで拡大する。日本国内で培った水力や火力、送配電の技術力を生かし、16年度から10年間で５０００億円を投資するという。「第２の黒四」（黒部川第４発電所）事業として意気込むラオスのナムニアップ水力発電が19年にも運転開始予定のほか、ミャンマーでも22年からディードック水力発電所の運転が見込まれる。

関西電力の連結決算

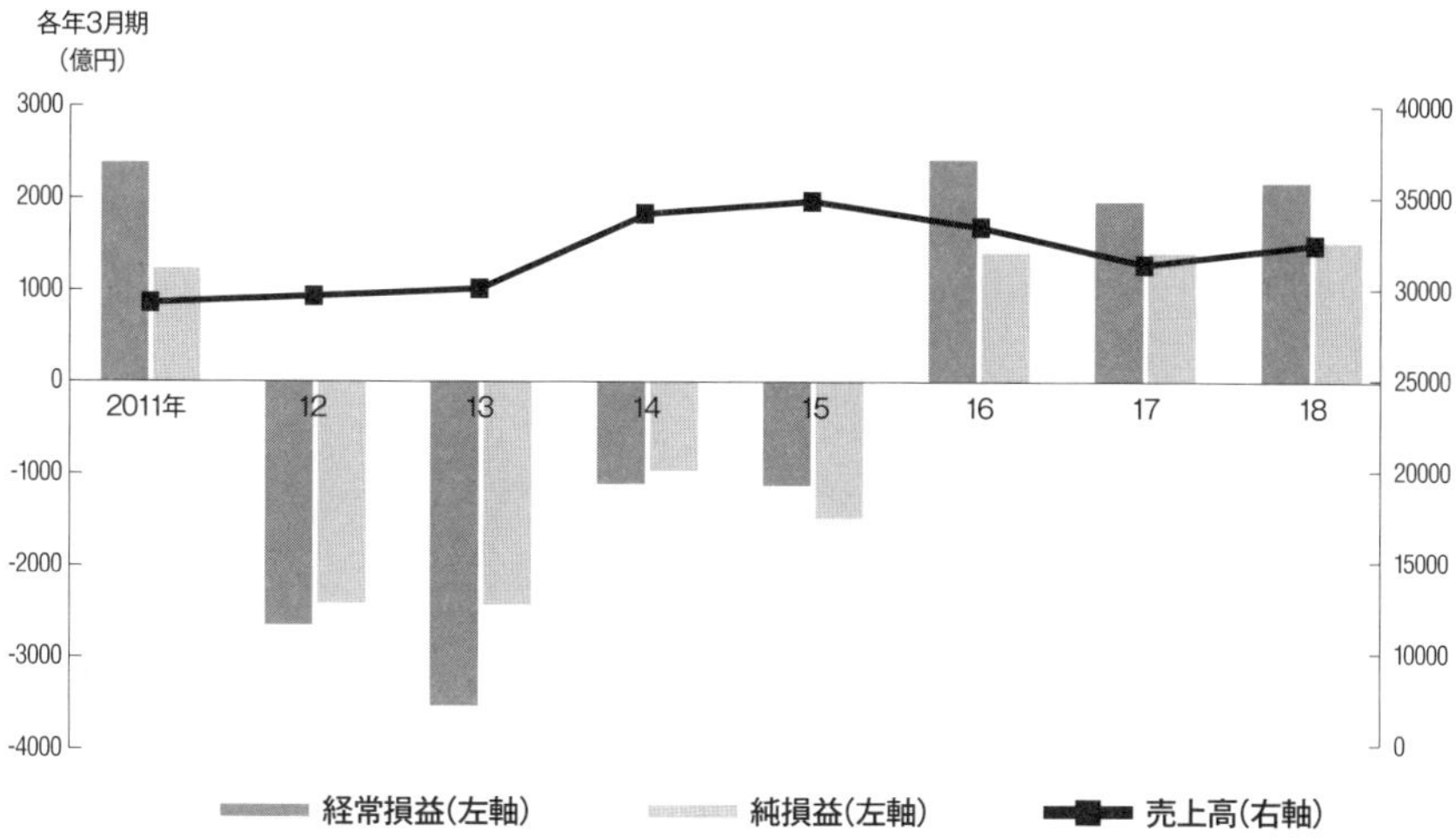

3 中部電力
――トヨタ自動車など安定した顧客基盤

底堅い販売電力量

愛知、三重、岐阜、静岡、長野の各県を主な営業エリアとし、首都圏でも事業を拡大させている。年間販売電力量は2016年度に関西電力を上回り、東電に次ぎ2位となった。減少傾向が続くものの底堅く推移している。トヨタ自動車など安定した顧客基盤が域内にある中、電力自由化、ガス自由化を踏まえ、「ガス&パワーの積極展開」を唱えて事業を拡大する。電力に偏らない「総合エネルギー企業」を標榜しており、20年以降は社名から電力を外す検討をしているとの観測もある。

東日本大震災後、政府の要請も勘案し、浜岡原発（静岡県御前崎市）を停止した。そのため火力発電所の使用頻度が急増し、燃料費がかさんで収益が悪化した。同じ事情を抱える東電と火力事業の統合会社JERAを折半出資で設立し、初代社長には中部電常務執行役員だった垣見祐二氏が就いた。火力統合による相乗効果は統合後5年以内に年間1000億円規模を見込んでいる。

浜岡3、4号機の再稼働を目指して新規制基準の審査を受けているが、想定される東海地震の震源域に近いとされ、実現の見通しは立たない。住民らによる差し止め訴訟も続いている。1、2号機は既に廃炉作業中、5号機は適合性審査をまだ申請していない。浜岡以外に建設計画のあった芦浜原発（三重県）や珠洲原発（石川県、関電、北陸電力と共同）は、反対を受けて白紙となった。

自由化を機に首都圏での攻勢を強め、18年からは大阪ガスと折半出資で新会社「ＣＤエナジーダイレクト」を発足、この社長も中部電出身者を起用した。ガス・ＬＮＧの販売量は17年度の約86万トンから20年代後半に３００万トンまで拡大させる。本業の電力の販売量は20年代後半も現状よりやや多い１３００億kW時を維持したいとしている。

成長分野への取り組みも加速

今後は特に再生可能エネルギーと、ＩＴを用いた電気の賢い使い方といったサービスの充実を図っていく。再エネに強い新電力のＬｏｏｏｐ（東京）に10・25％出資し、資本業務提携を結ぶなど、電力メニューの選択肢も増やしている。

豊田通商とは、ＥＶを蓄電池に見立て、充放電することで地域の需給調整に生かす実証実験を愛知県豊田市で始めた。このほか、家庭用太陽光発電の余剰分をイオンへ供給した家庭にイオンの「ＷＡＯＮポイント」を付与する新サービスを連携して始める。

中部電力の連結決算

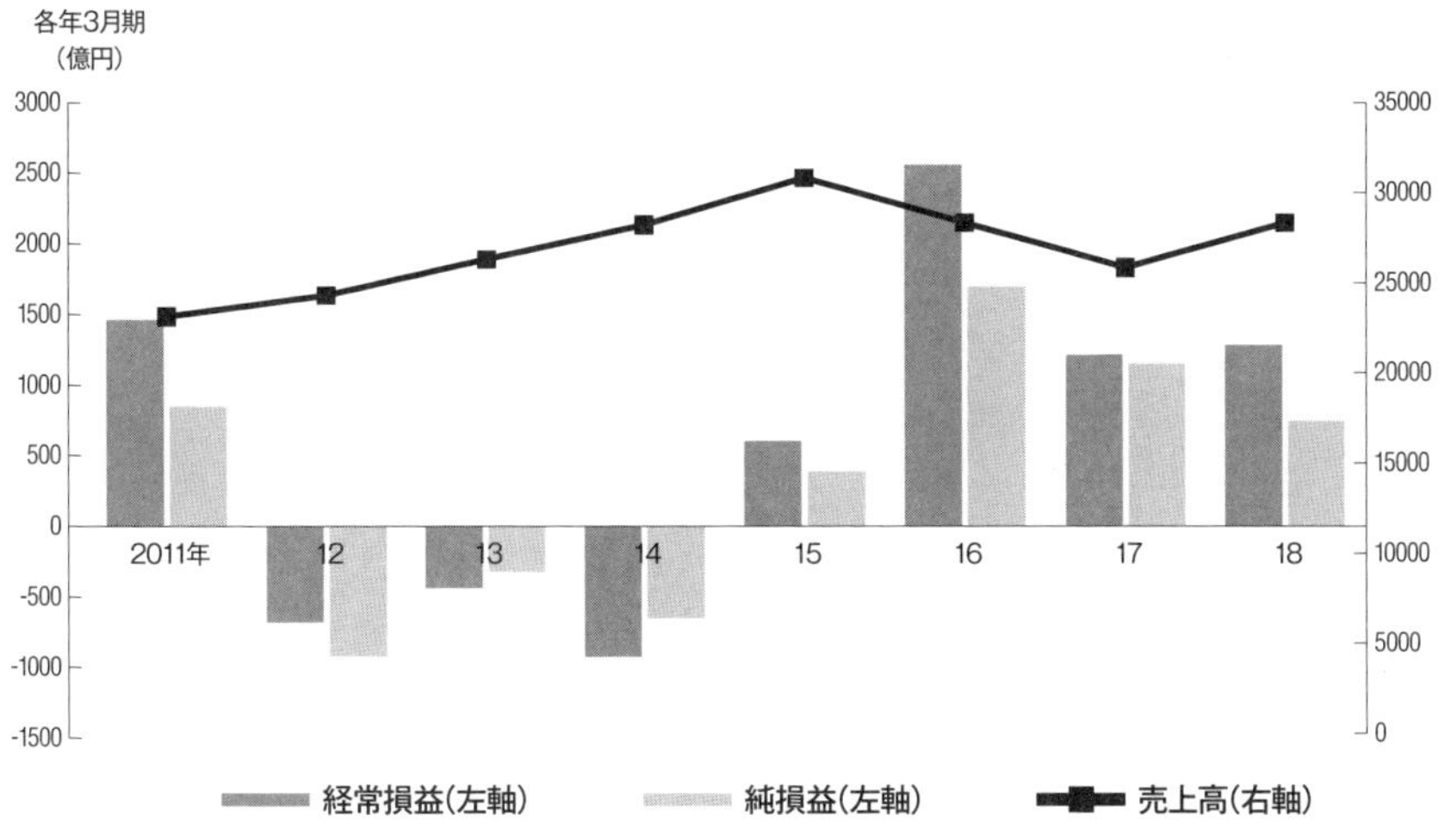

4 東北電力——管内に豊富な自然エネルギー

供給区域は国内最大

東北6県と新潟県を主なエリアとし、供給区域は国内最大となる。風力発電の好適地が多い。東日本大震災で女川原発（宮城県）が津波の被害を受け緊急停止後、全原発が止まったままとなっている。3基あるうち、1号機は2018年10月に廃炉を決めた。一方で2、3号機と東通原発（青森県東通村）は「経営資源を投入し、新規制基準への適合性にとどまらず、さらなる安全レベルの向上に向けた取り組みを着実に進めていくとともに、地域の皆さまからのご理解をいただきながら、早期の再稼働に向けて全力で取り組んでまいります」としている。

創業は沖縄電力を除く大手各社と同じ1951年で、初代会長には商工省（現経済産業省）貿易庁の長官などを歴任した白洲次郎（1902〜85）が就いた。1888年に運転を始めた日本初の水力発電、三居沢発電所（仙台市）の管理・運営も担っている。

現在進行中の2017〜20年度の中期経営方針では、「お客さまの・地域社会の声にお応えする」を筆頭に「成長の事業機会追求」、「変革による強固な経営基盤確立」の3つを力点として、重視していく方向性を示した。特に東北・新潟の従来の地盤を越えて事業を拡大する姿勢を鮮明にした。15年度の751億kW時（東北・新潟域内）に比べ、域外なども合わせて20年度に35億kW時増、30年度には150億kW時増を目指す。15年には東京ガスと折半出資で「シナジアパワー」（東京）を設立、北関東を中心とした関東圏で大口向けに電力を販売している。

同じ関東エリアでは、家庭向け電力販売も手掛け、東日本大震災の復興に向けた寄付などに使えるポイントのサービスなどを展開している。18年3月には東京急行電鉄子会社の新電力、「東急パワーサプライ」（東京）に33・3％出資した。東急沿線に顧客基盤を持つ東急側に、東北電が電力を卸販売する。

海外事業とガス事業を伸長

海外事業も北米、中米、東南アジアを中心に拡大させる。15年度で20万kWの海外発電事業の出力規模を20年度には3倍の60万kW、30年度に6倍の120万kWまで高める。海外の1号案件として、18年3月にインドネシア・スマトラ島の地熱発電事業に10％資本参加した。今後、それらの地域を中心に案件を増やしていく。

同様にガス事業も収益源の1つに位置付け、LNG受け入れ基地のある新潟から仙台へ気化したガスをパイプラインで輸送したり、仙台市ガス局に支線で届けたりしている。

東北電力の連結決算

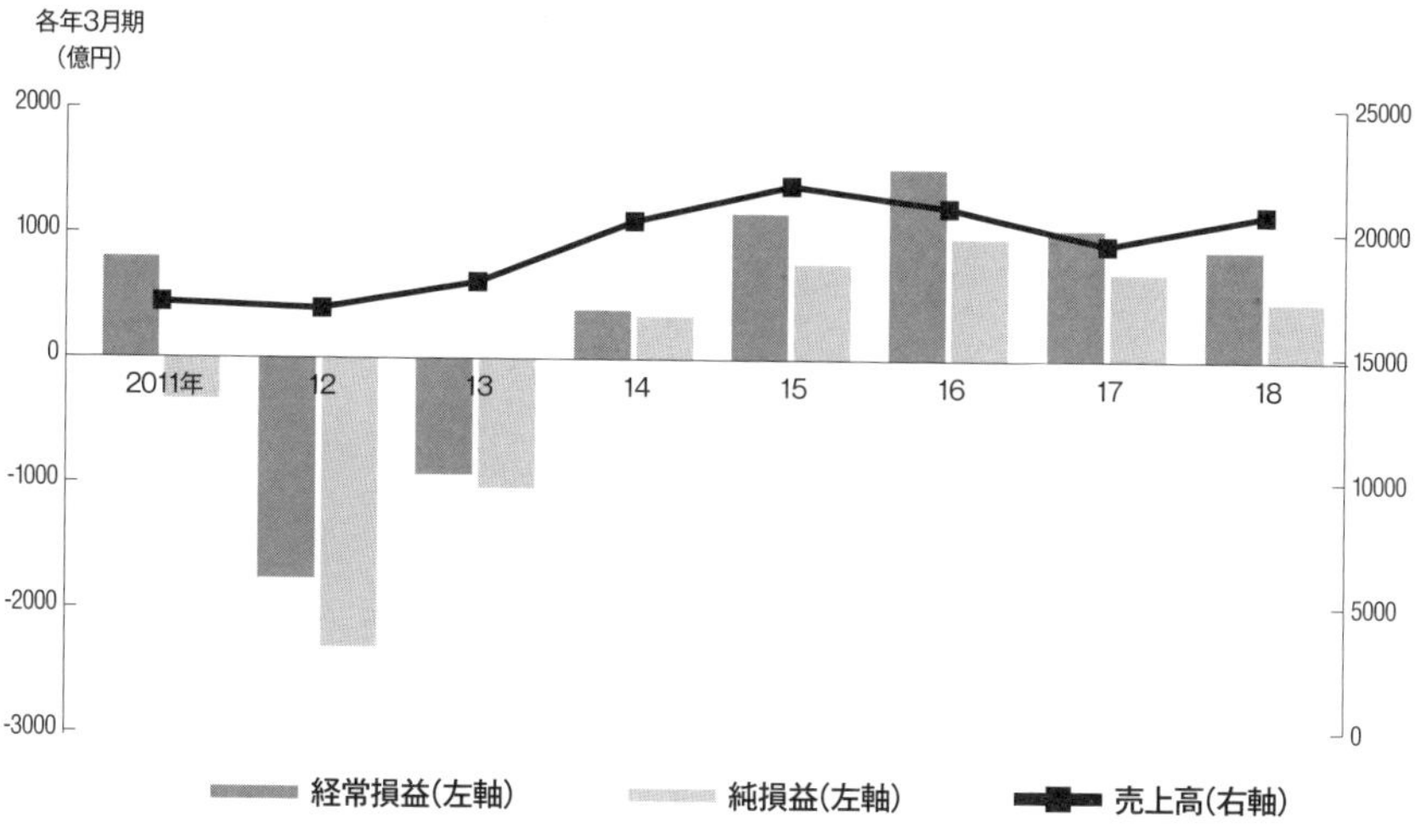

5 九州電力
――原発の再稼働を進める

地元九州で抜群の知名度

九州全域を営業エリアに持ち、域内での知名度は極めて高い。全国の原発が止まった2013年9月の後、初めて新規制基準に合格し、再稼働したのが川内原発1号機（鹿児島県薩摩川内市）だった。その後、2号機も再稼働し、玄海原発3、4号機（佐賀県玄海町）も運転再開、再稼働した原発は4基まで増えた。収支は上向くとみられるが、毀損《きそん》した財務基盤の改善、安定を優先し、当面値下げは行わない。一方、13年には抜本的な値上げに踏み切っており、原発稼働による収益改善分が顧客にいつ、どの程度、還元されるかが注目される。また、玄海1号機は廃炉を決めており、21年に運転期間上限の40年に達する2号機の扱いも焦点となっている。

原発の4基再稼働を踏まえ、6年社長を務めた瓜生道明氏が18年6月に会長に退き、企画畑が長い池辺和弘取締役常務執行役員が新社長となり、若返りを図った。その下で進める15～19年度5カ年の中期経営計画では、九州でのエネルギーサービス事業、成長分野事業、強固な事業基盤構築の3つを戦略の柱と位置付けている。

九州内では、「顔の見える営業」を掲げて人目に触れる機会を増やしているほか、17年に参入した都市ガス小売りでは西部ガスの顧客網を攻略しようとしている。他電力と同様、従来の供給エリアを越えた事業活動で、首都圏での電力販売や海外発電事業を強化する。海外では既にインドネシアのサルーラ地熱発電などの実績があり、18年3月末時点で持ち分は155万kWの出力規模となっている。これを21年に240万kW、30年に500万kWまで伸ばす計画である。現状、国内では九州以外に電源を持たないが、千葉県袖ケ浦市にある出光興産の所有地に東京ガスと3社合同で火力発電の新設を計画している。

旺盛な域内の再エネ発電

再生可能エネルギーも成長市場と捉え、18年時点の出力規模195万kWから、30年には400万kWまで増やす。

ただ、再エネは九州内で急増しているため、供給過多になっている節もある。10月には離島を除き全国で初めて出力制御を行った。

事業者にとっては売電量が減り、収益が目減りするため、今後再エネ導入拡大に向け、事業者の意欲が減退しないような仕組みづくりも急がれる。経済産業省の有識者会議で、出力制御を減らすため、山口県へ連なる関門連系線を通じ、本州への送電量を増やすべきといった対策が話し合われた。

九州電力の連結決算

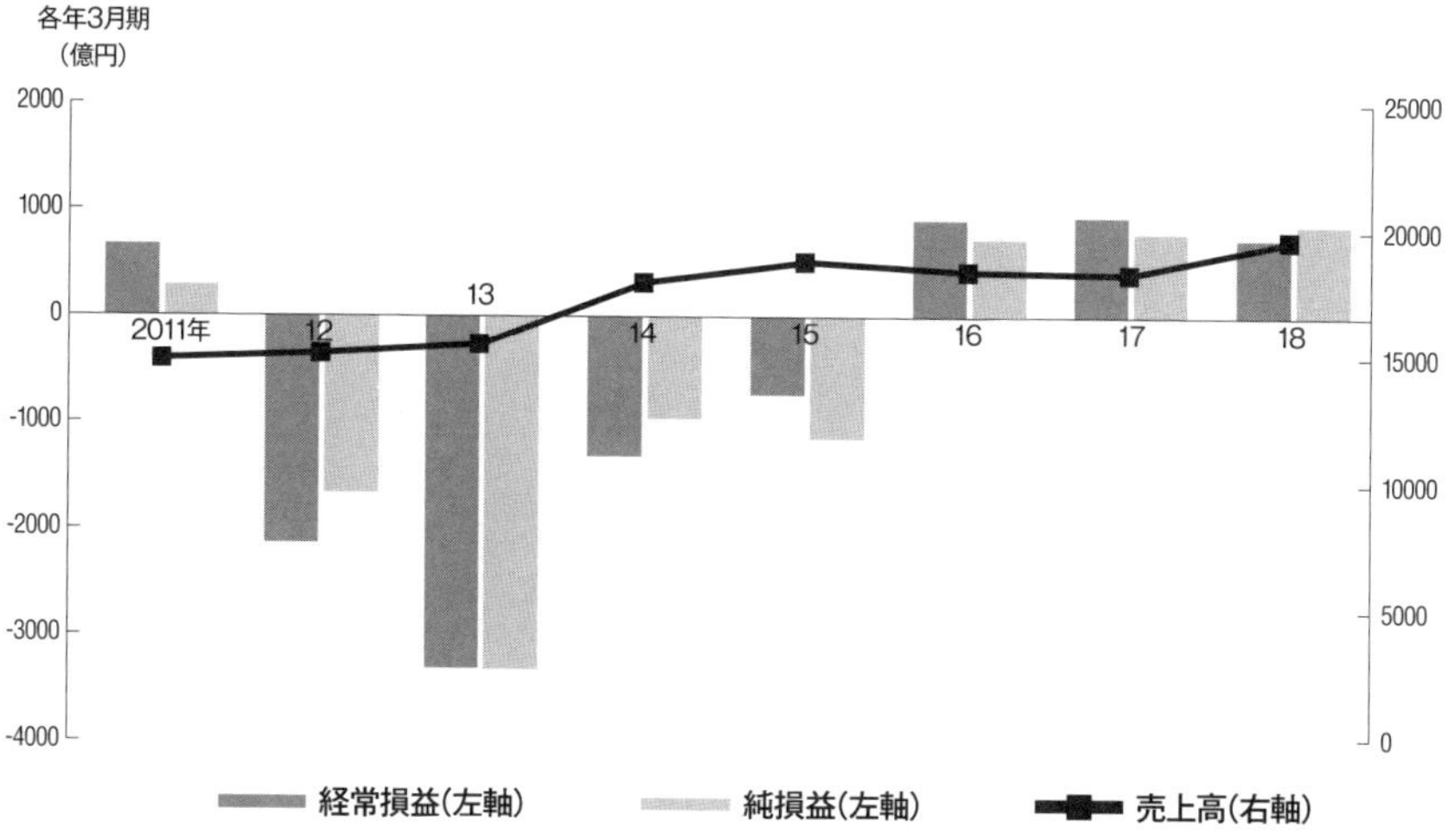

6

中国電力
——島根原発の再稼働に注力

盤石な基盤で国内6位

鳥取、島根、岡山、広島、山口5県の中国地方と兵庫、香川、愛媛3県の一部を地盤とする国内6位の電力会社である。震災後、原発停止で収支が落ち込む中、抜本的な値上げは回避しており、現行の経営計画では「2020年代を展望した目指す企業グループ像」として、震災前を上回る利益水準となる連結経常利益600億円以上を安定的に確保するという目標を掲げた。

原発は全国で唯一県庁所在地に立地する島根原発（松江市）がある。1974年に初の国産原発として運転を始めた1号機は廃炉とし、2号機は再稼働を、工事中の改良型沸騰水型軽水炉（ABWR）の3号機は完成を目指し、それぞれの工程を進めたい考えでいる。このほか、同じABWRでの運転を目指す上関原発（山口県上関町）は今後の着工に向け、準備を進めている。

電源投資と域外進出

近年の温室効果ガス削減の要求に応え、電源開発と共同で大型実証試験「大崎クールジェンプロジェクト」（広島県大崎上島町）に取り組んでいる。石炭を可燃性ガスに変換してガスタービン発電を行い、その排熱を再利用して蒸気タービン発電をする「石炭ガス化複合発電（IGCC：Integrated Coal Gasification Combined Cycle）」や、IGCCに燃料電池を組み合わせた「石炭ガス化燃料電池複合発電（IGFC；Integrated Coal Gasification Fuel Cell Combined Cycle）」などの研究で、17年度から始まった。実用化が進めば、石炭火力の二酸化炭素排出量の大幅な低減が見込めるという。

他にも、超超臨界圧の石炭火力、出力100万kWの三隅発電所2号機（島根県浜田市）の建設を始め、22年の営業運転開始を目指している。また首都圏でも、JFEスチール東日本製鉄所（千葉市）内に超超臨界圧の石炭火力の建設開始を20年から予定する。海外では、マレーシアで三井物産と石炭火力事業に取り組む。設備容量は2基で計200万kWで、19年内に順次営業運転を予定しているなど、発電事業への積極的な投資が目立つ。

首都圏でも家庭向け販売に参入している。貯まった「エネルギアポイント」を、提携している日本航空のマイルに交換できるサービスが話題を呼んでいる。

いずれにしても、地元中国地方の需要が盤石な今、域外への攻勢を強めたい考えでいる。16年には中国電初の海外事務所をシンガポールに設けた。

中国電力の連結決算

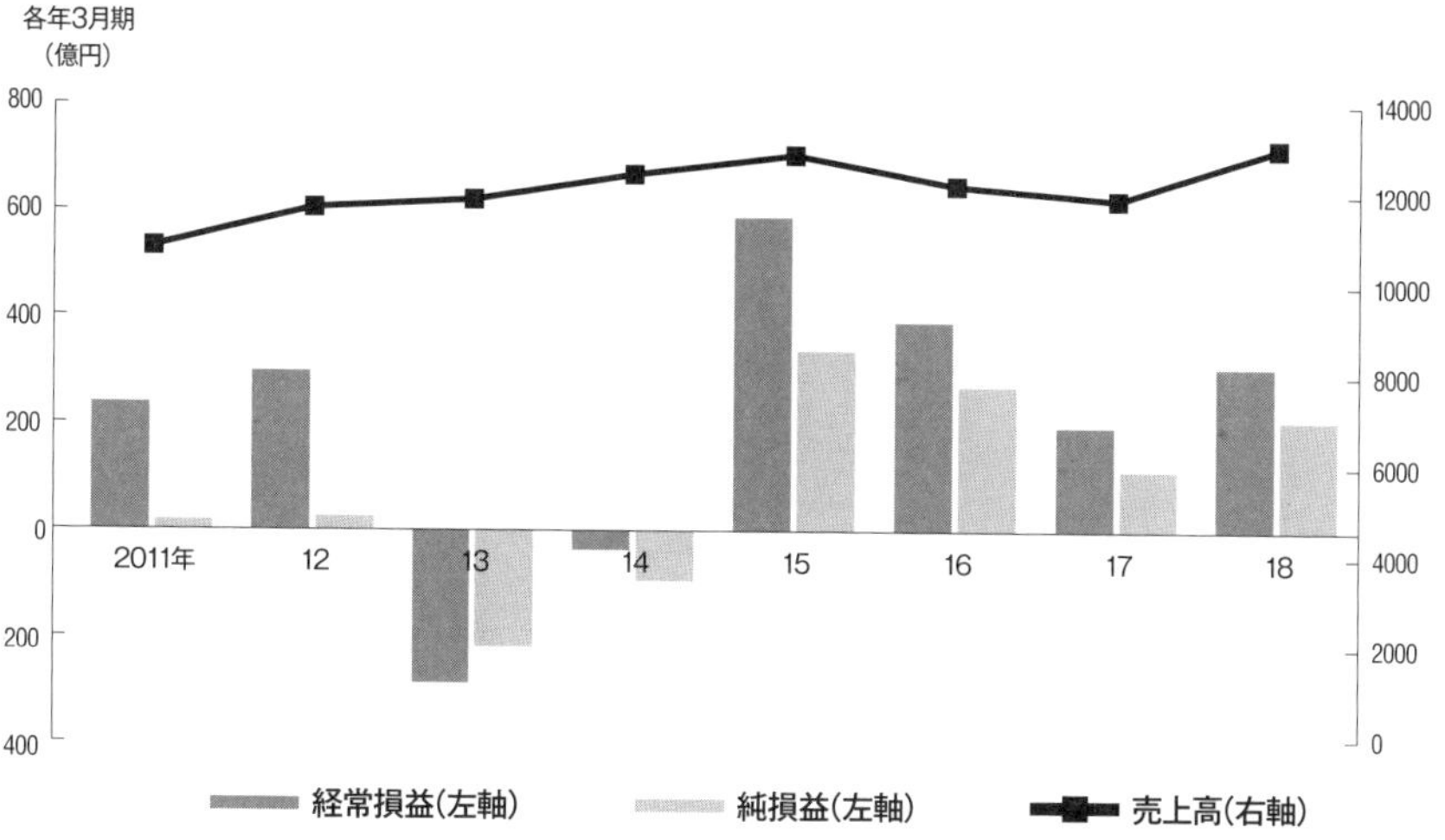

7

北海道電力
――課題は域内の安定供給

日本最北の電力会社

北海道内が供給エリアの日本最北の電力会社。泊原発（泊村）の長期停止に伴う火力発電の使用増で燃料費が膨らみ、２０１２年３月期から３年連続で連結純損益が赤字となり、13年と14年に値上げを実施した。原発の再稼働が見通せない中、１６５万kWの供給力を持つ石炭火力、苫東厚真発電所（厚真町）が主力電源となってきた。しかし18年９月に胆振東部地方で発生した最大震度７の地震により停止し、需給バランスが崩れて道内全域の停電という非常事態に陥った。東京電力、東北電力が復旧要員や高圧作業車を急送するといった応援に入ったが、肝心の北海道と本州を結ぶ基幹電線「北本連系線」が、送電能力の制約を受けて十分に寄与しなかった。

３基ある原発のうち、泊１、２号機の施設の真下に活断層が走っているとされ、再稼働への道は閉ざされている。泊３号機が営業運転を始めた09年当時、発電電力量に占める原発の比率は19％で、18年度には40％まで高まると見込んでいたが、震災後に予定が狂い、３基は６年以上止まったままである。今後１、２号機は廃炉の選択肢も含め、稼働の是非をめぐる議論が注目される。

電力販売は、少子高齢化や省エネの普及に加え、電力小売り自由化で割安な新電力への顧客流出も響き減少している。新たな料金メニューの拡充やキッチンの電化などにより、巻き返しを図る。一方、17年４月に首都圏販売部を設け、北海道の域外では契約を伸ばしている。必要な電源確保のため、20年春に運転を始める予定の発電規模118万kW（59万kW2基）の福島天然ガス発電所（福島県新地町）にも事業参画する。

道内の送電体制強化

道内のガス事業も拡大し、北海道ガス所有の石狩LNG基地（石狩市）にタンクを増設、LNGの販売目標は当面年間1万トンを掲げている。水路を挟んで西方には北海道電として初となるLNG火力、石狩湾新港発電所（小樽市）を新設、18年10月に発電を始めた。19年2月から営業運転を予定している。2、3号機はそれぞれ26年、30年に運転開始を予定し、3基の出力は計約171万kWとなる。

なお、広大な土地を背景に風力など再生可能エネルギーの適地も多いとされる一方、送電線の空き容量が不足しがちという課題もある。この送電線の空き容量不足は北海道に限ったことではなく、全国規模で政府や広域機関とも連携して解消すべく、議論が進められている。

北海道電力の連結決算

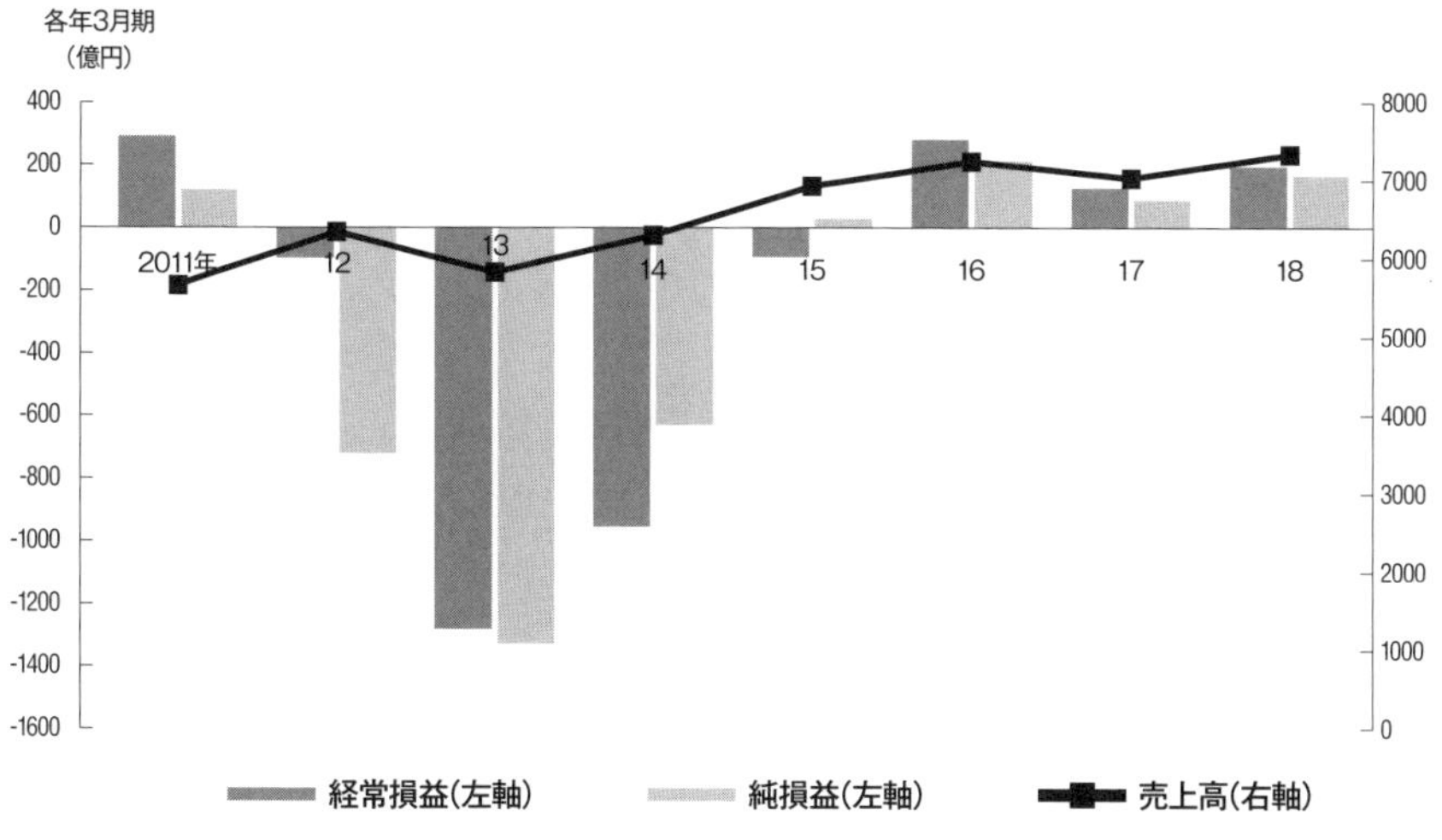

8

四国電力

――四国４県を基盤に域外へ攻める

海外事業も積極展開

四国４県に電力の供給エリアに持つ。電力の自由化後も競争が比較的落ち着いている地域である一方、人口減少、過疎化に伴う需要減が悩みの種となっている。他の電力会社同様、域外への進出を加速させるべく、電源開発も進める。

２０１０年度に約２９０億kW時だった販売電力量は、東日本大震災後に漸減しており、17年度には約２割減の２５１億kW時となった。四国エリアの需要の見通しも、20年度に２５８億kW時、27年度に２５４億kW時と減少が見込まれる。

伊方原発（愛媛県伊方町）の停止などに伴い、12年３月期から３年連続で連結純損益が赤字となった。13年には電気料金の引き上げを実施した。17〜20年度の中期経営計画では「収益力の変革」を掲げている。その目指すべきところは18年４月に実施した組織改編によく表れている。１つは、海外事業に関し、「国際事業部」を新設、水力部も、「再生可能エネルギー部」に看板を挿《す》げ替え、より広範な再エネを一元的に取り扱うようにした。海外発電事業は25年度に年間40億円の利益水準を目指している。既にある実績としては、中東・オマーンでの発電事業や南米・チリでのメガソーラーなど、今のところ他の電力大手とは重複しにくい点も特徴である。

一方、原子力本部は従来の組織を維持した。伊方１、２号機は既に廃炉を決め、作業を進めている一方、３号機は新規制基準に合格し、16年８月に再稼働した。ただ、住民らによる差し止め仮処分の訴えを退けた広島地裁の控訴審で、広島高裁は17年12月に阿蘇山（熊本県）の破局的噴火による対策不備などを理由に差し止めを命じている。18年9月に同高裁で、今度は差し止めに対する四電側の異議が認められ、10月に再び稼働に向けて動き出したという経緯がある。今後の動きも予断を許さない。

問われるバランス

18年10月末現在の自社発電設備は出力計５７７万kWで、うち火力が３７３万kWと約3分の2を占める。次いで水力が１１５万kWと、原発は伊方3号機分が89万kW、新エネルギーは太陽光が２０００kWとわずかである。火力偏重の電源構成が課題となっている。

一方、四国エリアは新電力などによる太陽光発電の導入が伸び、発電量が需要を上回る供給過多の状況が生まれかねない。そのため、一定の条件下で発電事業者に太陽光の出力を抑えるよう求める「出力制御」をルール化した。前述の九州電力と同様、いかに需給バランスを保っていくかが問われている。

四国電力の連結決算

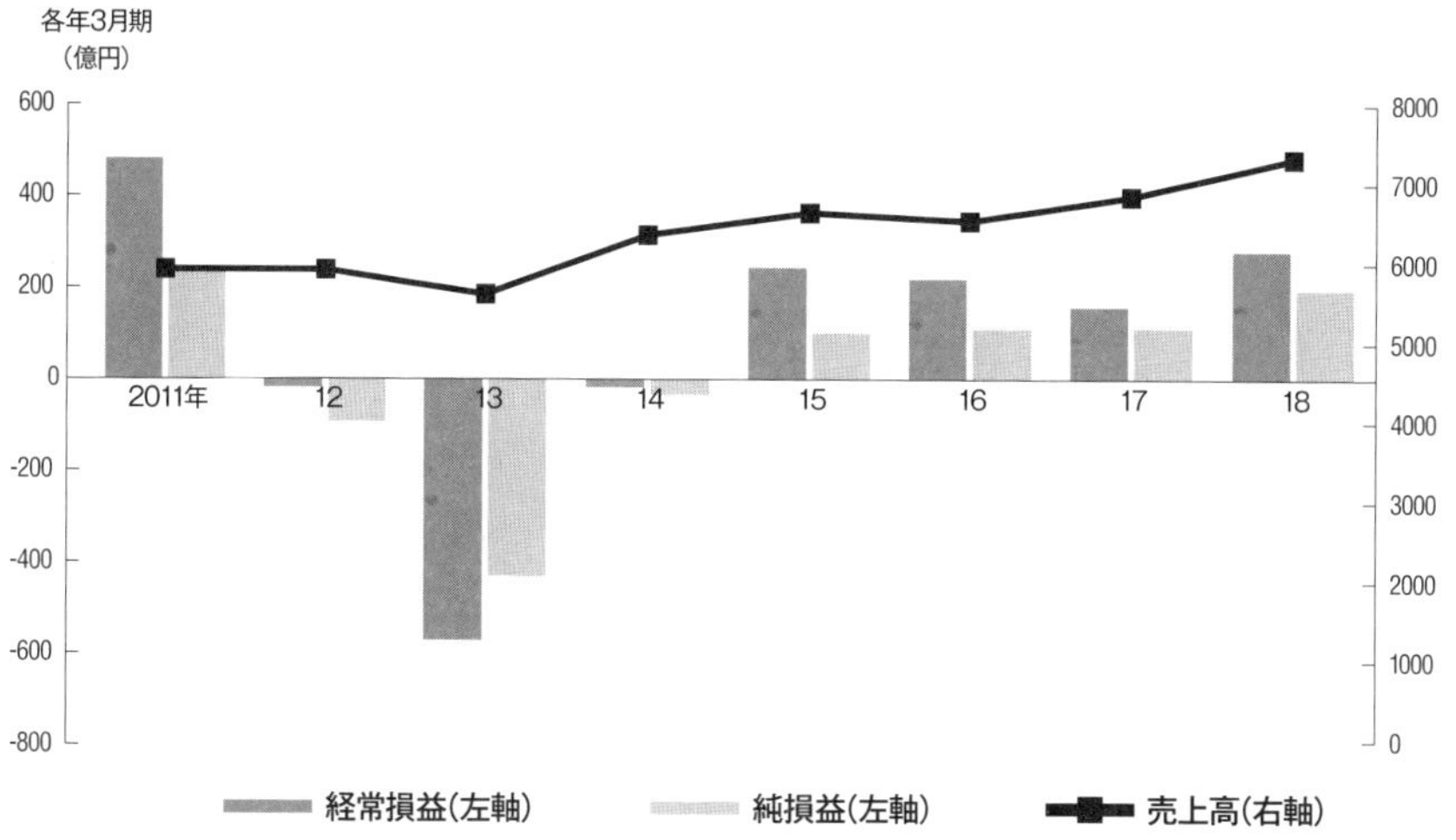

9

北陸電力
――地域密着、域内に「原発銀座」も

地域に密着した経営

富山と石川、福井3県が主な販売エリアで、沖縄電力に次ぎ販売電力量が少ない。一方で福井県は関西電力や日本原子力発電の原発が林立し、「原発銀座」と呼ばれることもある。本店のある富山県が筆頭株主で、地域密着型の経営に特徴がある。

２０１８年度の経営方針の筆頭に「安定供給の確保」を掲げ、そのためには停止中の志賀原発２号機（石川県志賀町）の早期再稼働が必要としている。ただ原子力規制委員会は16年4月に、1号機の原子炉直下に活断層が存在する可能性があるとした有識者調査団の報告書を正式に受理した。1、2号機とも再稼働のめどは立っていない。

そうした中、火力発電の使用と修繕費の増加を背景に収益が悪化し、18年3月期は前期に続き2年連続の純損益赤字を計上した。4月からは一部の顧客を対象に値上げを実施した。ただ、それでも10電力の中では1、2を争う安さの電気料金水準である。

電力全面自由化を機に首都圏で家庭向け電力販売を始めた。法人向けに、料金相談だけでなく、省エネ診断などのコンサルティング業務を手掛け、その強化に向けて「北陸電力ビズ・エナジーソリューションズ」を17年3月に設立した。

域内の電力需要は頭打ちとなっている。17年度は２８７億kW時、18年度は２８４億kW時と微減、27年度には２８８億kW時と微増を見込む。発電電力量の電源構成は、福島第1原発事故後に原発が止まって以降、石炭火力が概ね60％強で推移、次いで水力が

25％前後、石油火力が10％前後となっている。

18年11月には同社初のＬＮＧ火力、富山新港発電所1号機（富山県射水市）が営業運転を始めた。高効率のコンバインドサイクル発電で出力は42万kW、今後活用が期待される。

また、豊かな自然を生かし、再生可能エネルギーに力を入れる。特に水力発電は、発電電力量を16年度の128億8000kW時から20年度には150億kW時、25年度には240億kW時まで高めるとした。

他社との提携深める

域内の大幅な需要増は期待できず、一層の経営効率化が課題となっている。送配電部門では、17年6月から中部電力、関西電力と共に、送配電網を通じた需給調整や系統運用の最適化に向けて取り組んでいる。また、関電、敦賀ガス（福井県敦賀市）と企業連合を組み、民営化される福井市の公営ガス事業を引き受ける見込みとなった。関電が連合の代表で、順調に行くと20年4月から3社連合が事業を担う。

北陸電力の連結決算

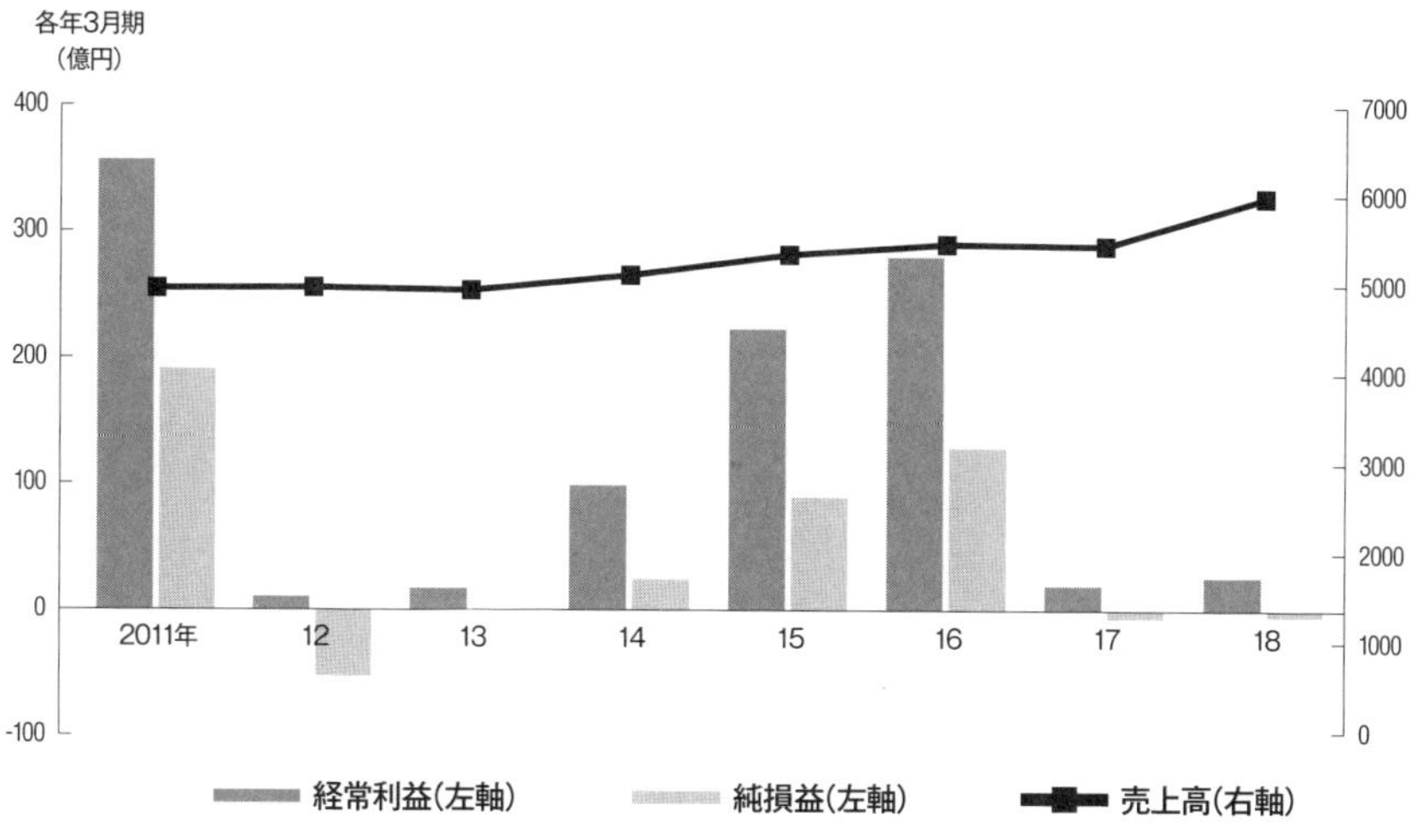

10 沖縄電力——低炭素化と離島供給が課題

沖縄県のみに電力供給

10電力のうち最小規模で、沖縄県のみに供給する。沖縄県は出生率が44年続けて日本一で人口増加が続き、主要産業が観光である。主な電力需要はホテルなどの商業施設や、アメリカ軍施設などで、他の電力大手とは事情が異なる。大手10社で唯一原発を持たず、福島第1原発事故後も収支は安定して赤字には陥らず、底堅く推移した。

人口増を背景に、需要は今後10年も伸び続ける見込みである。2017年度の電源構成は石炭火力が65%、LNG火力が23%、石炭が8%といった比率だった。供給余力は十分にあるが、温室効果ガスの排出を抑える電源への切り替えが課題である。離島が多い地理的条件により送配電コストが高いことや、大規模電源設置に向いている土地が少ないことから、効率的な発電所運営が難しいとされてきた。ただ、再生可能エネルギーの拡大という世界的潮流と相まって今後は風力や太陽光の導入促進が期待される。

その一例として、全国初の可倒式風車が波照間島に設置された。台風が多く通過する土地柄、倒壊を避けるためにあらかじめタワーの部分を90度倒すことができる。波照間島を皮切りに、11～16年に粟国島、多良間島、南大東島でも導入された。1基当たりの出力は245kWと大きくはないが、離島での需要や二酸化炭素排出などの観点からは望ましい利用方法となっている。太陽光も、本島の名護市や宮古島市でメガソーラーの実証実験を行ってきた。

石油火力など二酸化炭素排出が多い発電所から、クリーンなLNG火力への切り替えも進んできた。吉の浦火力発電所（中城村《なかぐすくそん》）で、12年に1号機が運転を始め、13年から2号機が操業している。いずれも出力は25万1000kWとなっており、3、4号機も22年度以降に運転開始が計画されている。

電力小売りの自由化後も、県内の新規参入はほぼ無風状態が続いている。ただ、近畿で関西電力との激戦を繰り広げる大阪ガスが、沖縄電力子会社で空調や給湯の設備を手掛ける「リライアンスエナジー沖縄」に15％出資するといった動きもあり、自由化の余波は及んでいる。

地域経済、地元政財界と密な関係

仲井真弘多元沖縄県知事が沖縄電力社長を務めていたことは、地元ではよく知られている。沖縄電力は他の電力会社以上に地域経済や地元政財界と密な関係を築いている一例と言えるかもしれない。県と沖縄銀行が、それぞれ約5％の株式を持っている。

沖縄電力の連結決算

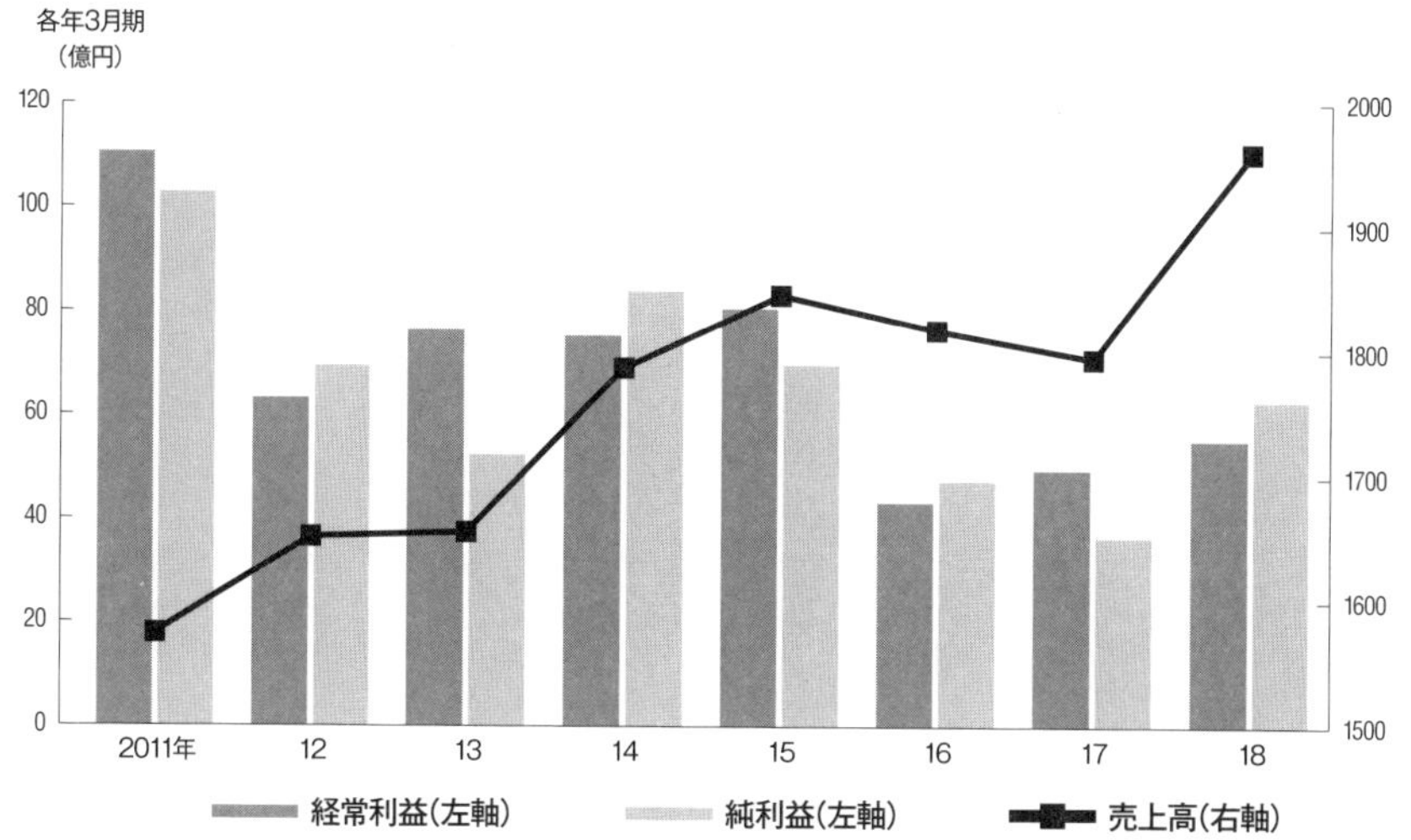

11 卸販売や原発専業の電力会社——原発の扱いが焦点

電源開発（Ｊパワー）——幅広い電源構成

１９５２年、電源開発株式会社法により設立された特殊法人で、発電した電気を電力会社に卸売りしている。全国に発電所を持ち、海外での発電所運営も担う。送電線も運用し、特に本州と北海道とをつなぐ連系線や、本州と九州とを結ぶ連系線について、増強が急がれる。

２０１８年に新たな中期計画を発表し、今後の取り組みとして5点、「再生可能エネルギーの拡大」「石炭利用の低炭素化・脱炭素化」「大間原子力計画の推進」「海外事業の拡大」「既設設備の価値向上」を掲げた。筆頭に掲げた再生可能エネルギーは、特殊法人として発足した当初から強みを持っていた。

すなわち、ダム建設を伴う大規模な水力発電を、当時まだ財務力の乏しかった電力大手に代わって担ってきた。現在は出力１９９kWと小ぶりのこのき谷水力発電（福井県大野市）など中小規模の水力発電にも力を入れる。風力も新型に切り替えている。地熱は19年に運転開始予定の山葵沢《わさびざわ》地熱発電所（秋田県湯沢市）などで出力4・2万kWの大規模な開発に取り組む。これらを総合して25年までに１００万kWの再生可能エネルギーの新規開発を目指す。なお、太陽光を手掛けていないのも特徴である。

石炭火力も長年手掛け、特に創設当初は国内炭を率先して使ってきた。今は中国電力と最新型の石炭火力の実証実験に取り組む（１００ページ参照）。

海外事業は好調で、タイのガス発電事業などが高稼働で推移している。発電事業の出力合計は持ち分

電源開発の連結決算

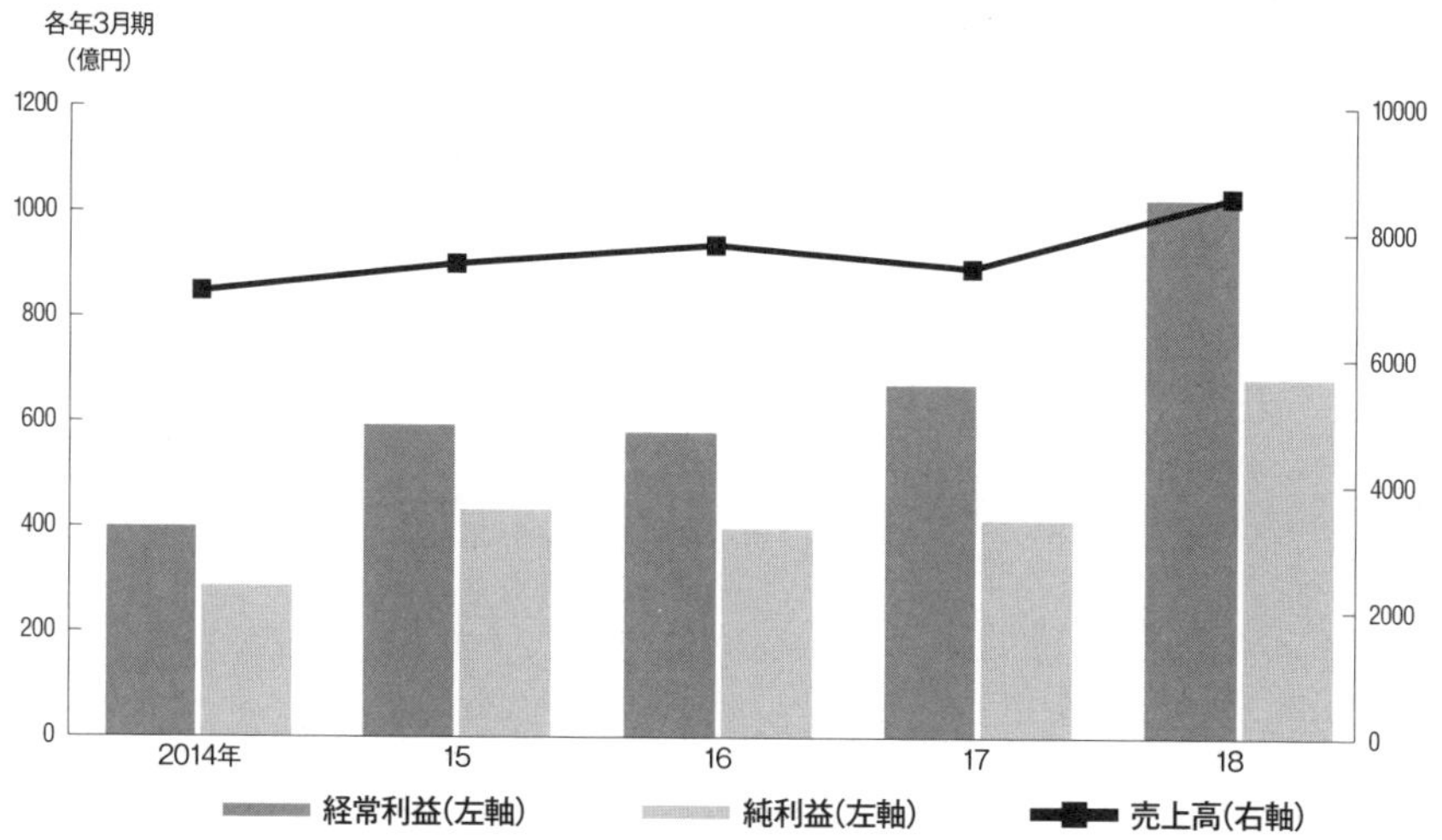

で17年度に668万kWとなっており、25年度には1000万kWまで拡大する計画である。

一番の難題と言えるのが、建設がストップしている大間原発（青森県大間町）で、審査が長期化している。18年後半としていた工事再開時期を20年後半に、運転開始も26年度ごろにそれぞれ2年程度延期した。ウラン・プルトニウム混合酸化物（MOX）燃料を使うことを見越しており、国のプルトニウム削減計画にも影響を及ぼしかねない。

なお、特殊法人時代は代々通商産業省（現経済産業省）出身者が総裁として就任していた。総裁を務めた故・両角良彦氏は元通産省事務次官で城山三郎の小説『官僚たちの夏』（新潮社）の主要な登場人物のモデルとなった。04年に東証1部に上場して完全民営化し、現在は社長も生え抜きから選ばれるようになっている。

日本原子力発電――草分け的原発専業

沖縄電力を除く電力大手9社と電源開発が出資す

る原子力専業の会社で、原発事業の草分けとして位置付けられている。ただ、現在稼働中の原発はなく、電気が売れない状態が続いており、経営の先行きが注視される。最も再稼働が近いとされる、津波で被災した後停止している東海第2原発（茨城県東海村）も立地地域周辺の自治体は一枚岩ではない。首都圏に最も近く、立地30キロ圏内に100万人が暮らす原発の扱いをめぐって意見が割れている。

東海第2は18年11月に運転期間の上限40年を迎えたが、事前に期間延長を申請し、認められた。被災した原発で全国初の合格となった。

原電は日本初の商業用原発、東海発電所や、日本初のBWRの東海第2など原発分野で全国初の事例を手掛けてきた。商業用原発として廃炉を決めたのも東海発電所が最初だった。ただ、11年の東日本大震災後、原発が全て停止し、12年3月期には純損益が128億円の赤字に転落し、過去最大の損失を計上した。

敦賀原発1号機（福井県敦賀市）は廃炉を決めた一方、2号機は再稼働を目指す。ただ、2号機直下に「活断層がある」との可能性を原子力規制委員会が指摘し、審査が止まっていた。17年12月に審査が再開されたが、再稼働は見通せない。敦賀3、4号機の増設を目指し、09年度までに敷地造成は終わっていた。ただ、工事の見通しは立っていない。

原発が止まったままだが、東電や関電など売電先と結んでいる契約に基づき、売れる電気がなくても基本料金が収入となる。こうした仕組みのいびつさを指摘する声も出ている。他の収益源を求め、力を入れるのが廃炉ビジネスである。電力大手が相次いで廃炉を決める中、その専門的で複雑な工程のノウハウやそれを理解する人材は、希少価値が高い。

加えて海外で原発建設を進める国での商機も探っている。沸騰水型のBWRと加圧水型のPWR、両方の原発を手掛けてきた経験を活かし、欧州や東南アジアでの展開をにらむ。

目下は東海第2原発の帰趨が最大の経営課題となっている。運転開始後40年が経過し、1000億円を超す安全対策工事を行っても採算が合うのか難しい判断を迫られ、正念場を迎えている。

＊電力事業の歴史
——電力９社体制の確立と今

電力会社の興り——旺盛な起業家精神

日本初の電力会社で東京電力の前身、東京電燈《でんとう》が１８８２年、東京・銀座に「アーク灯」と呼ばれる電気街灯を設置した。「太陽や月のように明るい」と見物人で連日賑わった。電灯の社名の通り、初期の主たる事業目的は明かりをともすことだった。その先駆けがトーマス・エジソン（１８４７〜１９３１）である。１８７９年に電球が点灯して実用化した日を記念し、10月21日は「あかりの日」とされた。

東京電燈は86年に営業を始め、翌87年に日本で最初の火力発電所を東京・日本橋に建設した。跡地の近くに「電燈供給発祥の地」として碑が残っている。90年には12階建てで52メートルと当時日本一の高さを誇った浅草・凌雲閣《りょううんかく》のエレベーターに、動力として日本初となる電気を供給した。

当時は機械工業を導入し、鉄道網や金融システムを充実させる「殖産興業」の国策の下、電気の需要は急拡大していた。東京電燈に続いて80年代、神戸電燈、京都電燈、大阪電燈、名古屋電燈が相次いで誕生した。多くは官業と一線を画して起業家精神に富み、独自の業界文化を形成していった。

なお、東京電燈が当時50ヘルツの発電機を採用したのに対し、大阪電燈が60ヘルツの製品を使っていたことが、現在東日本と西日本で50と60、２つの周波数が混在する電力系統の大本となった。

相次ぐ電力会社誕生を受け、業界を取り巻く法制度も整っていった。91年に保安が目的の電気営業取締規則、１９１１年には産業の保護や振興を図る旧電気事業法が制定された。法整備で電力会社はさらに増え、ピーク時には約８５０の事業者が鎬《しのぎ》を削る

電力業界再編の流れ

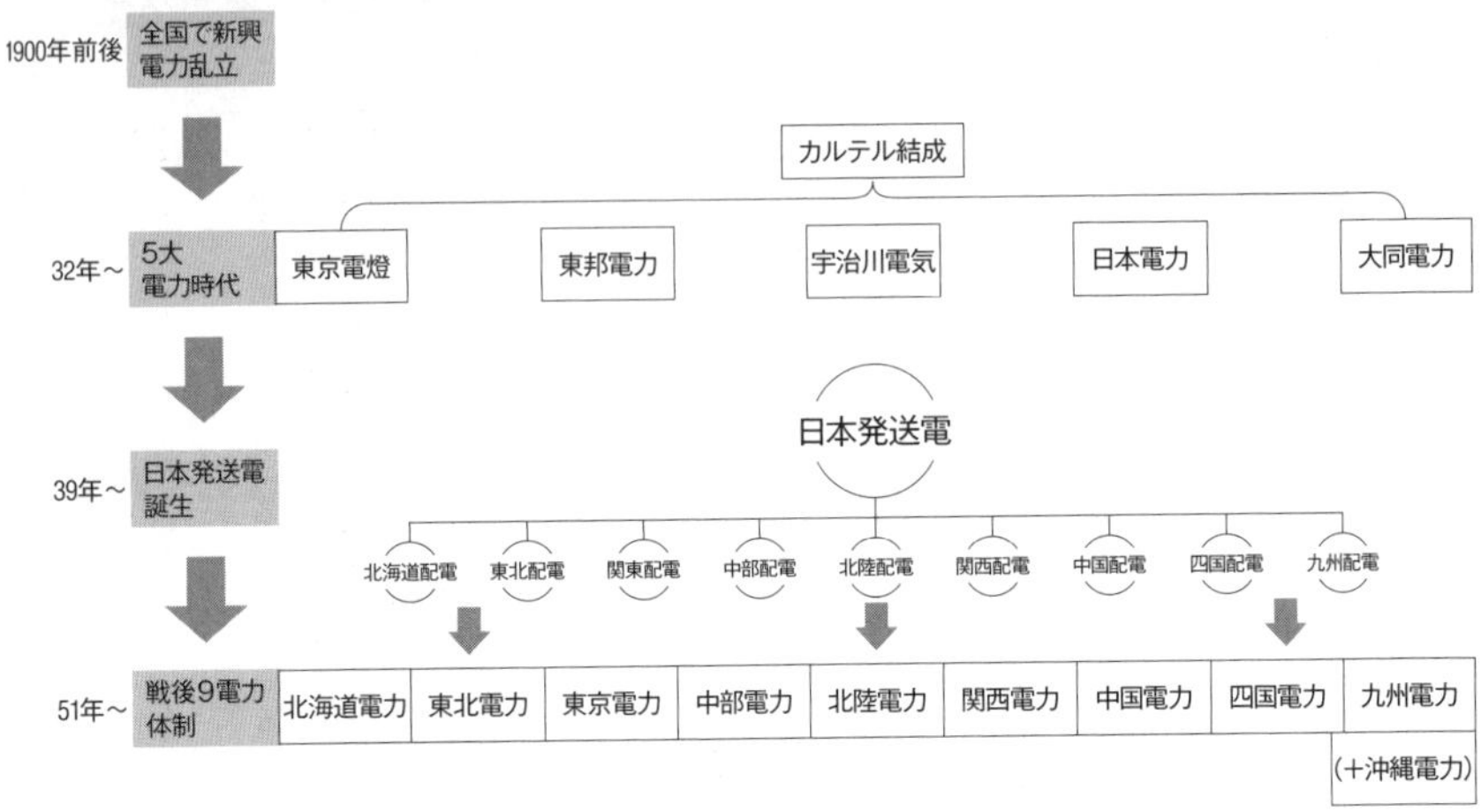

過当競争の時代となった。その後、23年の関東大震災に伴う被害も背景に合併・買収による統廃合が進み、30年代に5つの電力会社に集約された。すなわち東京電燈（関東・東海）、東邦電力（中京・近畿・北九州）、宇治川電気（近畿・北陸）、卸売りの大同電力、日本電力である。32年にはカルテルの電力連盟を結成、大競争時代は終息していった。

その後の日本は戦時色を強め、国家総動員法と同時に38年、電力管理法や日本発送電株式会社法などから成る電力国家統制法も施行された。企業や自治体の電力施設全てを国が接収、管理する内容だった。

5大電力は激しく反発したが、長期化する戦局や官僚の強い意向に抗しきれず、電力産業の国有化が進んだ。39年に電気庁ができ、発電と送電を担う半官半民の日本発送電、通称「日発（ニッパツ）」が設立された。一方、家庭の戸別配電は従来の電力会社が担った。配電統制令施行の翌42年に全国を北海道や関東、近畿など9ブロックに分け、9配電会社に集約した。これが沖縄電力を除く今の大手9社の源流となった。

国家統制が進み、「電力は戦力！」と訴えるポスターが作られたり、豊水期に「逃がすな電力」と掲げて水力発電所の高稼働を見込んで特殊鋼など軍需分野の生産を増やす強化月間が設けられたりした。

戦後日本は戦争中の軍事的な仕組みや理念がつくり変えられた。この過程で日本発送電の国家管理を強めるべきとの議論も出たが、「電力の鬼」と呼ばれた東邦電力の元社長、松永安左衛門（１８７５〜１９７１）が強硬に反対、９分割案を押し通して日発は51年に解散し、東京電力や関西電力など９電力会社が誕生した。同年、電気事業連合会もできた。

「水主火従」から「火主水従」、そして原発へ

電力事業は、国内の気候風土を生かし、水力発電から発達した。現代は主力の火力発電が、水力発電に従属する形の「水主火従」の時代が続いた。日本初の水力発電は１８８８年、紡績事業の一環として運用が始まった三居沢発電所（仙台市）で、自家発電の先駆けとも言える。91年には琵琶湖の水運を生かした蹴上《けあげ》水力発電所（京都市）が初の商用発電に取り組み、今も関電が運転している。

戦後の９電力体制発足後も各電力の主な電源は水力だった。東電の設立当初、水力と火力の比率はおよそ8対2だったといい、他電力も同様だった。大規模開発としては63年に竣工した「くろよん」で知られる黒部川第４発電所（富山県）や、50年代以降に相次いでできた電源開発の奥只見（福島県）、田子倉（福島県）、佐久間（静岡県）の各水力などが有名である。

水力主役の時代の転換期は、日本の電化元年、すなわち50年代半ば以降の家電の普及期と相前後する。水力発電所は急増する需要に工事が追いつかずに、より建設費が抑えられ、工期も短くて済む火力発電所が造られていくこととなった。水力が火力を補完する「火主水従」の時代を迎えた。

火力の主な燃料は当初、石炭だったが、55年ごろに石炭を石油が上回るようになった。自動車の普及に伴うガソリン需要の高まりも背景に、石油全盛の時代に入り、火主水従の流れは加速した。一方で石

油への依存体質が、70年代に起きたオイルショックの混乱を増幅させた。これが原発推進の議論を加速させるきっかけともなった。

その後は温室効果ガス削減の観点でＬＮＧが重用されるようにもなった。特に福島第1原発事故直後は、各社の原発停止に伴いＬＮＧ火力の使用が急増し、ＬＮＧを輸入に頼る日本の貿易収支はみるみる悪化した。この負担増に鑑み、原発再稼働が経済、環境の両面で望ましいとする論も根強い。

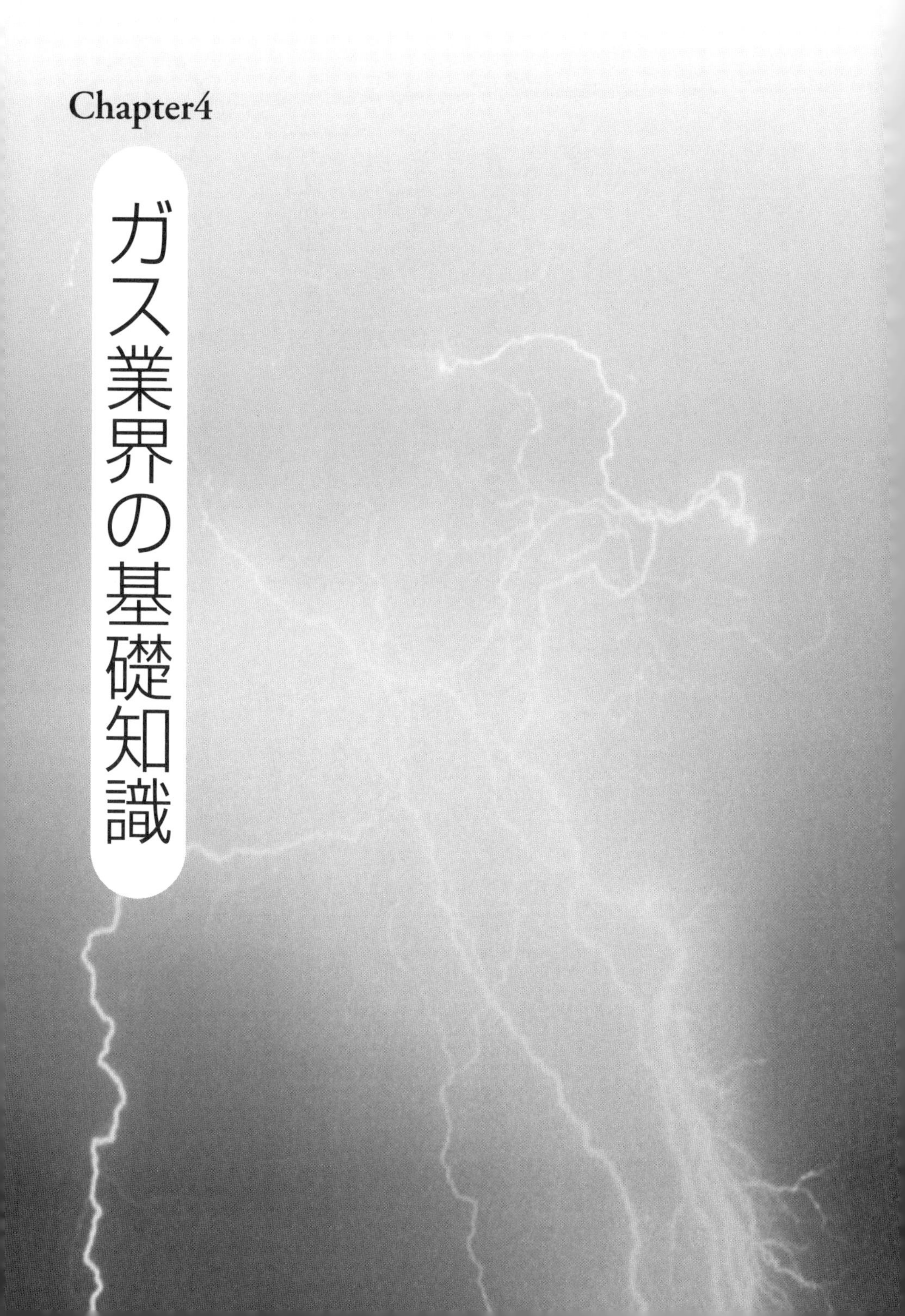

Chapter4

ガス業界の基礎知識

1 暮らしを支えるガス
——明るく、温かく

ガスが届くまで

コンロのつまみを捻《ひね》れば火がつく。ボタン１つでお風呂が沸く。こうした日常的な行為に使われることも多いガスはどこから来ているのだろうか。

熱源としてのガスは、天然ガスによる都市ガスや石油が原料のＬＰガス（Liquefied Petroleum Gas：液化石油ガス）がある。いずれも化石燃料だが、それぞれに特徴がある。

メタンを主成分とする天然ガスは、産出した国でマイナス１６２度まで冷やして液体のＬＮＧ（Liquefied Natural Gas：液化天然ガス）とする。無色透明、無臭の液体が専用タンカーで輸入される。液化する際に、硫黄分や一酸化炭素といった物質が取り除かれるため、クリーンなエネルギーとされる。体積は気体の約６００分の1となり大量に輸送、貯蔵しやすい。ＬＮＧは火力発電所の燃料としても使われ、二酸化炭素排出量が比較的少ないとの観点から、近年さらに需要が高まっている（１２４ページ参照）。

現在、使われている都市ガスの原料構成の約90％は天然ガスで、残りの約10％は地域によってＬＰＧなどのガスが含まれている。

日本に到着後はＬＮＧを再び気化する装置で天然ガスに戻され、都市ガスとして導管網を通じて家庭や工場に届けられる。タンクローリーで地方の都市ガス会社などに再輸送されることもある。

日本のように四方を海で囲まれ、かつ資源を輸入に頼る国にはＬＮＧでの輸送が適しているが、欧州では産ガス国のロシアからパイプラインが延び、導管網が国境を越えて域内に張り巡らされている。

日本国内でも北海道や千葉県、新潟県などで天然ガスが生産されている。年間約30億㎥で、年間の国内供給量全体の３％前後に相当する。主にパイプラインで地元に、また関東や東北の消費者にも届けられている。北海道では、液化してＬＮＧのタンクコンテナやタンクローリーによって、内陸の都市ガス会社などに供給されている分もある。これらの生産地では、天然ガスは明治時代、あるいはそれ以前から小規模に炊飯や煮炊きに利用されてきた。千葉県大多喜町には、「日本の天然ガス発祥の地」として記念館があり、歴史や意義を紹介している。

一方、ＬＰガスは主成分がブタンやプロパンで、天然ガスより容易に液化できる。家庭用では一般的にプロパンが使われている。ＬＰガスは通常の温度

家庭用ガスの種類

ガス体化石エネルギー			家庭用として使われているガス
石油系ガス	LPガス	ブタン プロパン プロピレン	プロパン
	液化ガス	エタン エチレン	
	液化天然ガス	メタン	メタン（大手都市ガス）

ガス専用タンカー

ガスを積んで航行するタンカー

と圧力では気体だが、ボンベ容器内では圧力をかけて液化されていて、使用時に自然気化させるのが一般的である。寒冷地などでは「ベーパライザー」と呼ばれる強制気化装置が必要な場合もある。ボンベで各家庭に運ばれるのが一般的である。

ガス関連企業はそれぞれの性質、事業内容から、以前は一般ガス事業者と、簡易ガス事業者、LPガス販売事業者に分かれていた。17年に改正ガス事業法が施行されると、この類別はなくなり、事業は都市ガスとLPガスの2つに大別されることとなった。

法改正以前のガス事業の類別

	一般ガス事業	簡易ガス事業	LPガス販売事業
事業者数	209事業者（うち公営29事業者）	1,452事業者（うち公営8事業者）	21,052事業者
需要家件数	約2923万件	約140万件	約2400万件
ガス販売量	約363億㎥/年	約1.7億㎥/年	約80億㎥/年

経済産業省資源エネルギー庁の資料をもとに作成、2013年3月末時点

都市ガスとLPガスの比較

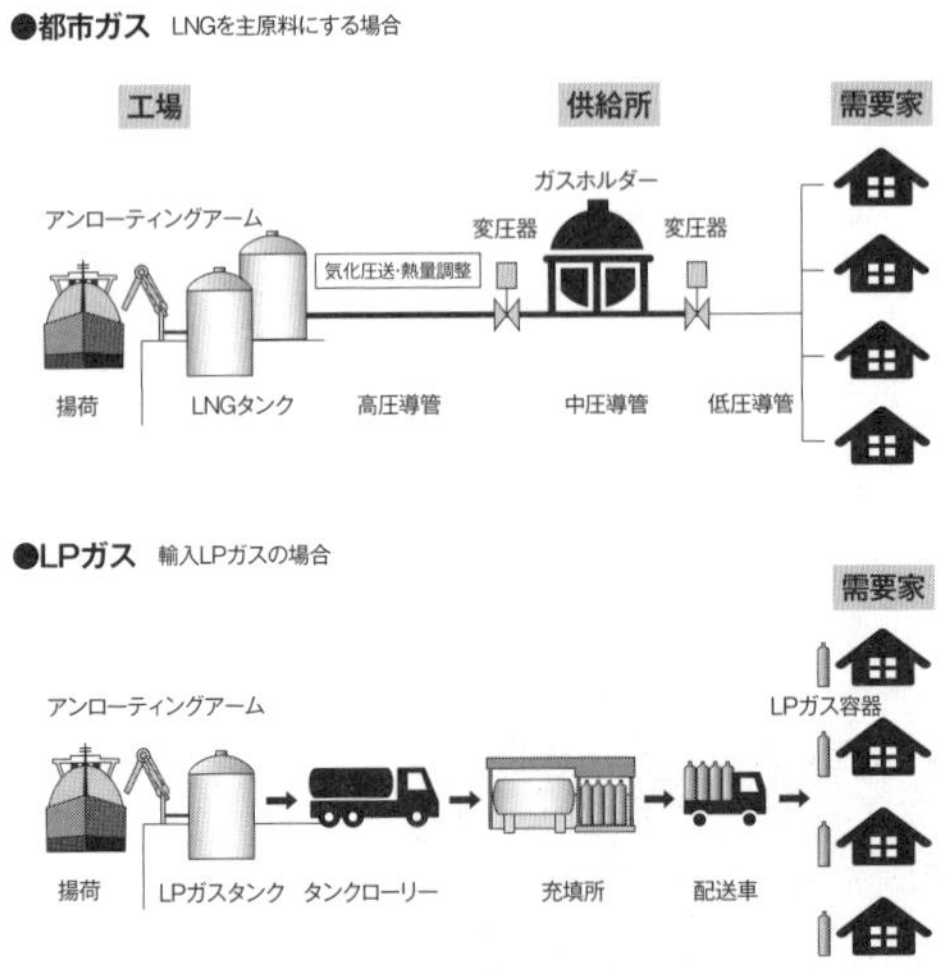

	原料	供給方法
都市ガス	メタンを主な成分に持つ天然ガス。海外から輸入するLNGが大半を占める	道路などの下のガス管を通じて供給
LPガス	プロパン・ブタンを主成分とするLPガス。大半を海外から輸入	LPガスが入ったボンベを事業者が配送

日本ガス協会のウェブサイトをもとに作成

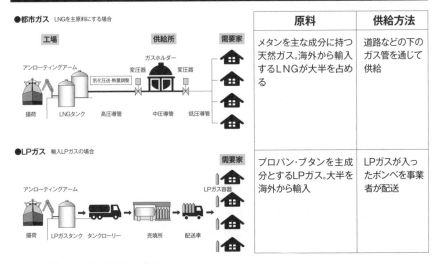

地下に眠る天然ガス

天然ガスは、何億年も前の動植物や微生物、プランクトンの死骸が地中に埋没し、長い時間をかけて分解されてできたと考えられている。岩石のわずかな隙間や割れ目の中に溜まっている。こうした資源を内包する岩石を貯留岩と呼ぶ。地下の巨大な空洞にプールのように溜まっているのではない。

天然ガスは、世界各地で産出されているため、石油の生産地が中東に偏っているのに比べ、調達先を多角化できる利点もある。

なお、地球の深層部に天然ガスが無機的、つまり生物に由来せずに存在していると考える「無機起源説」も少数派ながらある。有機か無機か、議論が続くが、現在では有機説のほうが主流となっている。石油の起源も同じ原理で説明されやすい。

どうやって発掘するかは「第6章　石油業界の基礎知識」で後述する。

一般に天然ガスは、地質の状況から、原油と一緒に産出される油田ガスと、天然ガスだけを単独に生産するガス田ガスとに大別される。前者を随伴ガス（Associated Gas）、後者を非随伴ガス（Non-Associated Gas）と呼ぶ。また、石炭の変成によりつくられた石炭ガスもある。

一般的な汎用技術で回収、商業生産できるガスを在来型資源と呼ぶのに対し、現在の技術では商業開発が困難だったり、採算が合わなかったりするガスを非在来型資源と呼ぶ。国によって分類が違うケースもあり、近年技術開発が進んで生産が活発なタイトサンドガス（１３７ページ参照）は、アメリカでは在来型に位置付けられている。まだ技術的な課題があるために商業生産は行われていないものの、今後商業化が待たれるメタンハイドレート（１３８ページ参照）などは非在来型資源に分類される。

埋蔵量や分布は

天然ガスの埋蔵量は、現在の技術と価格を前提に

LNG基地とガスのフレアスタック

余剰のガスを安全に燃焼して処理する

すると、採掘できる埋蔵量（確認埋蔵量）は193・5兆㎥、現在の生産量で約半世紀分相当と言われている。生産技術の発達に伴い、時代を追うごとにガスの埋蔵量は増えている。資源量では、非在来型天然ガスが在来型をはるかに凌ぐと推算されている。

ＢＰ統計によると、17年の生産量世界1位はアメリカで世界シェアの20％、次いでロシアが17・3％だった。消費量は近年アジアで顕著な伸びを示している。

世界の天然ガス確認埋蔵量

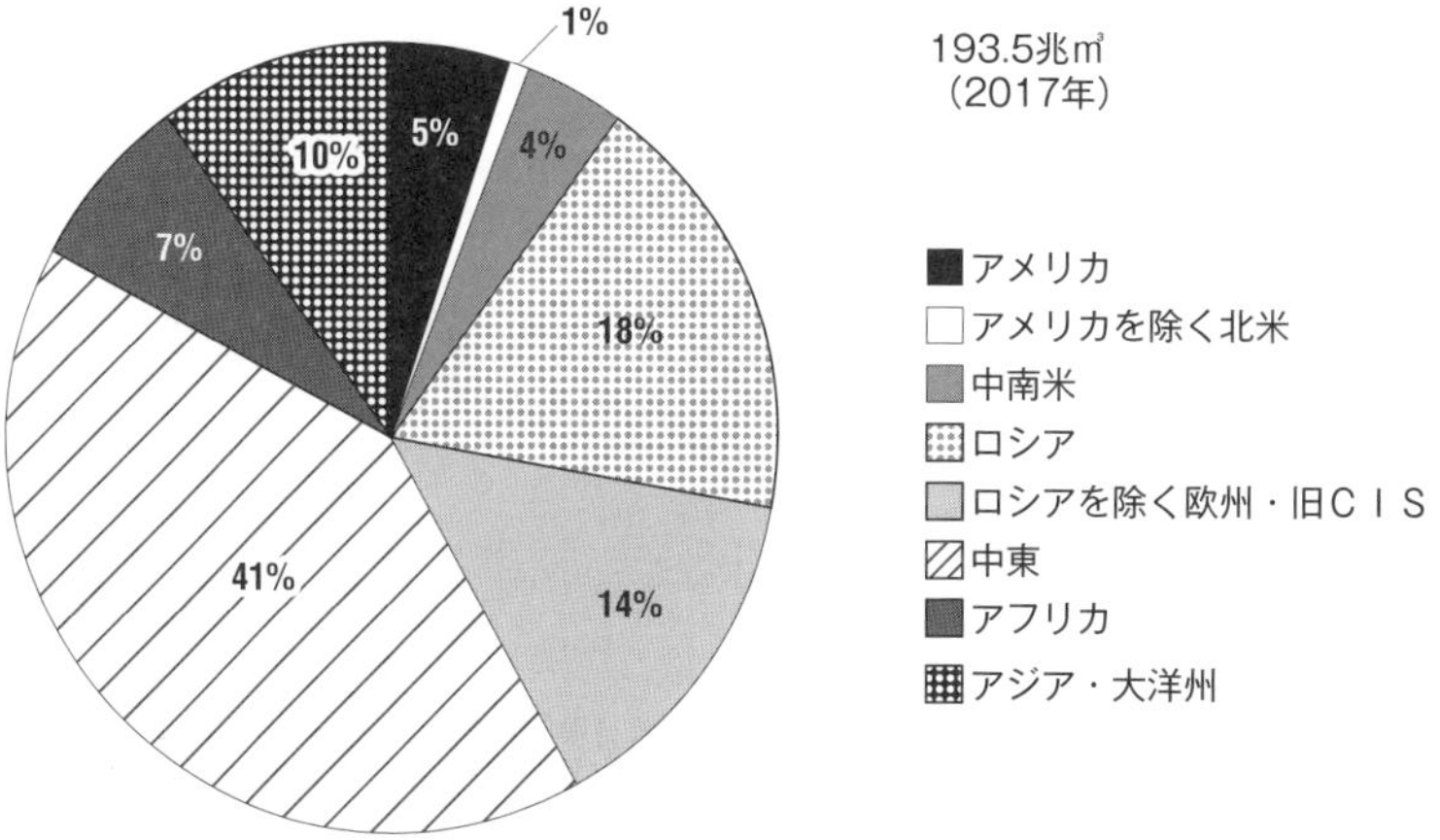

「bp-stats-review-2018-all-data」をもとに作成

世界の天然ガス生産量

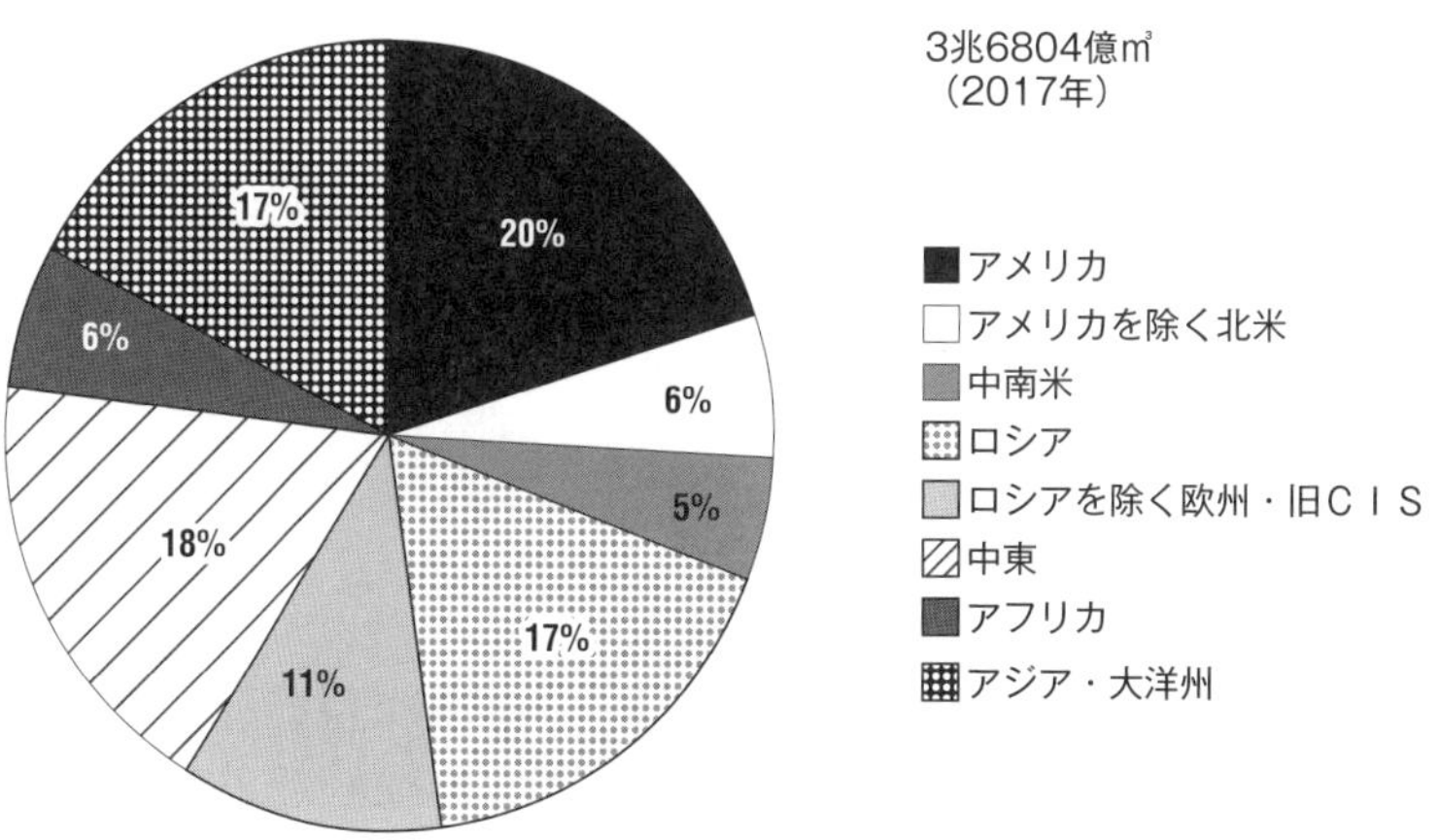

「bp-stats-review-2018-all-data」をもとに作成

天然ガス生産量の推移

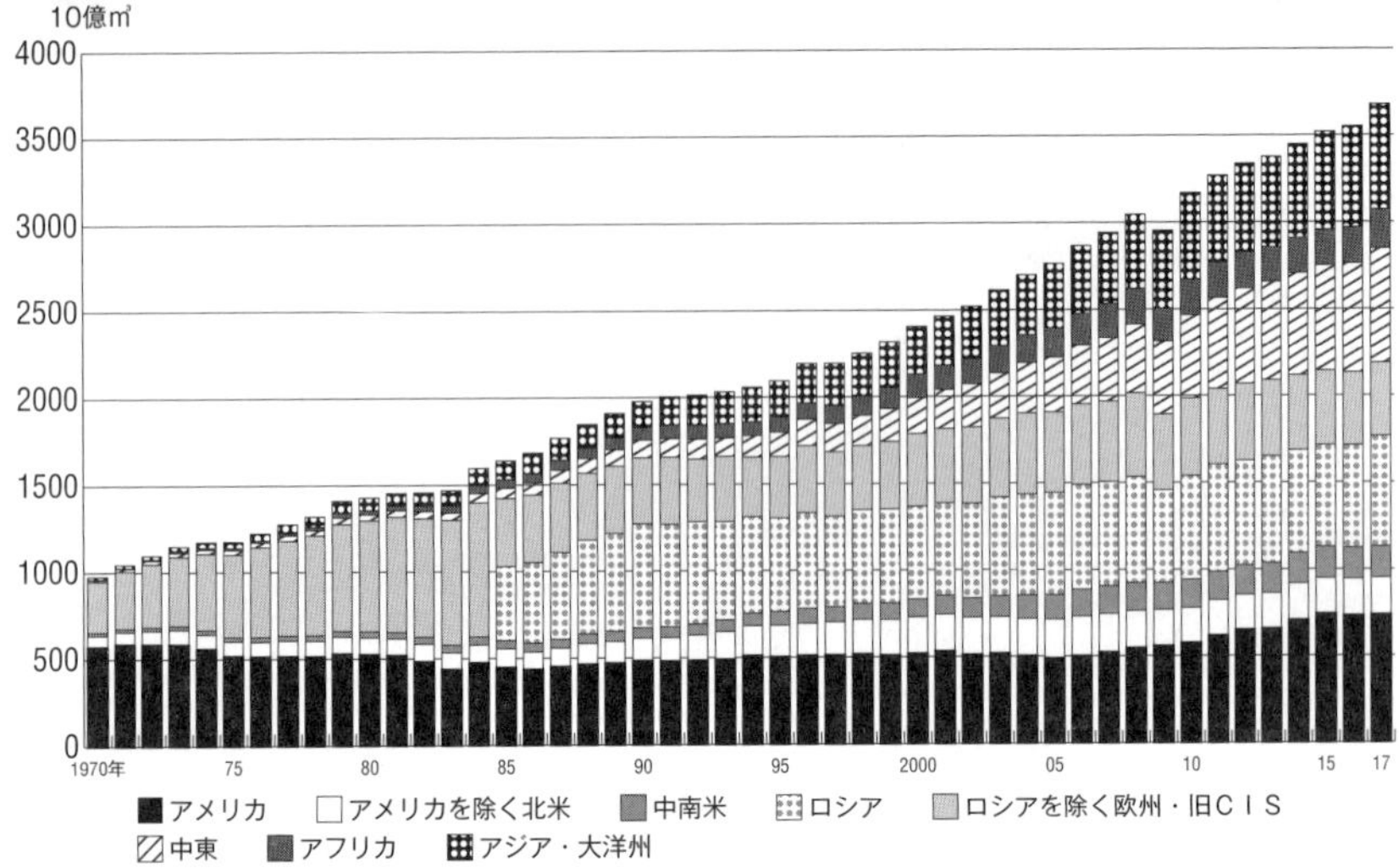

「bp-stats-review-2018-all-data」をもとに作成

天然ガス消費量の推移

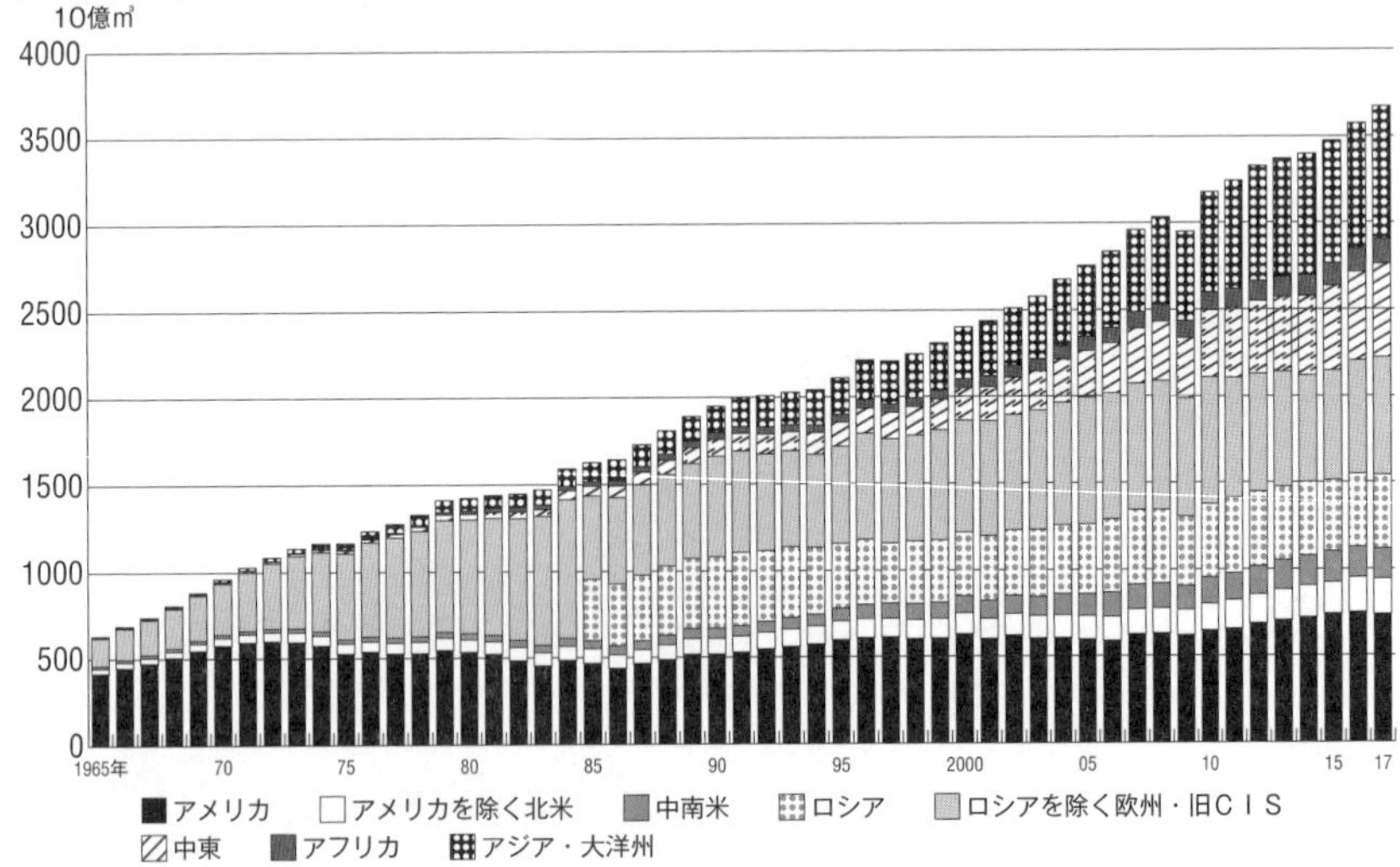

「bp-stats-review-2018-all-data」をもとに作成

2 多様化するガスの使い道 ――生活に浸透、自動車の動力にも

広がる用途

　ガスの用途は多様化し、需要はますます膨らんでいる。天然ガスは、都市ガスとして家庭や工場などに届けられるほか、火力発電所の燃料としての利用が拡大している。近年強化が求められる地球温暖化対策を踏まえ、石炭、石油よりも温室効果ガスの排出が少ないとして世界中で利用が増えている。

　また、1981年に東京・代々木の国立競技場に日本で初めて導入されて話題を呼んだ、**ガスコージェネレーション（熱電併給）システム**＊（コージェネ）も、都市ガス大手が力を入れている。

　そのコージェネを一般家庭に組み入れる技術として、家庭用燃料電池がある。ガスを使って電気と湯を供給する技術で、化学反応により都市ガスを水素に変換して発電、排熱をお湯として使う。「エネファーム」として知られ、販売数は東京ガスが2017年11月に9万台、大阪ガスが18年2月に8万台を達成した。普及推進団体の「エネファームパートナーズ」によると、エネファームの累積普及台数は18年7月に25万台を超えた。政府は全国で20年に140万台、30年に530万台の導入を目指している。

　今でこそ普及が進むが、開発

＊キーワード解説

ガスコージェネレーション（熱電併給）システム

天然ガスを燃料としてガスエンジンやガスタービンを動かし、電気と熱を同時に得る仕組み。電気をつくる時に捨てられていた熱エネルギーでお湯を沸かしたり、冷暖房に使ったりして有効活用できる。

から販売まで実に30年以上を要した。70年代に東京ガスが日本で初めて据え置くタイプの開発実証実験に参加した。省エネで二酸化炭素削減に寄与する住宅設備として、80年代から90年代にかけて実用化、国産化が進んだ。

そして98年に家庭用都市ガスを水素に変換するための触媒を完成させた。その後、大規模な実証実験を経て２００９年に世界初の戸建て向け家庭用燃料電池の発売に漕ぎ着けた。

現在、20年、30年の目標に向け、各社はマンション向けの販売に注力しつつ、改良を重ねてコストダウンに取り組んでいる。

一方、消費者安全調査委員会（消費者事故調）が17年末に、設備の運転音と、不眠やめまいといった健康被害との関連性について「否定できない」とする調査報告書を公表した。健康被害を訴える相談が８年間で73件寄せられていた。運転音の多くは低周波だが、そのさらなる低減なども課題とされている。

輸送手段として

天然ガスを使った自動車も普及が進んでいる。大気汚染につながる排出物質が、一般のガソリン車と比べて40％以下と低く、環境保護の観点から自治体などで採用されている。日本では１９８４年に最初の天然ガス自動車がお目見えした。天然ガス自動車に関係する法律も整備され、バスやトラック、フォークリフトなどに広がった。全国で97年の約２１００台から２０１７年には約４万７１００台と導入が拡大している。

一方、ＬＰガスを燃料として走る自動車もある。同様に排気ガスがガソリン車よりもクリーンで、航続距離が長いといった特長がある。現在日本での普及台数は約19万台で、その大部分がタクシーやトラックといった業務用車両である。特にタクシーは全体の９割ほどを占める、約17万台が導入されている。ＬＰガス車は災害時にガソリンや軽油と比べて供給が安定していて、人員や物資の輸送に役立つ効果も期待される。

天然ガス自動車の普及台数

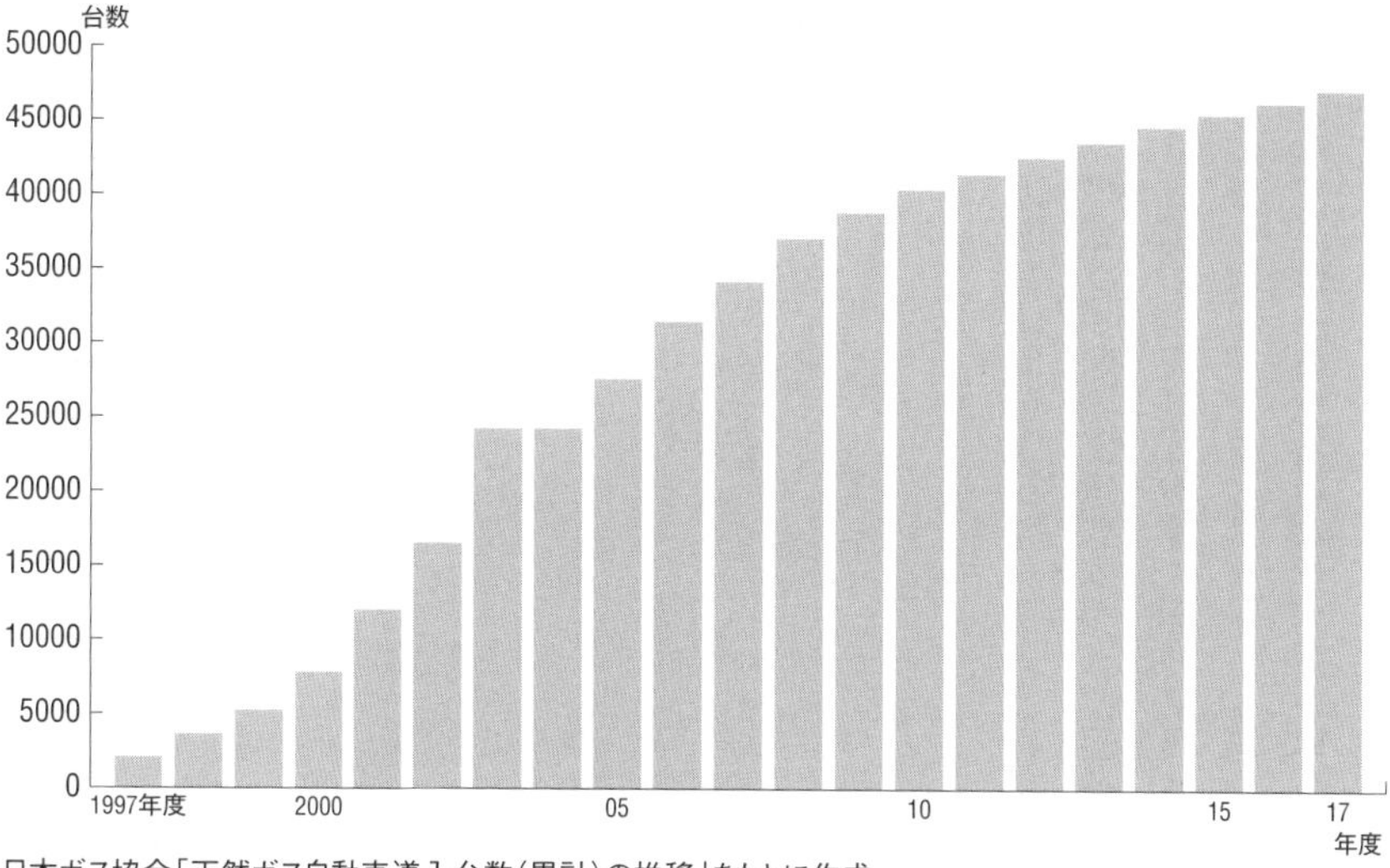

日本ガス協会「天然ガス自動車導入台数（累計）の推移」をもとに作成

LPガス車登録台数の推移

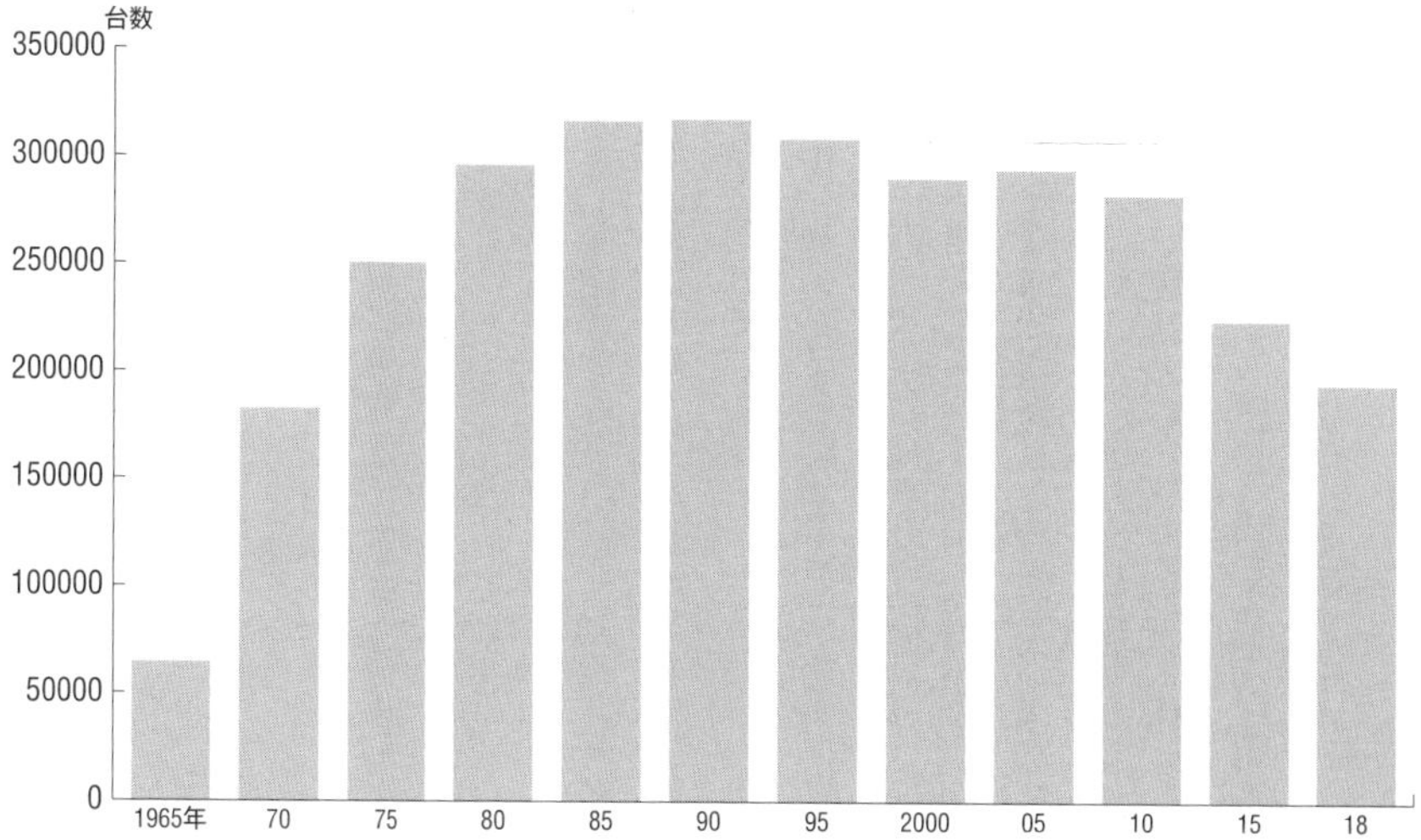

自動車検査登録情報協会「自動車保有車両数」などをもとに作成、各年3月末時点

3 局所集中の都市ガス導管網
――延長と災害時対応に課題

供給区域は国土の6％

都市ガスの総延長は25万キロ超で、供給区域は国土の約6％である。わずかのように聞こえるが、供給される世帯数は全国の約67％をカバーしている。供給されて基地に運ばれてきたＬＮＧを気化して需要家に送り届ける。

天然ガスが産出される新潟県では１９６２年に、帝国石油（現国際石油開発帝石）が東京と結ぶ約３３０キロのパイプラインの工事に着手し、建設した。全国３位の生産量を誇る千葉県も、県内の家庭向けを中心に、学校、病院、オフィスビル、工場などに供給している。そのため総延長約６００キロの導管網が県内に張り巡らされている。

近年、長距離のガス導管が、姫路―岡山間、三重―滋賀間、静岡―浜松間、新潟―富山間で整備された。一方で大動脈の東京―名古屋間や太平洋岸は導管が未接続で、整備が課題とされている。経産省は16年、新たな会議体の立ち上げを決定、具体的な整備計画の検討を進めている。

こうした中、都市ガスの京葉ガス（千葉県市川市）と大多喜ガス（同茂原市）が18年5月、パイプラインの建設、運営を手掛ける新会社「なのはなパイプライン」を共同で設立した。従来、東電グループの導管を使っていたが、各社の使用増が見込まれるため、京葉、大多喜の両ガス会社が約30キロのパイプラインを敷くことにした。こうした動きは電力・ガス自由化の流れと密接に関係している。

このほか、新潟県では13年に、泉田裕彦元知事が

都市ガス導管網の整備状況

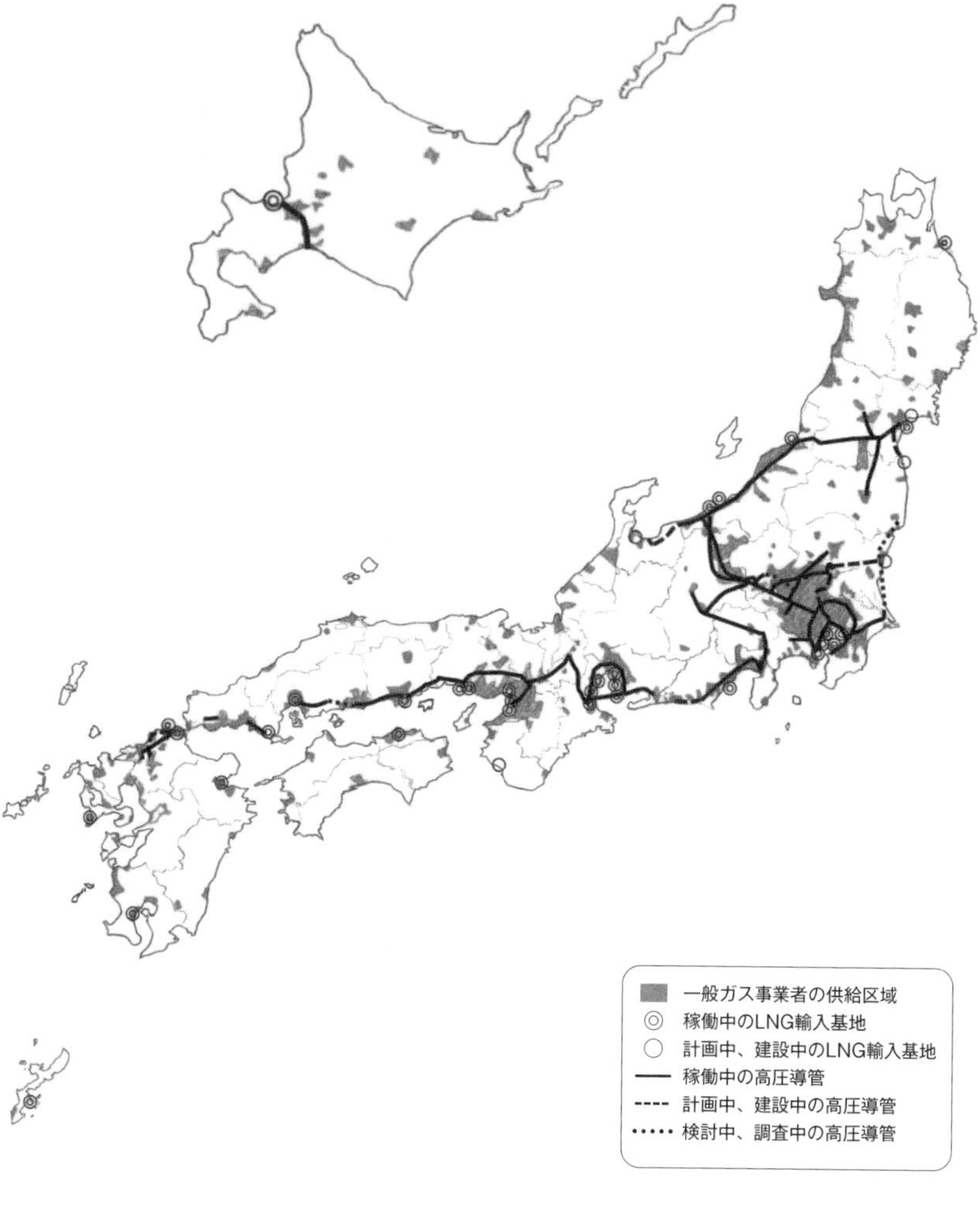

経済産業省資源エネルギー庁「実施から1年、何が変わった?ガス改革の要点と見えてきた変化」をもとに作成

同県とロシア・ウラジオストクを900キロで結ぶ「日本海横断パイプライン構想」を追求するといった動きもあった。

今後、都市ガスの自由化を踏まえ、国内の導管網整備が進展する可能性がある。

災害時の応急態勢

従来東京ガスや大阪ガス、東邦ガスなど大手の間で地域ごとに棲み分けができていた小売り部門は、17年4月の全面自由化で徐々に競争原理が働くようになってきた。しかし自然災害などの緊急事態となれば、競争相手であることはいったん脇に置き、互いに惜しまず協調することが求められる。ハブとなるのは日本ガス協会である。

過去の例としては、阪神・淡路大震災がある。1995年1月17日午前5時46分に最大震度7の地震が発生し、エネルギーインフラが一時遮断された。大阪ガスにはガス漏洩の通報が急増した。2次災害防止のため、神戸市東灘区、灘区、中央区の全域や芦屋市の一部など約86万戸のガス供給を順次止めた。地震発生の6分後には本社の中央指令室に地震対策本部を設置し、ガス漏れなどへの対応に当たった。地中に埋まっているガス管は、漏洩などの異常を見つけるのが困難で、復旧作業は難航した。

復旧に際し、大ガスはガス協会を通じて全国のガス会社に応援を求めた。東京ガスや東邦ガスなどが要請に応じ、被害状況の調査や復旧に当たった。復旧活動をした人員は最大で1万人に上った。

政府、通商産業省（今の経産省）としても、阪神大震災の教訓を踏まえ、東電や東ガスなど生活インフラ、ライフラインを担う事業者から、停電やガス供給停止などの情報をオンラインで受信できるようにするなど、情報網の整備を重ねていった。導管で柔軟性や非腐食性に優れた地震に強いポリエチレン管の普及を進め、ガス漏洩の防止にもつながるなど、教訓が生きる場面もあった。

2011年の東日本大震災では、青森、岩手、宮城、福島、茨城、神奈川、千葉、埼玉8県16事業者で都市ガスの供給停止が生じ、復旧対象は46万戸強

新潟―仙台間の広域天然ガスパイプライン

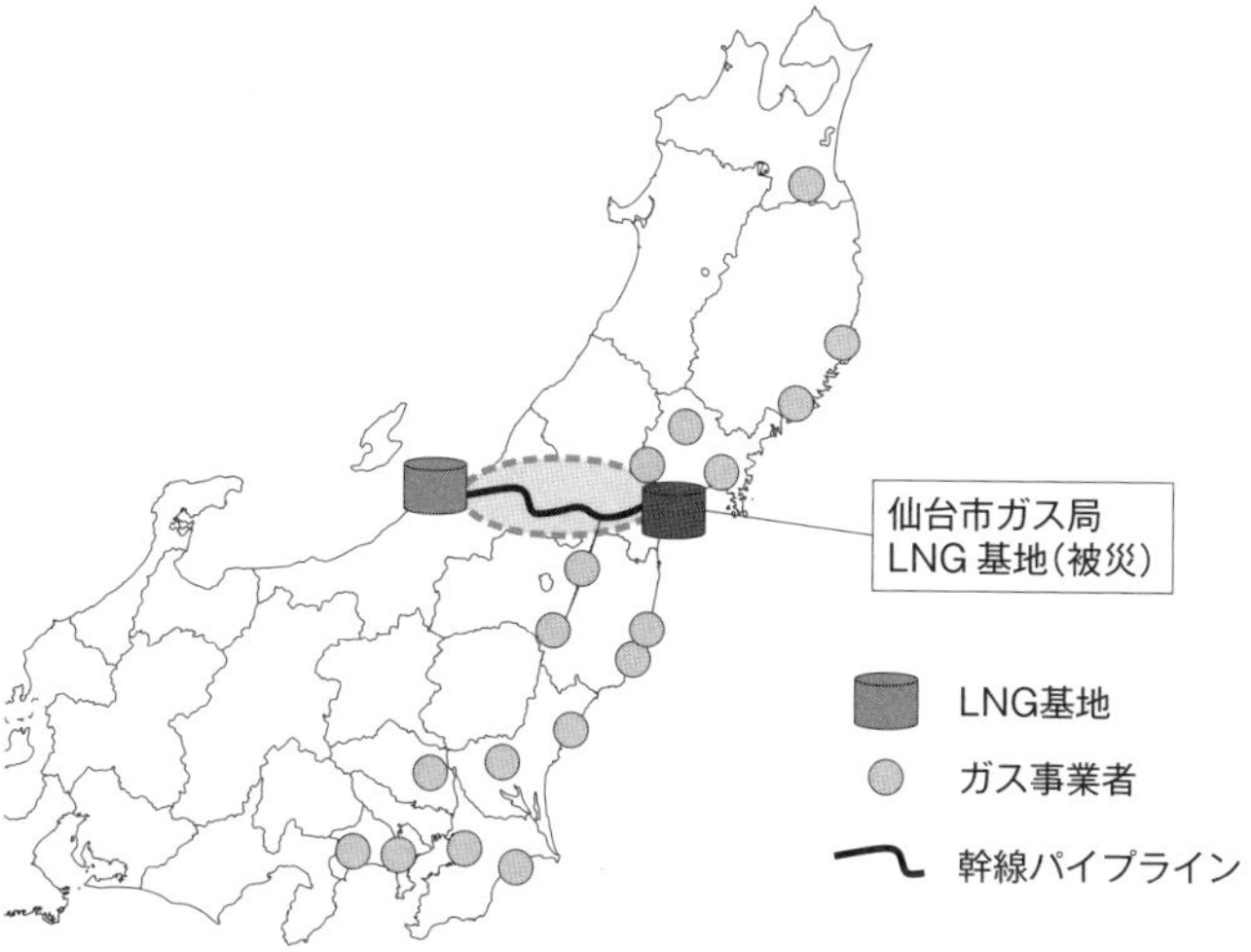

経済産業省資源エネルギー庁「エネルギー白書2012」をもとに作成

に上った。特に、仙台市ガス局のＬＮＧ基地の設備が津波で浸水、流失するなど、沿岸を中心に甚大な被害が出た。都市ガスの製造も担うＬＮＧ基地が長期停止に陥った。ここでも日本ガス協会が指揮を執り、現地救援対策本部を立ち上げ、全国58事業者で復旧隊を組織した。家屋が流失した地域などを除き、ほぼ復旧が完了した5月までに計約10万人が出動した。

仙台市ガス局ＬＮＧ基地の復旧には時間がかかると見込まれたため、新潟を起点とした広域の天然ガスパイプラインを用いて代替供給をした。これにより復旧が短期化でき、沿岸の供給再開が早まった。

ただ、この代替供給がなければ、仙台市ＬＮＧ基地を通じた供給は、1年ほど途絶えていた恐れがあると指摘されている。需要のある地域ごとに供給網が分断されていることによって、ＬＮＧ基地が被災した場合のさまざまなリスクが再認識された。欧州など諸外国においては広域天然ガスパイプラインの整備に向けた取り組みが先行している。日本でも参考にし、取り入れる仕組みが必要となる。

16年4月に発生した熊本地震の際も、西部ガスの供給網が寸断され、ガス協会を通じて大阪ガスなどが応援に駆け付け、復旧に当たった。

ガスと同様に電力業界もまた、被災した地域に電力の供給を果たす各地の電力大手を応援するという構図は一緒である。自然災害の多い日本にあっては、どれだけ競争が進んで敵対したとしても、緊急時には助け合う相互扶助の精神を、エネルギー企業は失ってはいけないだろう。災害の教訓をどう生かすか、改善に向けて不断の努力を続けている。

4 需要の高まりと調達の合理化・柔軟化
――市場整備が課題

ＬＮＧ時代の幕開け

今やＬＮＧは日本のエネルギー源として不可欠な燃料として普及し、日常的なものとなったが、導入の検討が始まった１９５０年代、そして69年に最初のＬＮＧが輸入されるまで、日本における液化技術は未確立で試行錯誤が続いた。

ＬＮＧの国際取引は、59年に英国がアメリカから輸入、その名も「メタン・パイオニア号」が送り届けたのが最初となる。日本では69年11月４日にアラスカから３万トンのＬＮＧを積んだタンカー「ポーラアラスカ号」が東京ガスの根岸基地（当時）に到着、ＬＮＧを受け入れたのが始まりである。

これには紆余曲折があり、東ガスは57年から検討を本格化させていたが、世界的にも例が少なかったことも踏まえ、慎重だった。大量購入によるスケールメリットを出すためにパートナーに選んだのは、東京電力だった。60年前後は、首都圏の電力需要が急増し、発電所の新設が相次いでいた。横浜市の東ガス根岸工場の隣接地に重油による火力発電所を建てる計画があったが、それをＬＮＧ火力にする決断をした。

東ガスにとっても東電にとっても、国内外の先行例が乏しい中での野心的な事業だったが、先鞭を付け、後に続くＬＮＧ輸入事業者に道を開いた。根岸基地は現在、東京ガス根岸工場、東京電力南横浜火力で構成される共同基地となっている。最初のＬＮＧ輸入から40年がたった２００９年には、両社が連名で40周年を祝い、歴史を振り返るプレスリリース

LNG国別輸入量の推移

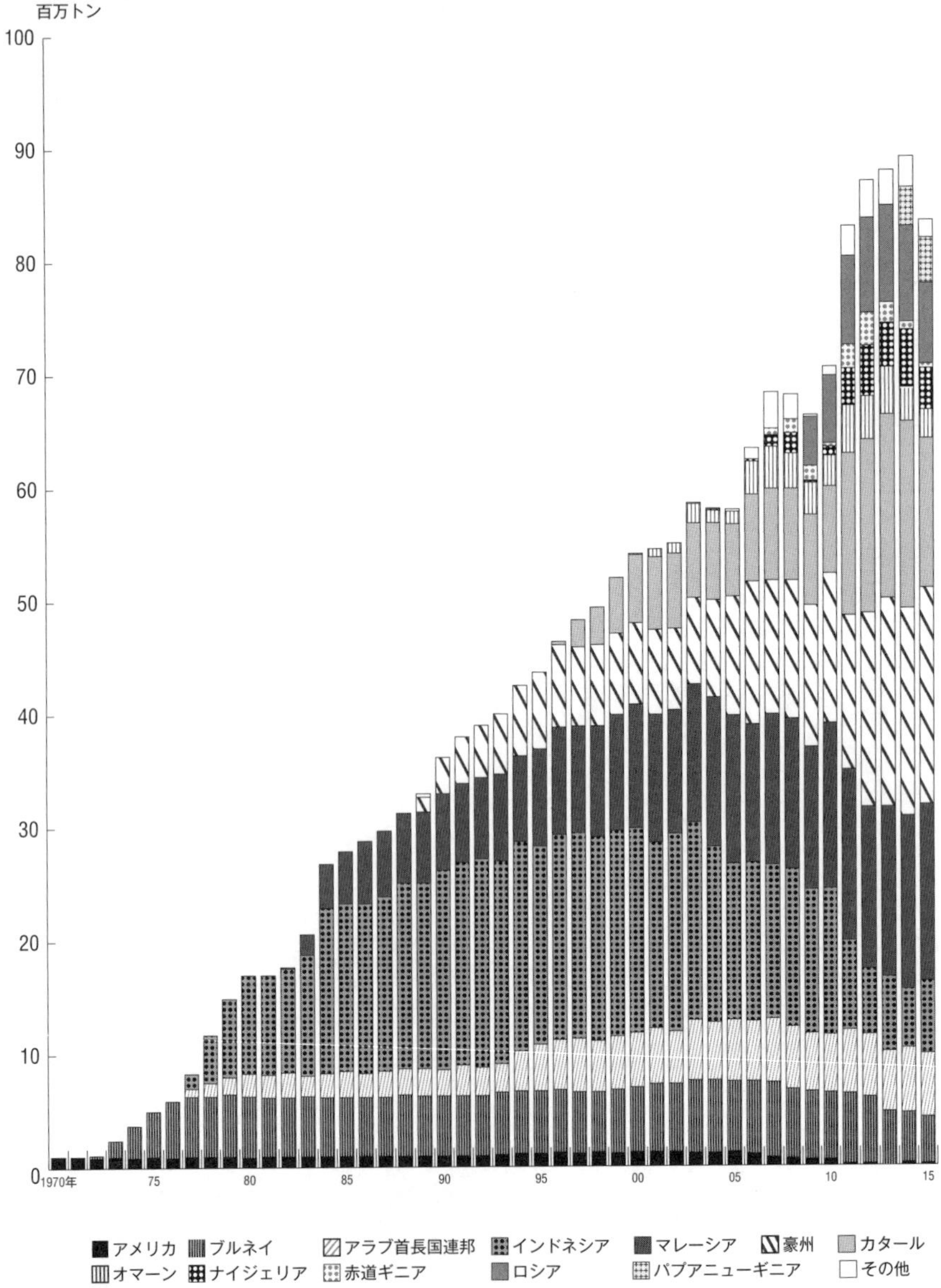

財務省「貿易統計」をもとに作成

を出した。50周年、半世紀の節目を迎える19年に同様のリリースを発表するかは分からないが、日本のＬＮＧ輸入の基礎を築いてきたのが両社の貢献であることは疑いない。

日本は世界最大の輸入国

日本はその後もＬＮＧ輸入を拡大させ、現在は世界最大の輸入国となっている。年20兆円前後に上る資源分野の貿易額のうち、ＬＮＧは原油（原粗油）に次ぐ輸入品となっている。日本の需要は世界のＬＮＧ総需要の約3分の1を占める。

背景には、度重なるエネルギー危機があった。１９７０年代には2度のオイルショック（１８４ページ参照）に伴う脱石油の流れで東南アジアから産出される石油の代替エネルギーとして注目されたこと、そして２０１１年の東日本大震災と福島第1原発事故による国内原発の相次ぐ停止に伴うＬＮＧ火力の燃料としての需要の急増があった。

ＬＮＧ生産国は約20カ国、ＬＮＧを輸入・消費する国は、欧州やアジアなど約40カ国となり、広がりを見せている。最近はタイやマレーシアなどの輸出国が輸入を始めるなど、情勢は刻々と変化している。

こうした状況を踏まえ、世界一の消費国である日本が主導して、天然ガスを生産する国と消費する国が一堂に会する「ＬＮＧ産消会議」を12年から毎年開いている。ＬＮＧの長期的な需給見通しの共有や、取引市場の透明化に向けた連携を図るほか、時節のテーマ、例えば東日本大震災と原発事故、17年なら仕向け地条項（１４０ページ参照）といった課題を取り上げている。18年10月は名古屋市で初めて開かれ、日本はＬＮＧ関連への投融資を後押しし、新たに５０００万トン規模の市場を創設すると表明した。

ＬＮＧ市場創設準備

そうした議論の中、国際的に統合されたガス市場の創設を目指す機運が高まっている。現状は、ロシアからつながったパイプライン網が充実している欧州市場と、同様に国内にパイプライン網が整備されている北米市場、そして日本や韓国などLNGでの運搬を中心としたアジア市場の3つに分断されている。

3市場のガス価格は、00年代前半までは大きな価格差はなかったが、各市場の域内での変化を受け、アジア市場の高さが目立つ。すなわち、10年代のいわゆる「シェール革命」(次項参照)以降、アメリカの天然ガス価格は急低下した。欧州でも、リーマン・ショック後の需要低迷や規制緩和を伴う自由化などでガス価格の指標化が進んで機能し、原油価格との乖離が目立ちだした。

一方、アジア市場のLNGは、「オイルリンク」で価格が決まる方式が長らく主流となってきた。オイルリンクとは、石油製品の国際価格に連動する方式である。特に日本は産ガス国との間で結ぶ20年など長期契約が大半で、基本的にはオイルリンクが前提となってきた。原油価格が高騰している局面では、輸入価格が他の地域に比べ極端に高くなるなど、天然ガスの需給が適切に反映されづらい構造になっている。また、価格が下落した際には買い手の日本企業が損失を被るリスクを常に背負うことになる。アジアで旺盛なLNG需要も相まって、北米でガスの生産コストが低下している中でも、アジア市場のガス価格は高止まりしている。こうして欧米との価格差は広がっており、そのギャップは「アジア・プレミアム」と呼ばれている。

こうした状況を打開し、価格差を是正しようと計画されているのが、LNGを軸とした国際市場の創設である。LNG取引を仲介する「ハブ」として、流動性の高いLNG市場を実現するというものである。一大需要地という日本の優位性、特異性を生かし、LNG取引の集積や価格形成で国際的に認知されたハブとなることを目指し、国際社会に向けてPRを強めている。

5 シェール革命——変わる調達方式

技術革新で生産量が逆転

長らく天然ガスの生産量、資源量はともにロシアが首位を走ってきた。ところが2010年代以降、潮目が変わりつつある。それが「シェール革命」と呼ばれるアメリカ発の大規模なガス開発である。従来の方法では採掘できなかった地中の奥深くに眠る天然ガスを最新技術で掘り出すことに成功した。天然ガス生産量世界一のロシアを抜き、輸出大国に躍り出ようとしている。

シェールガスは一般に、従来の天然ガス資源が「在来型ガス」と呼ばれるのに対し、「非在来型ガス」と呼ばれる。在来型は、現在普及している汎用性のある技術で比較的容易に、かつ経済的に採掘でき、採算性がある資源とされる。これに対し、非在来型は地下数千メートルにあって現在の一般技術では掘り出せず、コスト面でも採算に見合わないといったガスである。主に資源が眠る深さや場所などで決まる。

シェールガスも従来、非在来型とされていたが00年代にアメリカで独自の掘削《くっさく》方法の研究開発が進み、10年前後に本格生産に至った。なお、非在来型ガスとしては他に、タイトサンドガスや炭層メタンガス、メタンハイドレートなどがある。タイトサンドガスについては既にアメリカで商業生産が始まっている。

シェールガスは、石油・天然ガスを生成する元になる岩石、頁岩《けつがん》（Shale：シェール）に残る天然ガスを指す。シェールは砂岩など、比較的資源を掘り出しやすい在来型ガスと異なり、流体の流れやすさ

非在来型ガスの例

タイトサンドガス
硬い無孔性（孔隙のない）で浸透率が極めて低い砂岩などに溜まっているガス。アメリカで商業生産されている
炭層メタンガス
石炭生成時に発生したガスが石炭に吸着した、石炭層に含まれるガス。コールベッドメタン（CBM；Coal-Bed Methane）。北海道夕張市でも生産テストを実施、採取には成功
メタンハイドレート
天然ガス主成分のメタンの周りを水分子が籠のように取り囲んだ構造の物質。「燃える氷」とも言われ、日本近海にも多く眠っている可能性がある。現状では採掘コストが高く、採算が合わない。技術開発により商業化できるかどうかが焦点

を示す浸透率が非常に低く、開発が困難とされてきた。

それを可能にした技術が、「水平坑井」、「水圧破砕」、そして「マイクロサイスミック」の3つである。

水平坑井は従来垂直や斜めに井戸を掘削するのが主流だったのに対し、地中で横に掘り進める。ガスの閉じ込められた岩石の層に沿って水平方向に掘削するため、掘り進める際に接触する岩石の体積が多くなる。一般的な井戸に比べ、生産性が数倍増えるとされる。「SAGD（Steam Assisted Gravity Drainage）」と呼ばれる応用技術もある。

水圧破砕は、掘り進んだ管から高圧の水を放出して岩石を砕くことで、石油ガスを取り出しやすくする。大量の水が必要なことや、水に混ぜる化学品などが地表に出ないようにするといった、環境への配慮が必要となっている。フラッキング法とも呼ばれる。

そしてマイクロサイスミック（Micro Seismic）は、直訳すれば「微細な地震動」である。「水圧破砕」

をする際に起こる振動を捉え、割れ目の形状を解析する技術である。埋蔵資源の広がりを把握し、効率的に採掘できるようになる。

なお、一般にガスを開発する仕組みの多くは、石油資源の開発と共通の技術を用いる。「第6章　石油業界の基礎知識」で見ることとする（163ページ参照）。

シェールガスの開発には、大学で石油地質学を専攻していた1人のアメリカ人男性、ジョージ・ミッチェル（1919～2013）の功績が大きい。ミッチェルは米軍を退役後、60歳を過ぎてからシェールガスを取り出すためのベンチャーを立ち上げ、試行錯誤の末、水平坑井と水圧破砕を組み合わせた技術を確立した。

シェールガスは資源量のみを見れば、ロシアや中国など広く分布しているが、現在生産の中心地は北米である。これは、生産に必要なこれらの技術がアメリカの専売特許のようでまだ汎用されていないことや、アメリカの地質データが充実していたこと、そして何より生産するための地形、地理的条件によ

シェールガス開発のイメージ

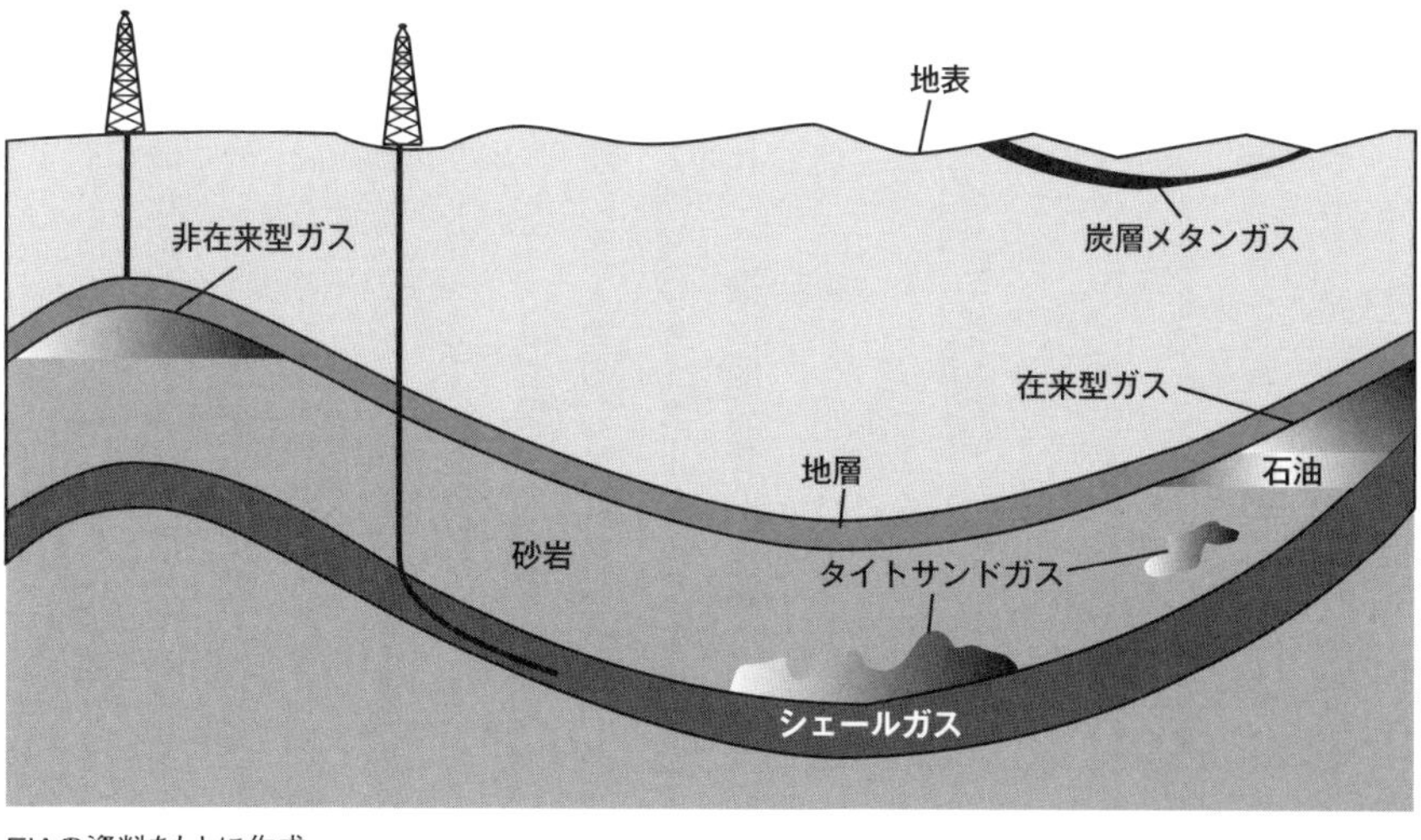

EIAの資料をもとに作成

日本企業によるシェールガス関連事業

<table>
<tr><th>事業名・地名など</th><th>事業者</th><th></th></tr>
<tr><td>コーブポイント</td><td>住友商事、東京ガス、関西電力</td><td rowspan="4">LNG調達</td></tr>
<tr><td>キャメロン</td><td>三菱商事、三井物産</td></tr>
<tr><td rowspan="2">フリーポート</td><td>大阪ガス、中部電力</td></tr>
<tr><td>東芝（JERA）</td></tr>
<tr><td>テキサス州</td><td>クラレ</td><td>繊維や紙の加工剤などに使われるポバールの工場新設</td></tr>
<tr><td>カナダ</td><td>出光興産</td><td>貯蔵・輸送を手掛けるペトロガスエナジーに出資</td></tr>
</table>

るところが大きい。ロシアはシェールガスを運ぶためにパイプラインを新設するコスト面が難点とされ、中国は埋蔵地域が山岳地帯で採算性が障壁となっている。水圧破砕に使う大量の水の確保も課題である。

　こうした状況下、アメリカが飛ぶ鳥を落とす勢いで輸出攻勢をかけている。日本企業も乗り遅れまいと、エネルギー企業や大手商社が相次いでプロジェクトに参画している。ＪＥＲＡや東京ガスなどの事業が進行し、順次第1便のＬＮＧが届き始めた。

　シェールガス開発はオーストラリアや南米などにも広がっており、今後は開発費の低減も期待されている。

「仕向け地条項」の撤廃

　北米からのシェールガス由来のＬＮＧ輸入は、中東へのエネルギー依存度の低下につながるとして、リスク分散の観点からも政府が歓迎、奨励している。

　加えて画期的なのが、仕向け地条項に縛られていない取引という点である。この条項は、ＬＮＧの受け取り場所を指定する、LNGの買い手と売り手の契約の中で取り決められた商習慣である。買い手は余剰のLNGを他社などに売るために違う場所に運びたくても、売り手側の事前同意が必要なため、転売が困難とされてきた。

このため公正取引委員会は17年6月、「LNGの取引における独占禁止法または競争政策上問題となる恐れのある取引慣行、契約条件などの有無などを明らかにするため、今般、実態に関する調査を実施することとした」と発表した。「具体的アクション」として、「LNG取引容易性の向上」のため、「仕向け地条項の撤廃に向けた取り組み強化」や「EUや韓国、インド、中国などの大口消費国との連携強化」を経産省に求めた。

17年10月のLNG産消会議の中では、この仕向け地条項に関し、消費国の閣僚から見直しを求める声が相次いだ。呼応するように、実際に東京ガスやJERAは、産ガス国との長期契約の更新に際し、仕向け地条項のない契約に切り替えるといった変化が出始めている。

6 都市ガス市場の全面自由化——段階的緩和、地域差に課題

ガス事業も段階的規制緩和

電力と同様、都市ガスの市場も段階的に規制が緩和されてきた。1995年に第1次制度改革として、従来の地域独占を見直し、大規模工場など大口顧客の市場が自由化された。年間契約ガス使用量が200万㎥以上の需要家は供給者を選べるようになったほか、料金や諸条件も交渉可能となった。その後も99年、2004年、07年と順次市場開放が進み、参入する事業者も増えてきた。この過程で、原料費調整制度が1996年4月に導入され、2008年に改定された。LNGやLPガスといった都市ガスの原料の価格変動をガス料金に反映し、資源価格の急激な上下動にも迅速に対応するとともに料金の透明性を高める狙いがある。電力の燃料費調整制度と同様の仕組みで、LNGなどの輸入価格に基づいて毎月見直される。

全面自由化と地域差

制度改革は17年4月、家庭向け販売を含む市場の全面自由化で大きな節目を迎えた。18年11月8日時点で64事業者が小売り事業に登録し、うち25事業者が家庭への供給を手掛ける。

自由化から1年半後の18年9月30日時点で、ガスの契約先を切り替えた家庭は約141万件、全体の5・6%となった。地域別では、近畿エリアが64万4540件と最多で10・4%が切り替え、次いで中部・北陸エリアが8・0%の19万2224件、九

エネルギー業界 最新動向
電力業界 基礎知識
電力業界 主要企業
ガス業界 基礎知識
ガス業界 主要企業
石油業界 基礎知識
石油業界 主要企業
エネルギー業界 世界動向

州・沖縄エリアが4・6%の6万6887件、関東エリアが3・9%の50万9008件となった。

近畿では大阪ガスから関西電力に顧客が流れており、関電は目標としていた80万件を11月下旬に達成した。関東でも最近、東京電力とその提携先による顧客網の拡大が続いており、目標の100万件に近づきつつある。

一方、北海道、東北、中国・四国の各エリアでは都市ガスをめぐる競争は無風状態が続いている。導管網が十分に敷設されておらず、競争原理が働きにくい事情もある。22年の**導管分離***を見据え、一層の市場環境の整備が望まれる。

＊キーワード解説

導管分離

さらなる市場活性化に向け、ガスの製造・小売りと、導管事業を法的に分離する措置。導管の国内総延長の約半分を占める東京ガス、大阪ガス、東邦ガスの大手3社が対象で、22年4月実施予定。分離により導管部門が中立化され、より適正な託送料金が実現すると期待されている。

全国の都市ガススイッチング（切り替え）申込件数の推移

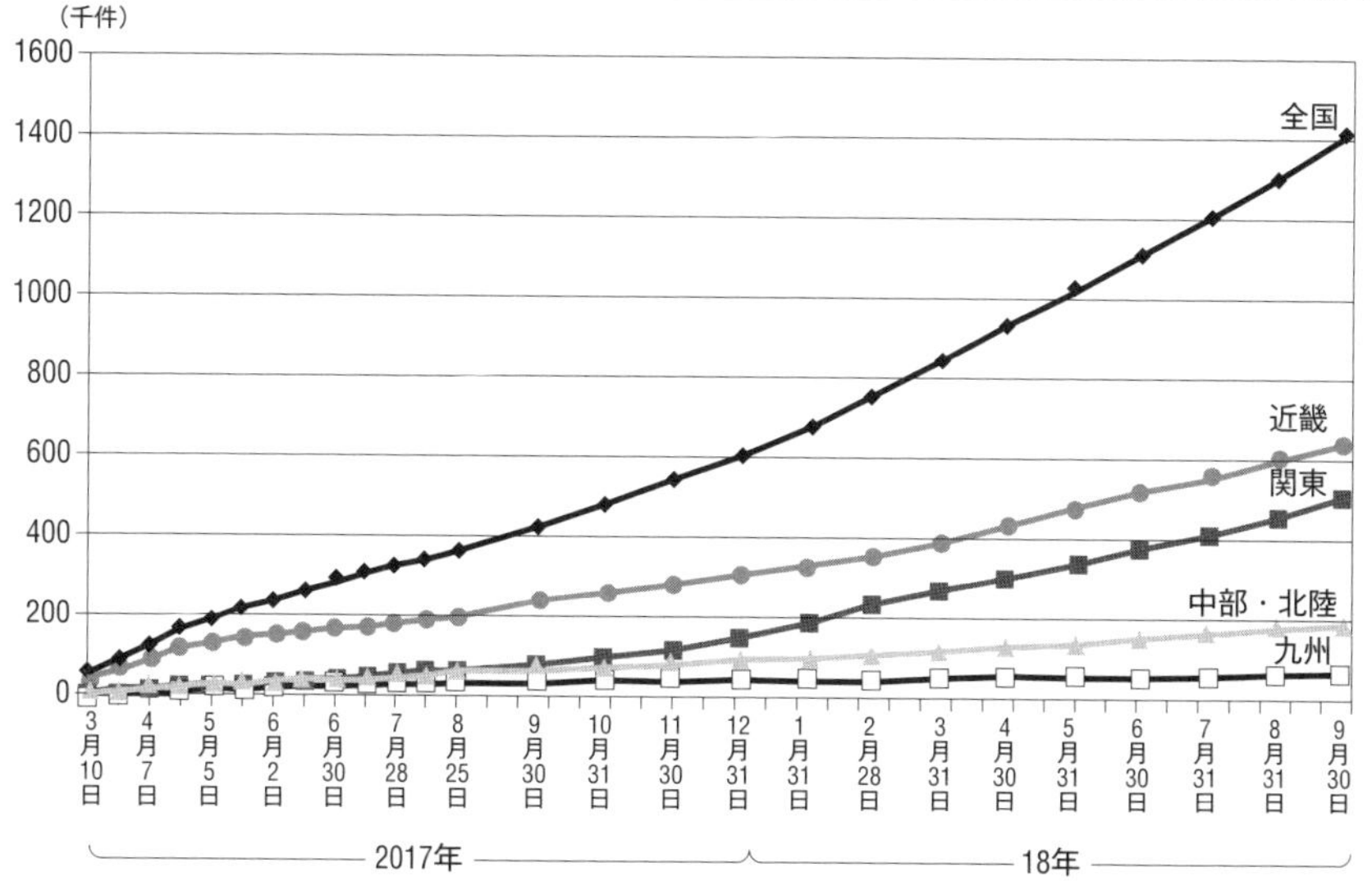

7 人手不足のLPガス業界
――AI活用が鍵

進んだ再編、需要減に危機感

「近年のLPガス業界を取り巻く環境は、人口減少を背景とした需要減少、電力、都市ガス等の他エネルギーとの競争激化、労働力不足によるLPガス配送の乗務員確保への懸念等、今後厳しさが増すことが予想されています」。

２０１８年2月、出光興産系のアストモスエネルギーとＪＸＴＧグループのＥＮＥＯＳグローブ、そして東京ガスリキッドホールディングス（ＨＤ）のＬＰガス元売り大手3社が発表した、ＬＰガスの充填や配送業務での共同事業化の業務提携に関するプレスリリースは、業界の苦しい胸の内を率直に物語っていた。導管の敷設範囲の状況などで他の販売エリアに進出しづらい都市ガス業界と比べ、運びやすい「可搬性」を売りにするＬＰガスの業界は元売り同士が全国規模で再編を繰り返してきた。１４６ページの図でもその複雑な系譜が見て取れる。

近年の大きな再編は15年に誕生した、ジクシスである。当時、コスモ石油と昭和シェル石油、東燃ゼネラル石油、住友商事の4社が設立した（現在の出資比率はコスモエネルギーホールディングスと住友商事が各40％、昭和シェルが20％）。14年に設立の方針を発表した際も「省エネの促進、電力・都市ガスなど他エネルギーとの競争により需要低迷が続いています」と心情を吐露していた。

ＬＰガスは小売り、卸売りの分野も再編が進む。17年8月には伊藤忠エネクス（東京）と大阪ガスが関東、中部、関西地区の販売会社の再編を発表した。

LPガス輸入量の推移

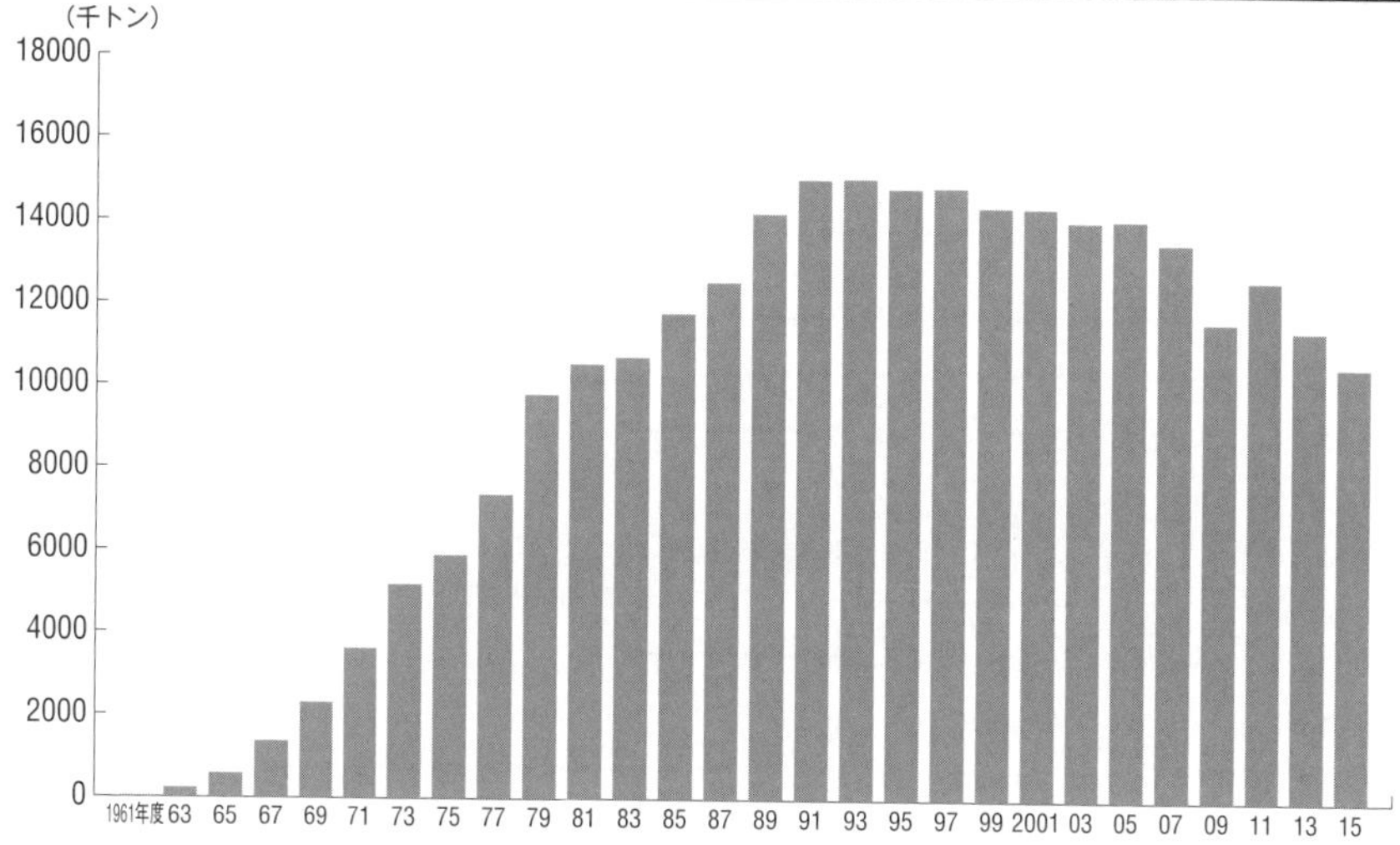

日本LPガス協会「需給推移」をもとに作成

ここでも決まり文句のように、「国内のＬＰＧ業界は世帯数の減少や他エネルギーとの競争などによる需要の伸び悩みを背景として厳しい経営環境下にあり、事業基盤の拡大とコスト競争力の強化による生産性の向上が急務」と課題が挙げられた。

再編が進むと、業界内の人員や設備の効率化、需給の引き締まりが期待されるが、人口減少に伴う需要低迷という大きな課題を前に、ＬＰガス企業各社が苦境を脱する即効薬が見当たらないのが実情である。業界内には強い危機感が漂う。

そうした背景から、各社は競争をしながらも、常に提携や合併を通じた収益改善の道を探っている。単純に比較はできないものの、自由化された電力・都市ガス業界の再編統合を占ううえで、先行例として参考にすべき点、共通点があるかもしれない。

デジタル化、省力化が鍵

アストモスとＥＮＥＯＳグループ、東ガスリキッドＨＤ３社の提携は、当面関東エリアでの配送の効

LPガス元売り業界再編の流れ

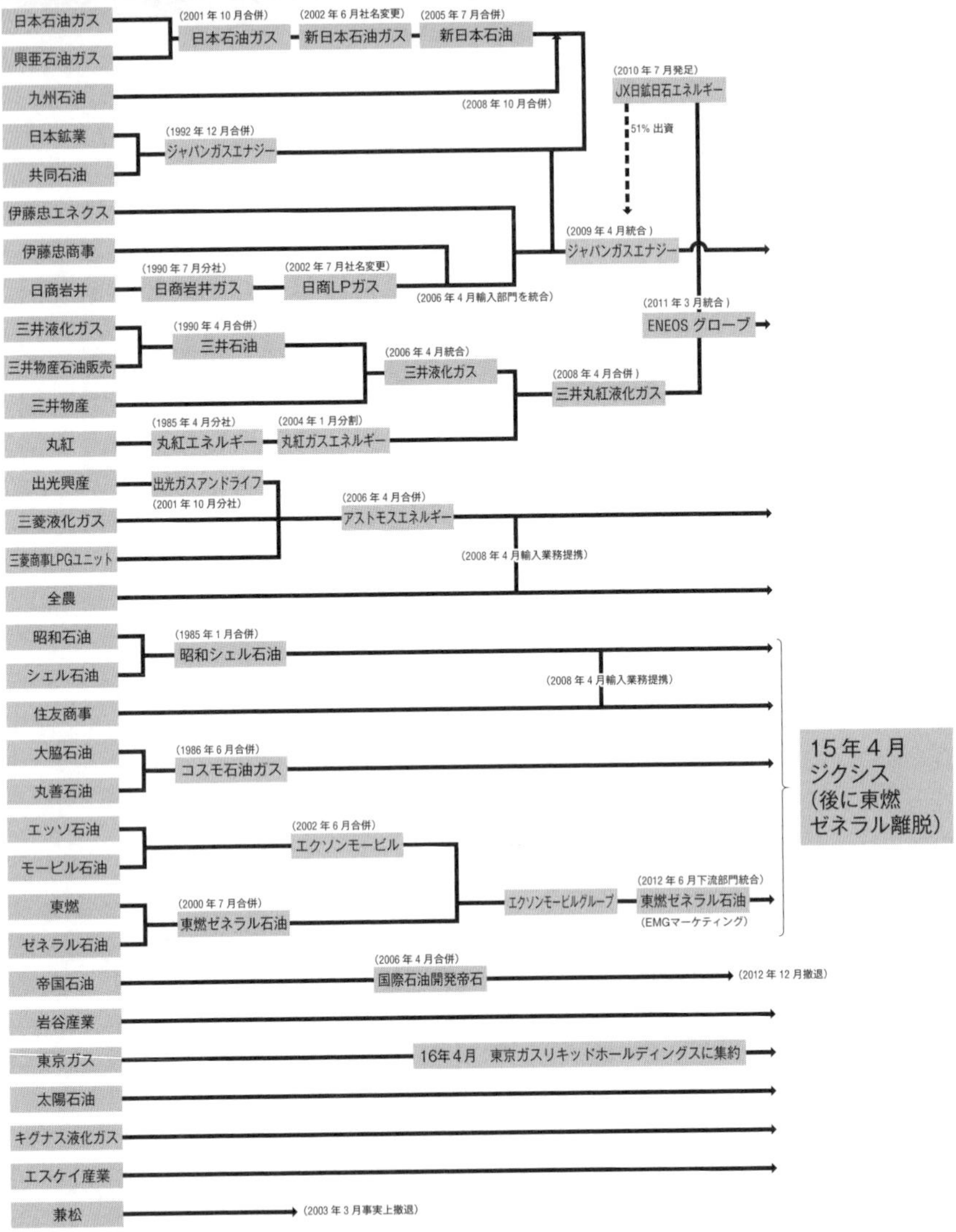

経済産業省資源エネルギー庁「LPガスセキュリティの強化に向けた課題と今後の取組の方向性」をもとに作成

率化である。まず18年7月に3社の均等出資で「ガスクル」（埼玉県吉川市）を立ち上げた。顧客にガスを安全、確実に届けるプロフェッショナル集団、〝GasCrew〟（Crewは「乗組員」の意味）にした。埼玉県から事業を始め、順次エリアを拡大、関東圏で100万件の利用を目指している。

ポイントはAI（人工知能）やビッグデータといったITを駆使することで、これまで配送に要していた人員や時間を効率化する点にある。家庭のガスメーターに通信装置を取り付けてガス残量を遠隔地から把握したり、AIによる渋滞予測で効率的な配送ルートを作ったりする。他の小売事業者にもサービスを提供し、業界全体で使えるプラットフォームを構築するとしており、成果が注目される。

こうしたAIなど最新のデジタル技術の活用はエネルギー業界共通のトレンドとなっている。例えば東京ガスは、18年にアメリカのシリコンバレーのITベンチャーなどに投資する新会社「アカリオ・インベストメント・ワン」を立ち上げた。10年間で100億円ほどを投じていく計画で、ガスなどエネルギー分野を中心に応用できる技術を発掘するという。

AIなどを活用した効率的配送システム

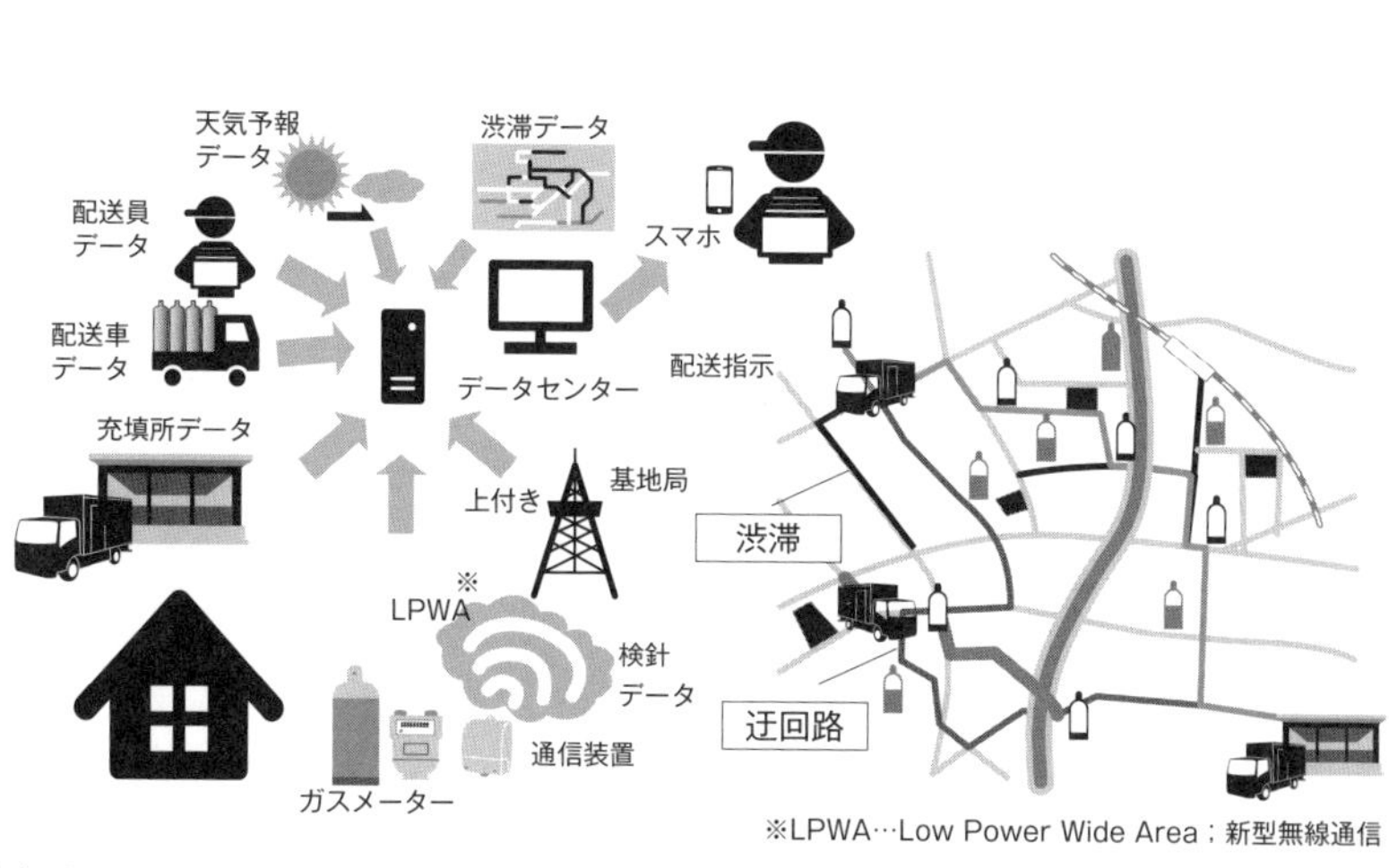

※LPWA…Low Power Wide Area；新型無線通信

東京ガスリキッドホールディングス「『LPガスの充てん・配送業務等 の公共インフラ化構想』について」をもとに作成

8

ガス業界の仕事
——総合エネルギー企業の担い手

総合エネルギー企業へ

「電力会社の販売攻勢は相当な脅威だ」。都市ガス大手の幹部らは電力大手による家庭向けガス販売参入への警戒心を隠さない。実際、従来の地域の顧客は自由化で電力会社などに流出している。

ガス会社の仕事は、本章で見た通り、ガスを調達して国内の需要家に届けることが大きな使命である。部署編成も概ねそういった構成になっている企業が多い。都市ガスの各社に共通するのは、製造＝生産・原料部門、供給・導管部門、営業＝リビング部門である。企業によって呼び名や分類は多少異なるが、概して同じ組織構造である。

製造＝生産・原料部門は、ＬＮＧの受け入れ基地を操業し、気化したＬＮＧを工場や家庭へ送り出すのが主な業務である。ＬＮＧ船の受け入れや、ガス製造設備の運転、管理、点検などを担っている。

供給・導管部門は、供給エリアの需給を見越し、適量を送り届ける計画を立案するといった責務を負う。毎年、過去の供給実績を踏まえた4年後までの需給計画を考える。22年の導管分離を見据え、東京、大阪などの4大都市ガスは導管部門の取り扱いの検討を進めていく。また、ガス漏れなどは大事故につながりかねず、導管の保安業務が重要な仕事の1つでもある。最近は電力などの新規参入者も交えた導管の保安訓練を行ったりもしている。

営業＝リビング部門は、その名の通り、需要家との接点を持つ販売部隊である。特に、電力・ガスの自由化以降、各社が力を入れている部門である。以前は地域独占が許されていたが、電力などから新規参入が増えたため、顧客流出を防ぐべく、サービスや顧客とのつながりを深化させようと取り組む。一方、ガス全面自由化の前年に自由化された電力小売りには、各社がこぞって参入、各社は電力事業部（東京ガス）や、電力事業推進部（大阪ガス、東邦ガス）を設けて対応を強化している。

従来のガスを調達して供給するという、旧態依然としたガス会社でいることは許されない状況になりつつある。そのため各社が中期計画などで謳うのは「総合エネルギー企業」である。

加えて、エネルギー業界全てに当てはまるのが、AI（人工知能）をはじめとするIT、自動化の波である。少子高齢化を背景とした人手不足が続く中、省力化の鍵として活用を図る企業も多い。東京ガスはデジタルイノベーション本部を設け、大阪ガスも「オープンイノベーション」として技術開発にITなどを取り込もうと産官学との連携を強めている。AIで物流の効率化を図ろうとするのは、人手不足が深刻なLPガス業界も同様である。

グローバルかつ地域密着のLPガス

LPガス業界は、LPガスを元売り業者が仕入れ、卸売り、小売りを通じて家庭などの需要家に届けるという工程を担う。都市ガス事業との大きな違いは、導管というインフラを持たないことである。

LPガス元売り会社の業務は大きく国際と国内に分かれ、例えばアストモスエネルギーの場合、国際事業本部と国内事業本部がある。国際は、LPガスの輸入や国際市況に応じたトレード、タンカーを手配する船舶事業などを担う。国際感覚が求められ、また仕事を通じてそれが養える。

一方の国内事業は、需給部や販売部や物流部、各支店などで構成され、より需要家、消費者に近い現場での仕事となる。LPガスの供給計画を立案するのも国内事業の大切な仕事の1つである。国内とは言っても、国際情勢に大きく影響される原油、LPガスのため、中東など海外の動向へ常に気を配る必要があり、グローバルな感覚が常に求められる。

都市ガス大手4社の年間需要量

東京ガス

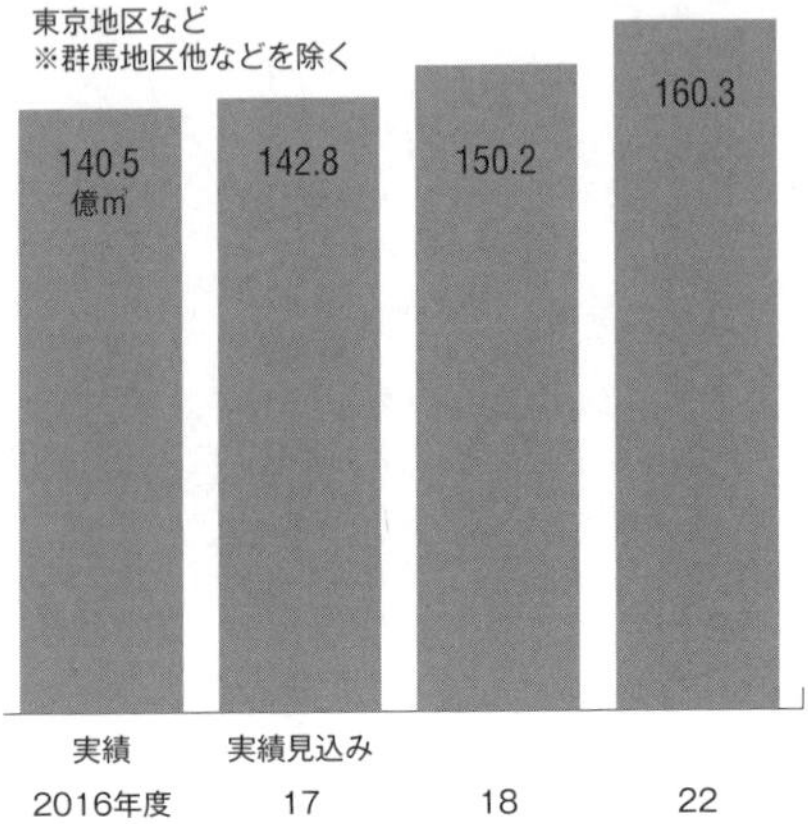

大阪ガス

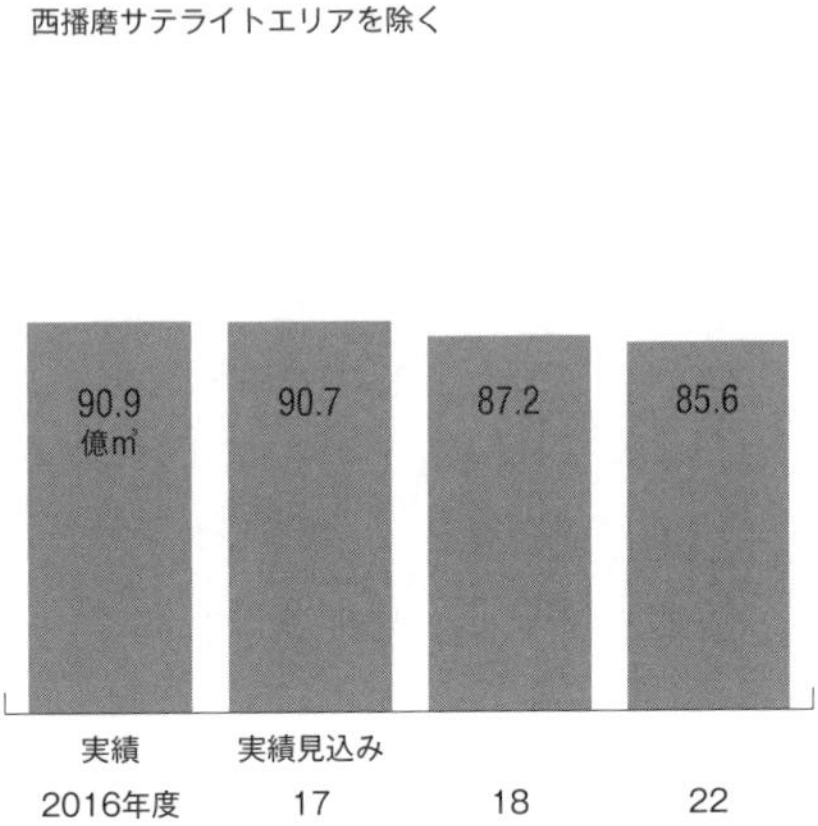

東邦ガス

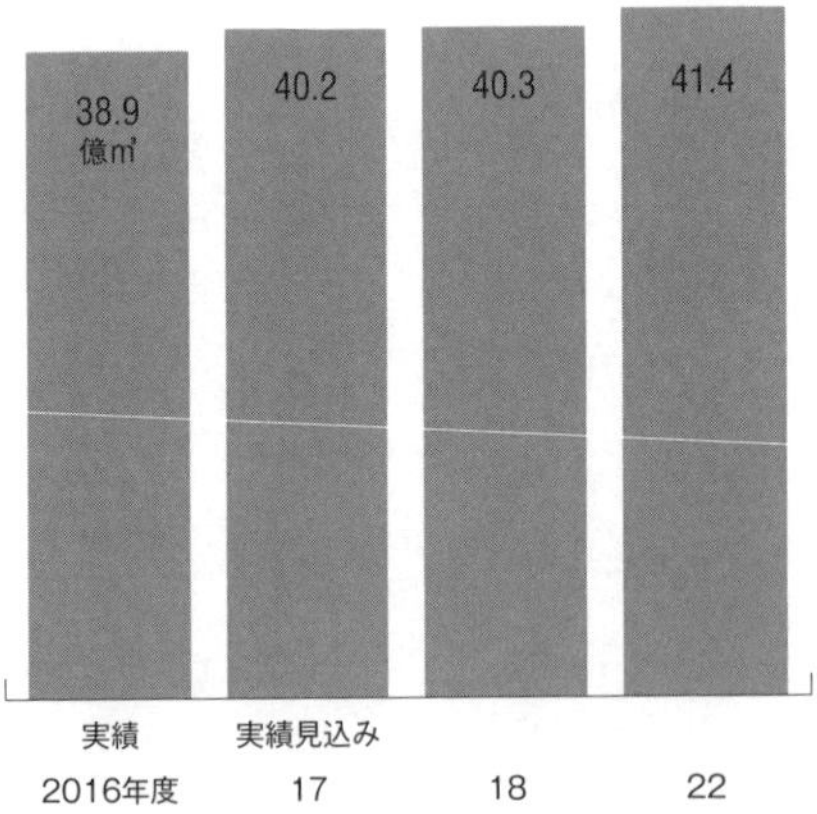

西部ガス

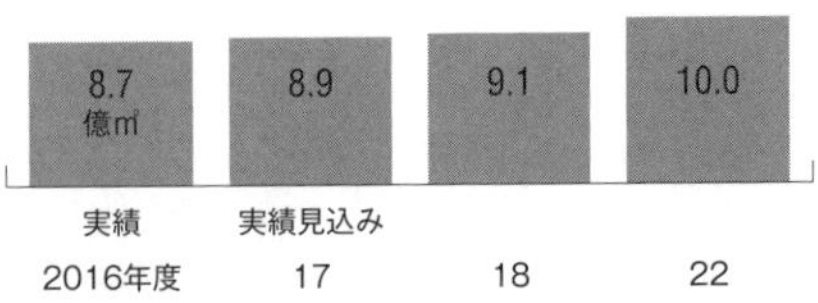

都市ガス大手4社の18年３月期連結決算

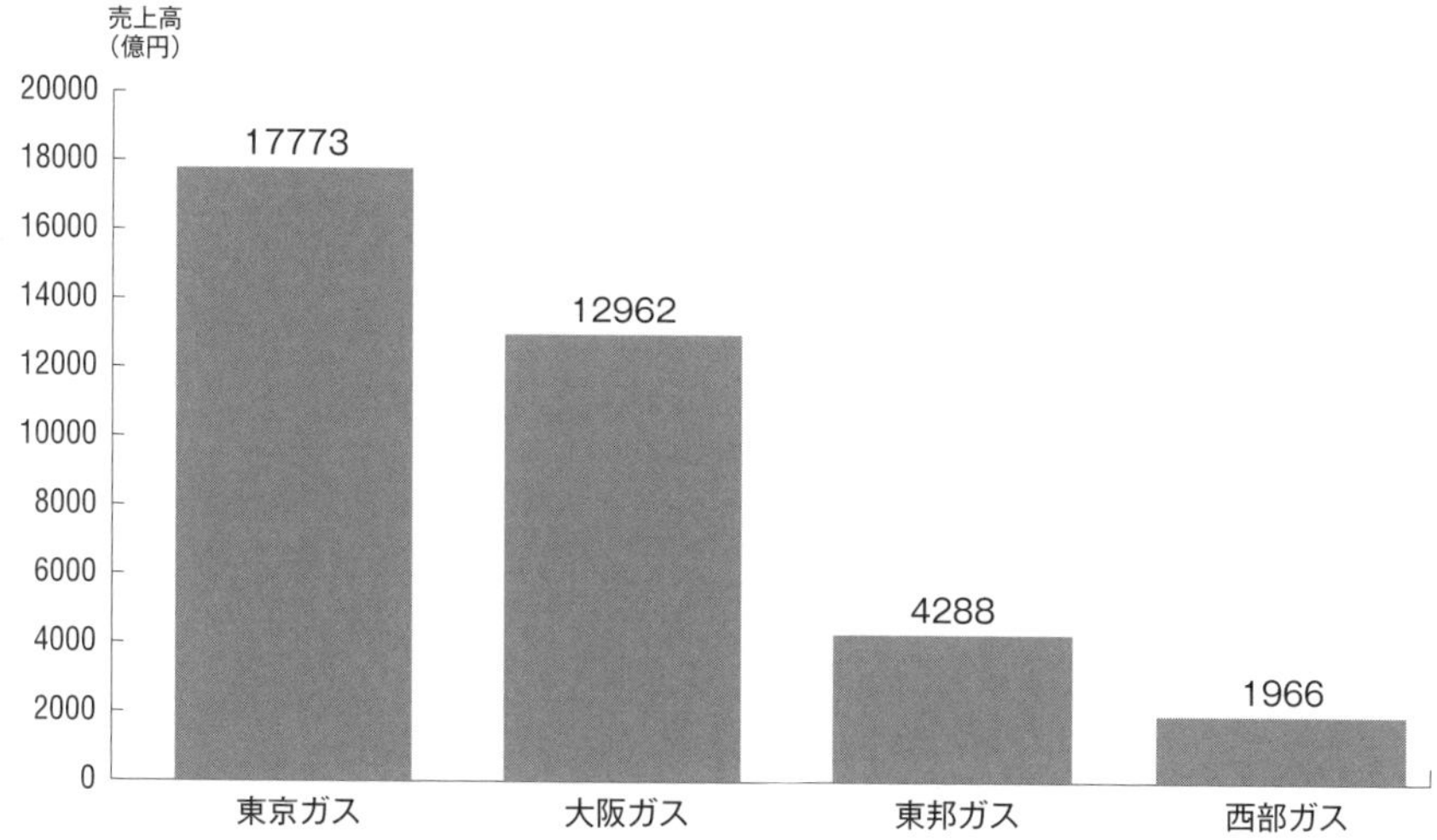

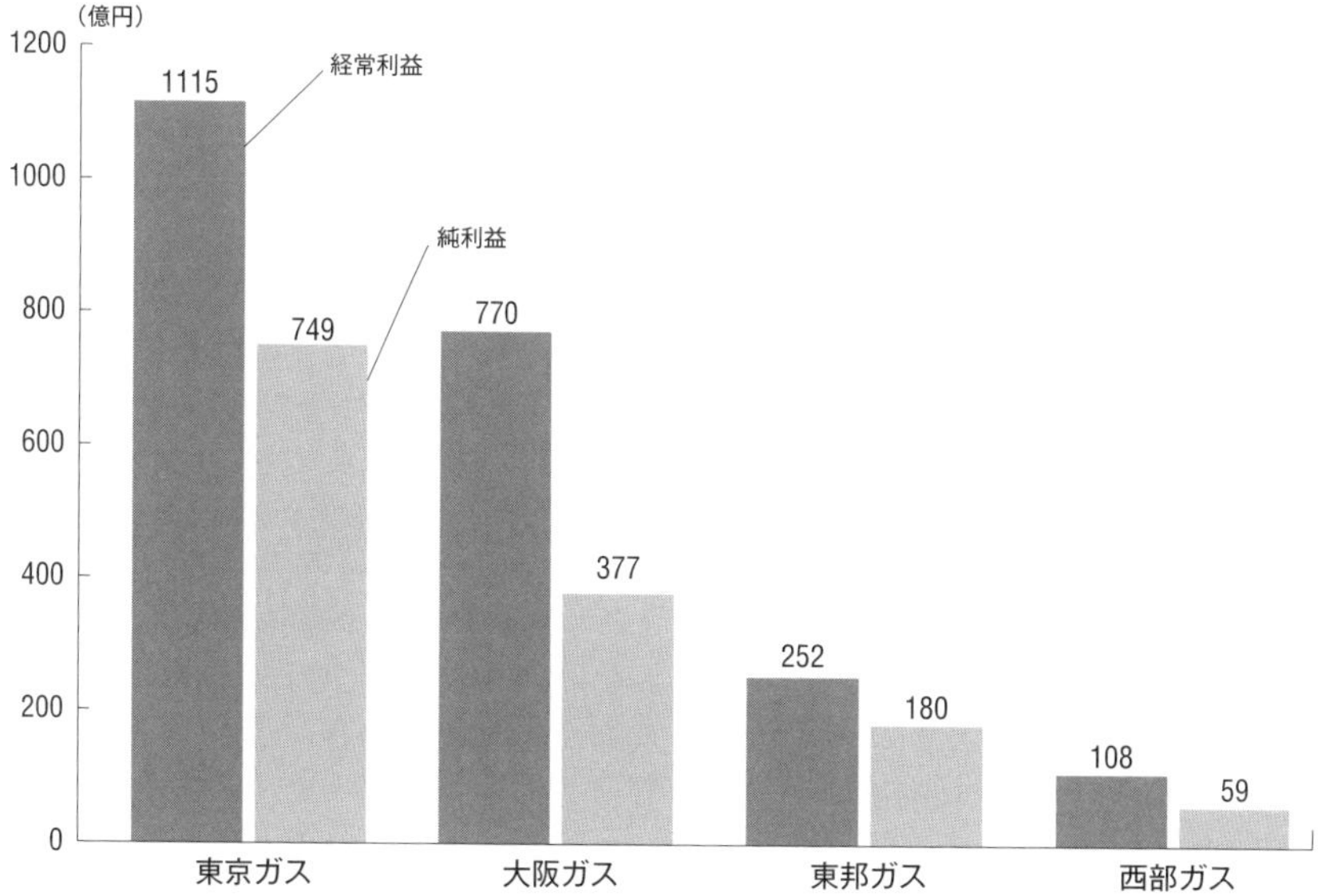

Column2

文学作品に登場するエネルギー

電気の黎明《れいめい》期を象徴する文学と評される作品として「月夜のでんしんばしら」(宮沢賢治(1924)『イーハトヴ童話 注文の多い料理店』杜陵出版部、東京光原社)がある。主人公の少年、恭一が鉄道路線のそばを歩いていると、「線路の左がわで、ぐゎあん、ぐゎあんとうなっていたでんしんばしらの列が大威張りで一ぺんに北のほうへ歩きだしました」のような光景が繰り広げられ、電気総長と名乗る老人が電信柱を指揮して恭一を圧倒する。「電気総長というのは、やはり電気の一種ですか」と尋ねる恭一に「わからん子供だな。(中略)とりもなおさず電気の大将ということだ」と返し、「はじめて電燈がついたころはみんながよく、電気会社では月に百石《こく》ぐらい油をつかうだろうかなんて云ったもんだ。はっはっは」と高笑いする。

向かって来る列車の窓が全て真っ暗だったのを見た総長は「おや、電燈が消えてるな。こいつはしまった。けしからん」と列車の下へもぐり込むと、「客車の窓がぱっと明るくなって、一人の小さな子が手をあげて『あかるくなった、わあい。』」と叫ぶ——。幻想的な作品ながら、動力電化が進んだ当時の新しいエネルギーの在り方、その存在感を読み取れる。

「蒲団」(田山花袋(1907)『新小説』春陽堂書店)には、「社会は日増に進歩する。電車は東京市の交通を一変させた」と当時の、石炭を燃料とする蒸気機関車から電気エネルギーによる電車へのシフトが垣間見えるとともに、それによる市民生活の劇的な変化も表されている。文章はさらに「女学生は勢力になって、もう自分が恋をした頃のような旧式の娘は見たくも見られなくなった。青年はまた青年で、恋を説くにも、文学を談ずるにも、政治を語るにも、その態度が総《すべ》て一変して、自分等とは永久に相触れることが出来ないように感じられた」と続き、時代の移り変わりを示す文脈で「電車」が効果的に登場している。

「私の生れ育った新潟市は石油の産地であり、したがって石油成金の産地でもあるが、私が小学校のころ、中野貫一という成金の一人が産をなして後も大いに倹約であり、(中略)今日では新津某という新しい石油成金の逸話に変り、現に尚新潟市民の日常の教訓となり、生活の規範となっていることを知った」を含む冒頭から始まるのは、「続堕落論」(坂口安吾(1946)『文学季刊』第2号〈冬季号〉実業之日本社)。日本国内で19世紀後半より石油というエネルギーの開発が勃興したが、その胎動を見て取ることができる。

Chapter5

ガス業界の主要企業

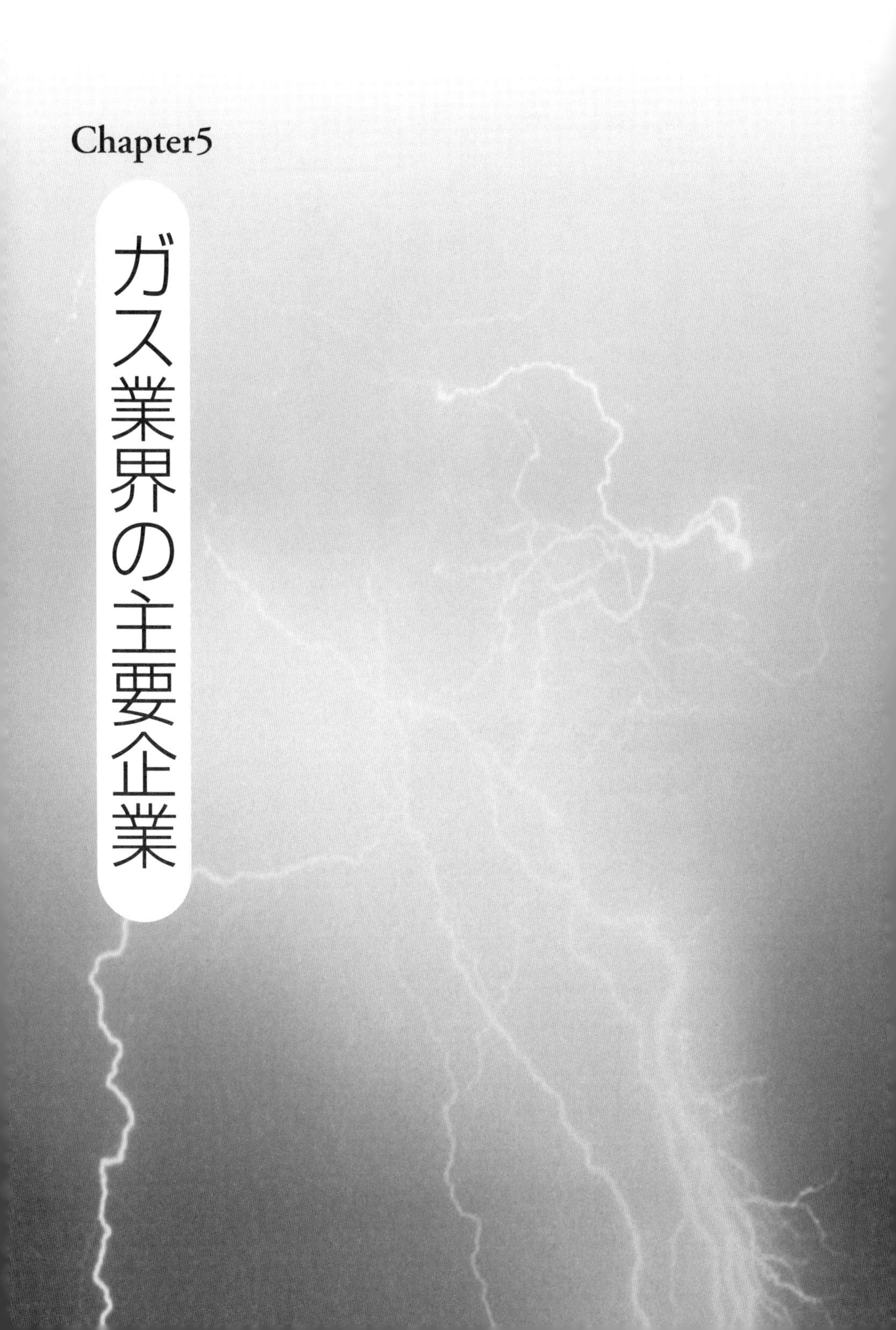

1 東京ガス
――国内最大手の都市ガス会社

収益、販売量ともにNo.1

収益やガス販売量で国内最大手の都市ガス会社である。「総合エネルギー企業」を標榜し、事業の多角化を進め、「八ヶ岳経営」とも自称している。従来はガス事業を頂点とする「富士山型経営」だったのに対し、近年は家庭向け販売に新規参入した電力事業をはじめ、海外事業やエンジニアリング事業、リキッドガス事業、不動産事業など、複数の事業をバランスよく柱に据える。

その電力事業は首都圏での家庭向け販売で顧客を着実に増やし、2018年12月現在で150万件を超えた。20年には240万件まで伸ばす計画である。また、地盤の関東エリアを越えて東海地方以西への電力事業の拡大も視野に入れている。

一方、主力の都市ガス事業では、17年4月の小売り全面自由化以降、東京電力などに顧客が流れてい

東京ガスの歩み

1885年	東京瓦斯会社創立
93	社名を東京瓦斯株式会社と変更
1955	顧客数（取り付けメーター数）100万件突破
66	根岸LNG基地稼働
69	アラスカよりLNG導入開始
72	天然ガスへの変更作業開始
88	天然ガスへの熱量変更作業完了
2007	顧客数1000万件突破
09	東京ガスライフバル体制の完成
13	顧客数1100万件突破
16	家庭向け電力小売り参入

る。東京ガスは、電気とガスをセットにして販売することによる割引など、メリットを強調している。

海外部門は特に需要が伸びる東南アジアやバングラデシュなどの南アジアで今後、ＬＮＧ需要が拡大していくとにらみ、日本で培ったＬＮＧ基地建設の技術もパッケージにして売り込んでいこうとしている。アメリカでのシェールガス事業「コーブポイントプロジェクト」も軌道に乗り、18年5月にはアメリカのシェールガスに由来するＬＮＧの長期契約としては国内初となる輸入船が横浜市の基地に到着した。

進む事業の多角化

八ヶ岳を構成する他の事業としては、不動産事業も好調で、東京・田町には研究施設跡地を再開発し、「msb Tamachi」と名付けてオフィスビルやホテルなどを建設する。公共街区間と連携したスマートエネルギーを実現し、エネルギー需給の最適化を図っていく未来型都市にする。リキッドガス事業では、東京ガスリキッドホールディングスが、同業他社と競合より協調を図り、ＬＰガスの配送の効率化などを進めていく（１４４ページ参照）。

東京ガスの主な国内施設・海外事業

国内

神奈川	根岸LNG基地
	東京ガス横須賀パワー（清水建設、東京発電と共同出資）
	扇島LNG基地
	川崎天然ガス発電（JXTGエネルギーと共同出資）
	扇島パワー（昭和シェル石油と共同出資）
茨城	日立LNG基地
千葉	袖ヶ浦LNG基地
	東京ガスベイパワー

海外

オーストラリア	ゴーゴンLNGプロジェクト
	イクシスLNGプロジェクト
アメリカ	バーネットシェールガス
	イーグルフォード層シェールガス
	コーブポイントＬＮＧ
ベトナム	LNGベトナム設立。ＬＮＧ調達・販売、基地の建設・運営

2

大阪ガス――業界2位、関西から全国へ事業展開

首都圏にも事業を拡大中

業界第2位で関西を地盤とする。２０１７年に電力小売りに参入し、関西のほか首都圏でも事業を拡大させている。30年度に17年度比で連結経常利益を3倍ほどに増やす目標を掲げている。特に、現在は1割に満たない海外比率を、全体の3分の1まで拡大する。18年には新たにコーポレートロゴを策定し、ローマ字表記も大阪ガスの愛称、「大ガス」（ダイガス）に倣い、「Daigas」にした。

実績は世界に幅広くあり、展開を加速させている。東南アジアではタイの国営石油会社ＰＴＴとの関係が深く、燃料転換サービスの合弁事業を手掛けたり、ＬＮＧ燃料補給の共同事業化調査を行ったりしている。フィリピンとインドネシアにも拠点を設け、さらにベトナム、ミャンマーでのガス事業参入を模索する。そうした中下流事業に加え、オーストラリア

大阪ガスの歩み

1897年	設立
1905	大阪・中之島本社完成
	岩崎町工場完成、供給開始
33	大阪ガスビルディング完成（今の南館）
58	顧客数100万件突破
66	大阪ガスビルディング北館完成
71	泉北工場操業開始
75	天然ガス転換開始
90	天然ガス転換完了
2009	泉北天然ガス発電所営業運転開始
11	顧客数700万件突破
16	家庭向け電力販売参入
18	新グループブランド「Daigas」策定

では上流事業として、国際石油開発帝石とのイクシスガス田やゴーゴンガス田などの開発を通じ、LNG事業を展開している。アメリカではシェールガス開発の上流事業、発電所の運営やフリーポートLNG基地の中下流事業も展開している。

19年に電力小売り100万件を目指す

電力小売りでは、地元関西で80万件の顧客を獲得し、19年早期に100万件まで伸ばすとしている。また、関西を飛び出し、首都圏で中部電力と共同出資の会社「CDエナジーダイレクト」を設立し、電力・ガスの家庭向け販売も手掛ける。今後電源がさらに必要となると見越し、調達量は市場調達や他社電源も含め、17年度の330万kWから30年度には900万kWまで拡大する計画を持つ。計画のうち、100万kWは再生可能エネルギーによる発電を見込む。福島県のLNG火力発電所の運転や、山口県で検討中の山口宇部パワーの石炭火力新設に取り組んでいる。

東京ガスの八ヶ岳経営ではないが、不動産事業やLPガス事業にも注力する。主力のガス事業では、家庭向け販売に参入した関西電力との競争が激しくなる中、事業を多角化させて顧客との接点を増やし、きめ細かなサービスを提供することで顧客をつなぎ留めたい考えでいる。

大阪ガスの主な国内施設・海外事業

国内

大阪	泉北製造所（LNG基地）
	泉北天然ガス発電所
兵庫	姫路製造所（LNG基地）
	姫路天然ガス発電（検討中）
福島	福島ガス発電（建設中）
山口	山口宇部パワー（検討中）
千葉	市原バイオマス発電（建設中）
神奈川	扇島都市ガス供給（建設中）

海外

オーストラリア	イクシスLNGプロジェクト
	ゴーゴンLNGプロジェクト
アメリカ	東テキサスシェールガスプロジェクト
	フリーポートLNG基地（気化事業）
タイ	タイ国営石油と協業

3 東邦ガス、西部ガス——業界3位、4位の優良企業

東邦ガス——製造業などで盤石な需要

岐阜、三重、愛知3県を中心に都市ガスを供給する業界3位である。トヨタ自動車をはじめ製造業が多い地域でもあり、盤石な需要がある。都市ガスの顧客数（取り付けメーター数）は、2017年度に245万件、18年度は248万件の微増を見込む。ただ、電力・ガスの全面自由化の波は中部圏にも着実に及んでいる。従来は中部電力との間で電気とガスの顧客の棲み分けがある程度できていたが、そのバランスに微妙な変化が生じ始めている。

参入している家庭向け電力販売では、18年5月に想定していた目標時期より早く10万件を達成した。18年度中に14万件まで伸ばす計画で、さらなる電力事業拡大をにらむ。

また、国際石油開発帝石が主導し、東京ガスや関西電力も参加するオーストラリアのイクシスLNGプロジェクトに参画、東邦ガスとしては初のLNG事業の権益取得、初の海外事業となった。当初、社

東邦ガスの歩み

1922年	設立、名古屋瓦斯を買収しガス事業開始
27	西部合同瓦斯（福岡、長崎、佐世保、熊本）を合併
30	西部ガスへ福岡や長崎などのガス事業譲渡
40	熱田製造所（旧港明工場）操業開始
62	本社屋完成
77	知多LNG共同基地操業開始
78	天然ガス転換開始
79	顧客数100万件突破
93	天然ガス転換完了
2003	合同ガス、岐阜ガス、岡崎ガスのグループ3社を吸収合併、顧客数200万件突破
12	オーストラリア・イクシスＬＮＧプロジェクト権益売買契約締結
16	家庭向け電力小売り事業参入

内から技術や法務、財務のスペシャリスト4人が選ばれ、事業推進に当たったという。今後も海外事業の強化を進める。

　地域に根差した経営を掲げ、「分散型エネルギーシステムの普及拡大を通じたガス・熱・電気の一括供給」などに取り組んでいく。

西部ガス――九州地盤に堅実経営

　福岡、長崎、熊本各県に顧客基盤を持つ九州を代表する都市ガス会社である。17～19年度の中期経営計画「価値創造宣言　スクラム２０１９」では、「エネルギーとくらしの総合サービス企業グループ」と銘打ち、持続的成長を目指す。総合サービスは、料理教室やリフォーム、スポーツ施設など、多様な業種のサービスを含み、「お客様の期待を上回るさまざまなサービスをご提供」とＰＲする。都市ガス販売量は19年度には９億６０００万㎥、15年度より１割近く伸ばす考えを示している。

　16年に電力小売りに新規参入した。九州電力の牙城だが、ガスと電気のセット販売により、既存のガス顧客のつなぎ止めを図っている。北九州市にある「ひびきＬＮＧ基地」では、隣接地に天然ガス火力発電所の事業化を検討している。このほか、太陽光や風力などの再生可能エネルギーも手掛けている。

　また、海外事業を積極化している。18年に同社初の海外拠点としてシンガポールに駐在員事務所を設けた。今後ますます活発になると見込まれるＬＮＧのトレーディングなどを手掛ける方針という。

　他の大手都市ガス同様、顧客への謝恩も兼ねた展示会を福岡や北九州、熊本、長崎など各地で開いている。

西部ガスの歩み

1930年	東邦ガスの福岡、熊本、長崎、佐世保支店の事業を継承し、設立。本社福岡市千代町
43	北九州が営業区域の九州瓦斯合併
56	顧客数10万戸突破
93	福北工場にLNG基地完成
94	お客さま戸数100万戸突破
2001	新総合研究所完成
12	エネシード設立、太陽光など再生可能エネルギー発電事業参入
14	ひびきLNG基地運用開始
16	家庭向け電力小売り参入

*ガス事業の歴史

——明かりから熱源へ

ガス灯がともった

明治時代、電気のアーク灯（113ページ参照）が登場するより前の1872年、外国人居留地があった横浜市の馬車道にガス灯が設置され、点灯した。文明開化の象徴として、100年後の1972年に日本ガス協会はこの日を「ガスの記念日」と定めた。

実業家、高島嘉《か》右《え》衛門《もん》（1832〜1914）らにより結成された「日本社中」が、馬車道から本町通りまでの間に、ガス灯十数基を並べ、火をともしたという。当時のガス灯は、石炭から発生させたガスを燃やして発光させていた。日本のガス事業は横浜で興った。

同じく外国人居留地のあった神戸市も横浜に続いた。74年には神戸瓦斯が事業を始め、後に大阪瓦斯（現大阪ガス）と合流することとなる。神戸にも、港のあるハーバーランドの通りに、モニュメントとして今もガス灯がともっている。柔らかい光を放つガス灯は、明治、大正のロマンを感じさせる象徴として観光の呼び水にもなっている。北海道小樽市や、山形県尾花沢市の銀山温泉などが有名である。

銀山温泉のガス灯

温泉街にガス灯が並ぶ

なお、ガス灯

の開発に熱意を示していた薩摩藩主、島津斉彬《なりあきら》（1809〜58）が蘭学者らに指示し、57年にはガス灯の実験に成功したとの記録も残る。浴室隣にガス室を設置し、石灯籠に配管して点灯させるなど普及に努めたが、間もなくして斉彬が亡くなったために計画は立ち消えになった。歴史に〝たられば〟はないが、急逝がなければ、鹿児島県がガス事業発祥の地となっていたかもしれない。

東京でも74年、ガスの製造工場が稼働を始め、銀座通りにガス灯がともった。76年に東京府瓦斯局が設置された。その後払い下げにより85年に東京ガスの前身となる東京瓦斯会社が誕生、93年に株式会社となった。創業者は「日本資本主義の父」と呼ばれた渋沢栄一（1840〜1931）である。1938年には顧客数が100万件を超えた。

電力会社と似て、ガス会社も当初は照明用ガスの供給が主な使命だった。用途が広がってきたのは1890年代以降、コンロやアイロン、トースターにストーブと現代の生活家電の原点ともなる品々が輸入され始めてからである。1905年に今で言う都市ガス供給事業が始まった。当初の供給先の顧客数は3000余りに過ぎなかった。23年には瓦斯事業法が制定され、ガス事業は許可制となった。

その後は工業の近代化の流れで、ガスの需要も高まっていった。10年に10社だったガス会社は5年余りで91社を数えるまでになった。この点は5つの大手に集約されていった電力業界と異なっている。ガス業界の組織は電力業界よりも古い。12年に日本ガス協会の源流となる「帝国瓦斯協会」が創立され、27年に社団法人となった。その後、太平洋戦争を受けて何度かの体制変更を経て、戦後の52年に今のガス協会に改組した。

戦争に翻弄される時代

戦時色が強まるにつれ、ガス供給は統制されていった。ガスタンクや配管に使われる鉄鋼は軍事に優先され、事業に支障を来した。当時主な原料だった石炭も不足し、39年にはガスの消費制限がかかった。東京ガスによると、終戦間近の45年にはガス供給は朝、昼、夕の3回のみに限られた。戦後の49年に24時間供給が再開された。

大阪ガスも戦争の煽りを受けた。政府令で軍事用に金属を振り向けるべく、大阪・御堂筋にある本社の屋上ネオン塔、エレベーターから手摺りや窓枠まで、使われていた金属を供出した。また、空襲で標的となりにくいように、白色だったビルの外装をコールタールで真っ黒に塗装して迷彩色にまでした。

45年8月、終戦を迎える。東京ガスは終戦の2日後、「ガス管を掘り起こして修理を開始。がれきの中でみんなが一生懸命、真っ黒になって作業に当たり、ガスを復旧させた」。戦後のガス業界は依然、多くの事業者が混在していた。終戦時は75社ほどでその後、人口増と都市の発達に伴い、55年以降に急増して100社を超えた。

ガスを使った製品のヒット作としてはガス自動炊飯器がある。他にも、コンロやガス七輪など利用が広まっていき、65年にバランス型風呂釜、いわゆる「バランス釜」が売り出され、ガス湯沸かし器も登場した。需要は伸び続け、東京ガスでは55年に顧客が100万件を超え、戦前の水準を回復した。

LPガスの歩み

一方、LPガスは主に戦後に整備が進むことになる。規制の観点から51年に高圧ガス取締法が制定され、55年に丸善石油（現コスモ石油）などが生産を始めた。LPガスの普及拡大に伴う消費者事故の増加を踏まえ、67年に保安の確保と取引の適正化を目的として「液化石油ガスの保安の確保および取引の適正化に関する法律」（通称・液石法）が成立した。LPガス販売事業が事業許可制に移行することとなった。

業界団体としては、63年に「LPガス生産輸入懇話会」が発足し、69年に「日本LPガス協会」に名称を変えた。2005年には「ガスのあるあたたかい暮らしの提案」を基本方針とする「日本ガス体エネルギー普及促進協議会」（コラボ）を立ち上げ、高効率のガス機器の普及促進などに取り組んでいる。

Chapter6

石油業界の基礎知識

1 生活に浸透する石油
——ガソリンやプラスチックなど幅広く

広い用途の原油

石油製品の代表格と言えばガソリンで、最も生活に身近な石油業界の商品の1つだろう。他に石油化学製品なら、プラスチックや繊維などが有名である。大まかに見ると、原油は3割が工場や家庭などの熱源、5割近くが自動車や船舶、飛行機などの動力源、残り2割が洗剤やプラスチックなどの化学製品の原料として使われている。用途は多岐にわたる。

生活に欠かせない石油だが、実物を見たことがある人はそう多くないだろう。どろどろの油がどのようにプラスチック製品などの固体になるのかを見ていこう。

なお、一般的な呼称について、本書では原油、石油、そして粗油を次のように定義しておく。

石油の定義

原油	地下から採取されたままの状態のもの
石油製品	原油を精製して製品化したもの
石油	原油とその製品の総称
粗油	未精製の原料油の総称。揮発油や灯油、軽油、重油、潤滑油は除外

石油の用途

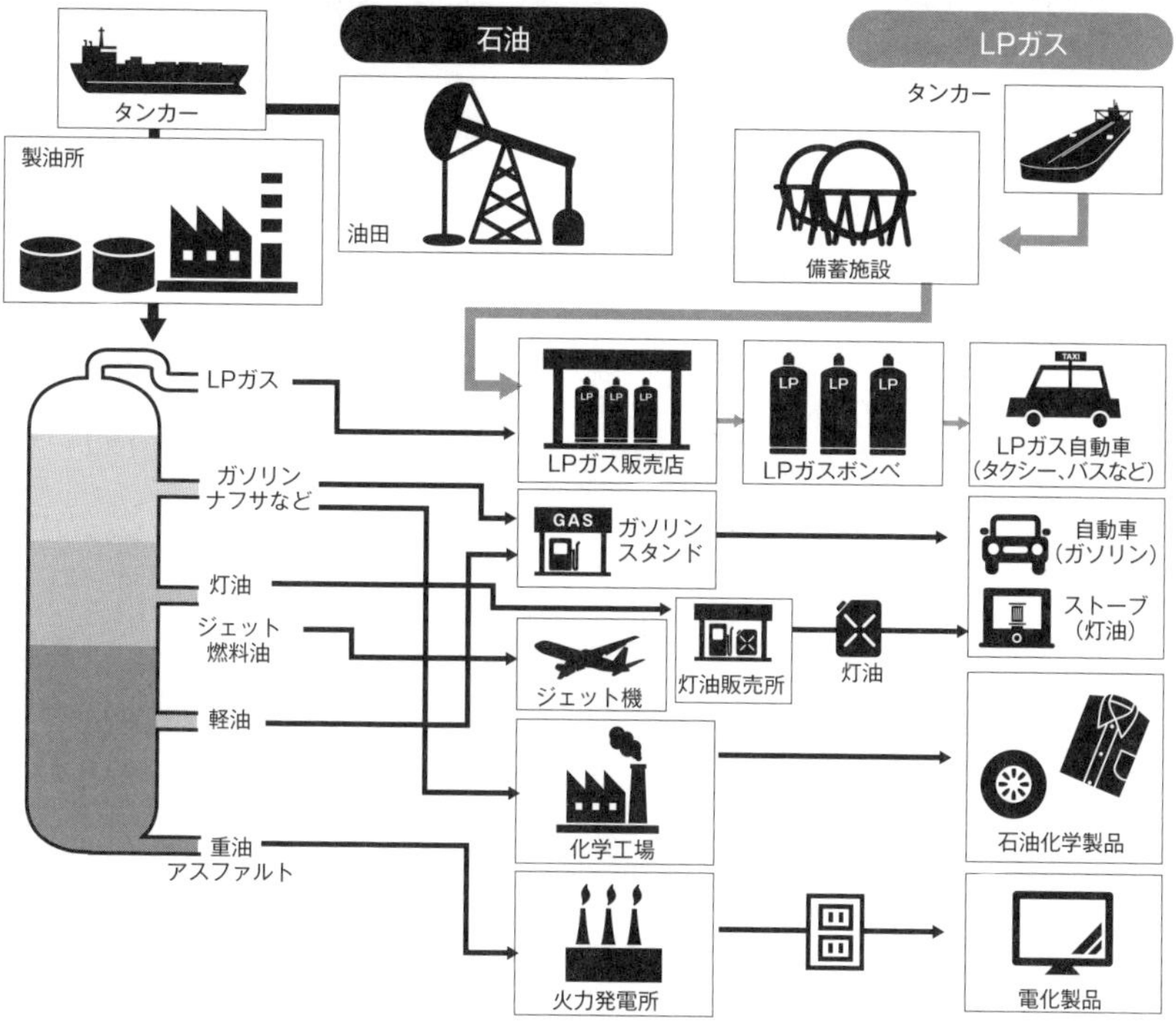

石油連盟の資料をもとに作成

2 地下に眠る重要資源——探鉱、掘削、生産、輸送

原油生産までの流れ

石油も天然ガスと同じように「探す、掘る、生産する、運ぶ」の工程がある。これを川の流れに喩え、上流を「開発・生産」、中流を「輸送」、下流を「精製・販売」となぞらえる慣行がある。上流、下流はそれぞれ川上、川下とも呼ばれる。「上流権益」と言えばすなわち、鉱区で探鉱や生産を行うための権利であり、「川上から参入する」と言えば全工程の初期段階から事業に参画することを意味するなど、古くから使われてきた業界用語は多い。上流を手掛ける日本企業は国際石油開発帝石や石油資源開発で、下流を担う企業としては石油元売り大手のＪＸＴＧエネルギーや出光興産などがある。ＪＸＴＧも出光も、上流開発を行うグループ会社がある。

最初に石油・ガス資源を「探す、掘る、生産する」工程を見ていく。

まず、「探す」は探鉱と呼ばれ、地下の石油・天然ガス資源を見つけ出す作業である。そもそもどこに、どのように資源が存在しているのか。第４章（１２１ページ参照）で触れたように、化石資源の形成に関し、現在は有機起源説が主流となっており、中でも「ケロジェン起源説」が有力視されている。数億年前の生物の死骸が海底や湖底に積もり積もって、その大部分が化石となり、「ケロジェン」と呼ばれる物質に変わった、という学説である。長期間にわたって地熱と地圧の影響を受け続け、石油に変質したとされている。

生成された石油は、砂岩や石灰岩などの隙間に貯

石油の探鉱から生産までの流れ

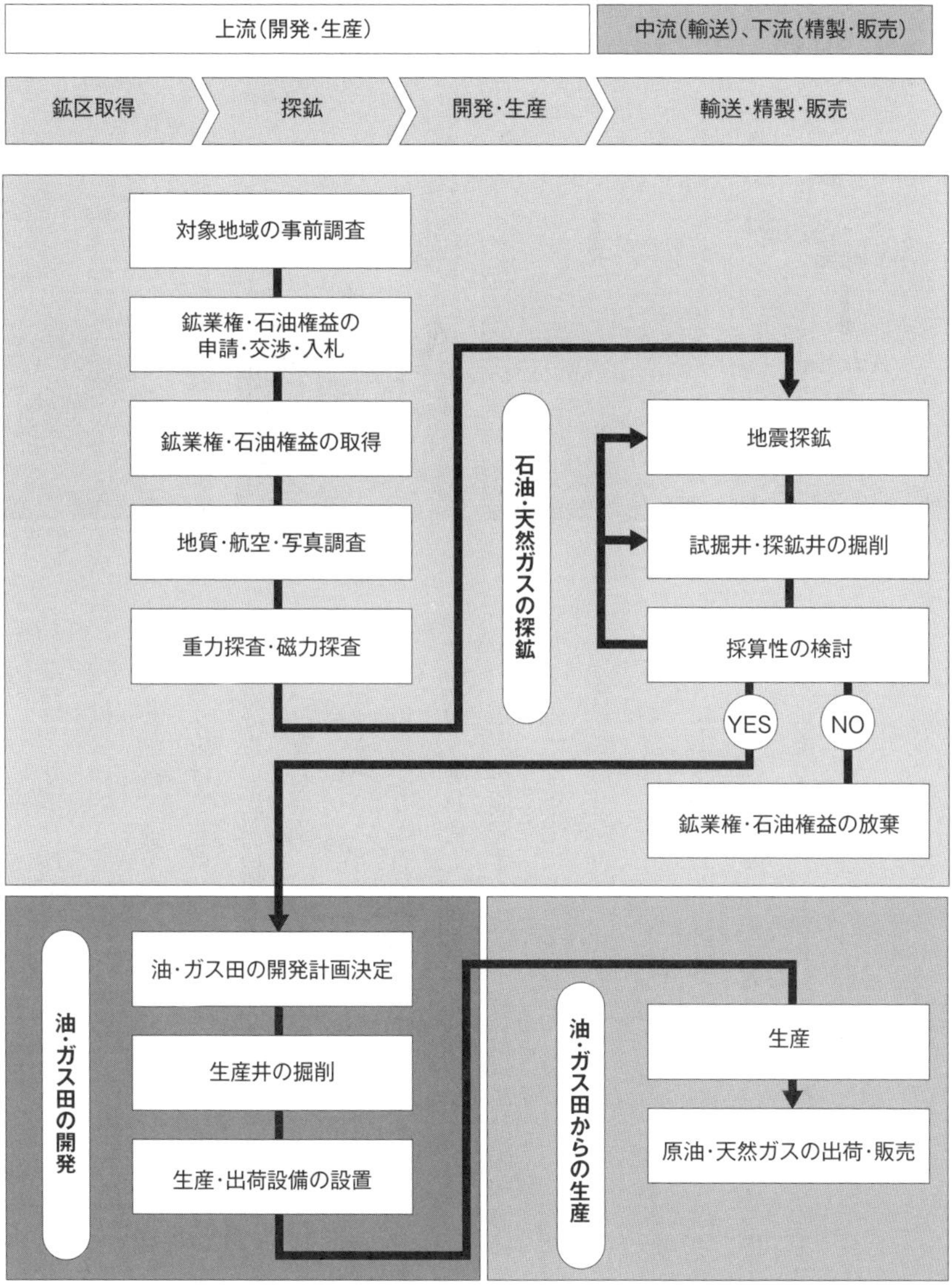

日本貿易会やJX石油開発の資料をもとに作成

石油ができるまで(有機起源説)

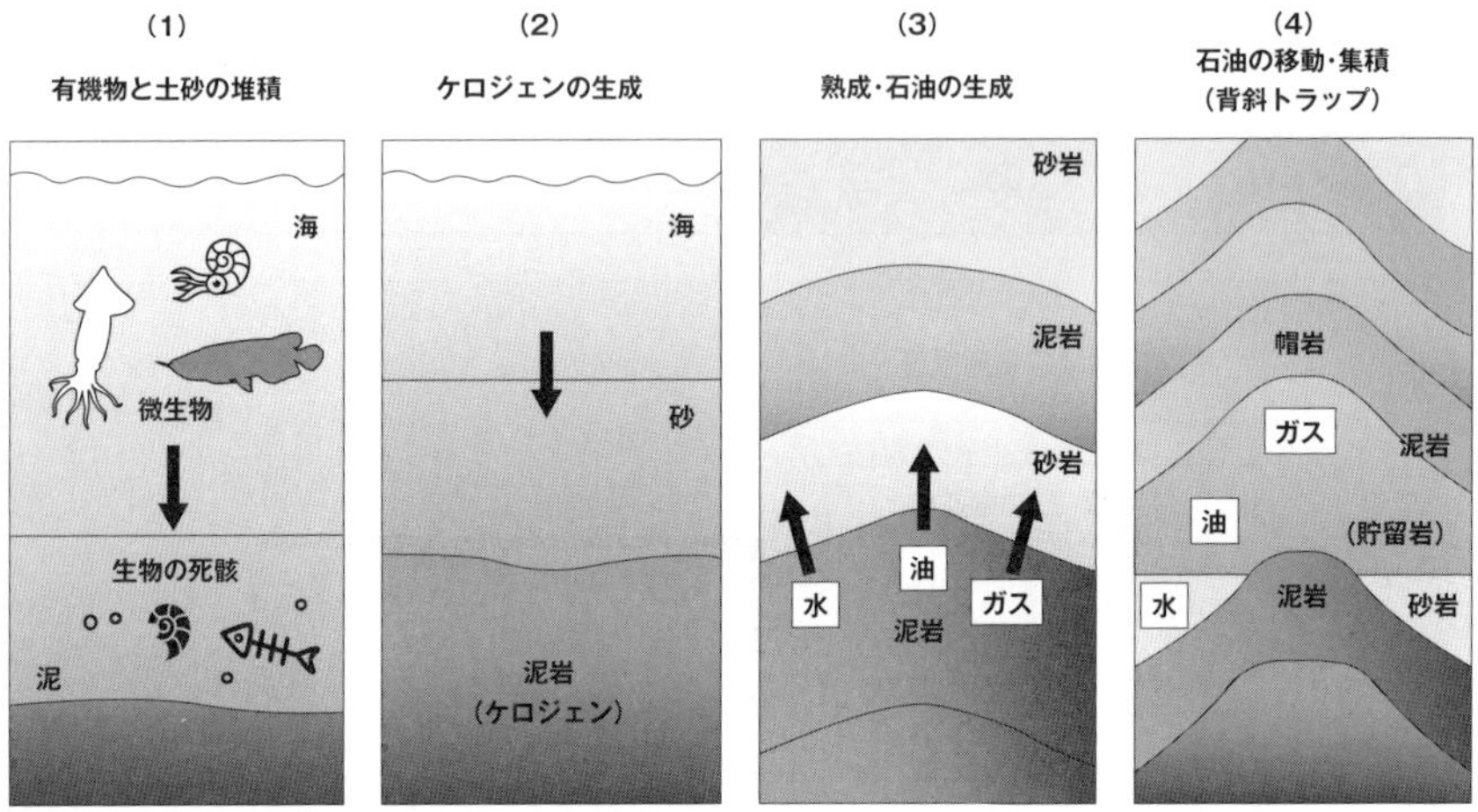

石油情報センターの資料をもとに作成

留して（溜まって）いて、これらの岩石を「貯留岩」と呼ぶ。地下にプール状の液溜まりがあるわけではない。

石油は、地下の圧力で地表に向かって層の間を通り抜けて上昇する。その後、「帽岩《ぼうがん》」という油を通さない岩の層で遮られ、層が盛り上がってできた「背斜構造」の部分に寄り集まって埋まっている。その状態を「背斜トラップに貯留している」と言い、その広がりが石油鉱床となる。産油国側が鉱床を区切り、鉱区として開発を進めていく。

鉱区を開発する権利、権益は産油国政府による入札などを通じて付与される。既に豊富な埋蔵量や生産量が確認されている鉱区もあれば、未知の部分が多い鉱区もあり、千差万別である。既知の部分が十分にあり油量も多ければ、その分人気で競争率が高く、入札額も跳ね上がる。数百億円規模の事業もざらにある。ただ、落札額はその他の入札の参加率にも関わってくるため、非公表であることが少なくない。

他に、交渉を通じた権益取得や、他社が既に保有する権益の取得もある。通常、開発と生産に当たっては権益を保有するＳＰＣ（Special Purpose Company：特別目的会社）を設立し、その法人の株式を売買することで、権益を引き取ったり、譲渡したりする。

権益取得へ入念な調査

権益取得の検討に際してはまず、産油国政府などが提供する基礎データをもとに鉱区を分析する「データレビュー」（事前調査）を行う。レビューの結果、鉱区が石油を含む蓋然性が高いか、事業性があるかの「地質ポテンシャル」に関し、事業者が有望と判断すれば、鉱区取得へと乗り出す。

生産前、開発初期段階の鉱区権益を取得すると通常、地質調査や地震探査、衛星画像の判別、文献調査などに必要な最低限の情報が提供される。それらをもとに開発者が自ら調査や探査を進めていく。その結果得られるデータを総合的に解析し、目ぼしい地点に試験的に井戸を掘る。これを試掘といい、試掘した井戸を試掘井という。試掘で採取される「コア」と呼ばれる岩石サンプルなどから地下に眠る石油の有無を確かめる。石油の存在が確認されたら、その石油の層「油層」（天然ガスなら「ガス層」）がどのように広がっているかを把握すべく、試掘井の周りに評価井を掘る。

試掘の成功確率は、かつては１００本掘って３本と言われるほど低かった。技術が進歩した現代でも、１００本に10本程度とされている。試掘で成功しなかったり、石油の埋蔵量が少なく採算性が見込めなかったりすれば、権益を放棄するといった選択肢を取らざるを得なくなる。

また掘削は、ボーリングで穴を打ち、地下数千メートルにパイプを接ぎ足しつつ打ち下ろしていく作業となる。途中、硬い岩盤もあるため、パイプの

ビット

刃が回りながら掘り進む

先端に付いた硬く巨大な刃「ビット」を回転させながら掘り進める。硬い層では、超硬質で知られる人造のダイヤモンドの粒を埋め込んだビットで砕いて掘る。規模は違うが、原理は温泉を掘るのと似ている。

試掘の結果で、より精緻な埋蔵量を評価し、将来の生産予測などを立てていく。初期投資のコストや数十年にわたる操業費、人件費などプロジェクトの経済性評価を行う。

いざ開発・生産へ

技術的、経済的な総合評価を踏まえ、事業性が見込めれば、開発に移行する。生産に必要な設備の建設や井戸の掘削が主たる作業で、事業主体である「オペレーター」が現場で陣頭指揮を執る。現場作業員らの安全確保はもとより、現地の自然環境や住民らの住環境への配慮が近年ますます求められるようになっている。資源が豊富にあるアラスカでは、先住民らの生活、文化保護の観点から、資源開発に反対する動きもみられる。地球温暖化防止の風潮が強まる昨今は、石油など化石資源の開発には特に風当たりが厳しい。

生産井は何十年にもわたり継続的に地下の石油を地表に掘り出してくる作業を担うため、試掘井や評価井と比べて大掛かりな装置となる。こうして人員や環境、設備、経済性とあらゆる面を勘案して、開発計画を練り上げる。この計画をＦＥＥＤ（Front End Engineering Design：基本設計）といい、その前段階の開発コンセプトの策定を「Pre-FEED」と呼ぶ。

その後、生産設備の試運転を経て、生産に移行する。掘り出された石油は不純物を取り除いた後タンクに貯蔵し、パイプラインや鉄道で内陸に、タンカーで海外に出荷されていく。

生産が始まると、油田の価値を最大限引き出すため、生産井から得られるデータをもとに、貯留層構造の再評価や将来の生産予測を行い、追加生産井の要否やＥＯＲ（Enhanced Oil Recovery）と呼ばれる増進回収法の実施時期を検討する。こうしてＦＥ

EDを見直し、最適化していく。

この探鉱から生産開始までは早くて数年、時には十年以上の時間と人員、巨費を要する。

なお、日本国内でも北海道や新潟県では、石油が産出される。全体需要から見れば少量ながら、地域の発展に貢献してきた歴史がある。新潟県民にとって石油は身近な存在であった。新潟市には「石油の世界館」という石油の歴史をPRする施設もあり、昔の石油開発がいかなるものだったかを理解できる。

石油の世界館

石油開発の様子が学べる「石油の世界館」（新潟市提供）

3

増加が続く埋蔵量と生産量
——中南米が寄与

世界では今

石油の確認埋蔵量は増加傾向を辿り、ＢＰの統計によると、１９８０年代から約２・５倍となった。特にブラジルやベネズエラなど中南米の寄与度が大きい。

生産量はオイルショック後に一時減退したが、その後アジアの旺盛な需要を背景に右肩上がりで増えている。特にアメリカ、サウジアラビア、ロシアの上位３国の生産量は過去10年、抜きつ抜かれつの状態となっている。

石油確認埋蔵量の推移

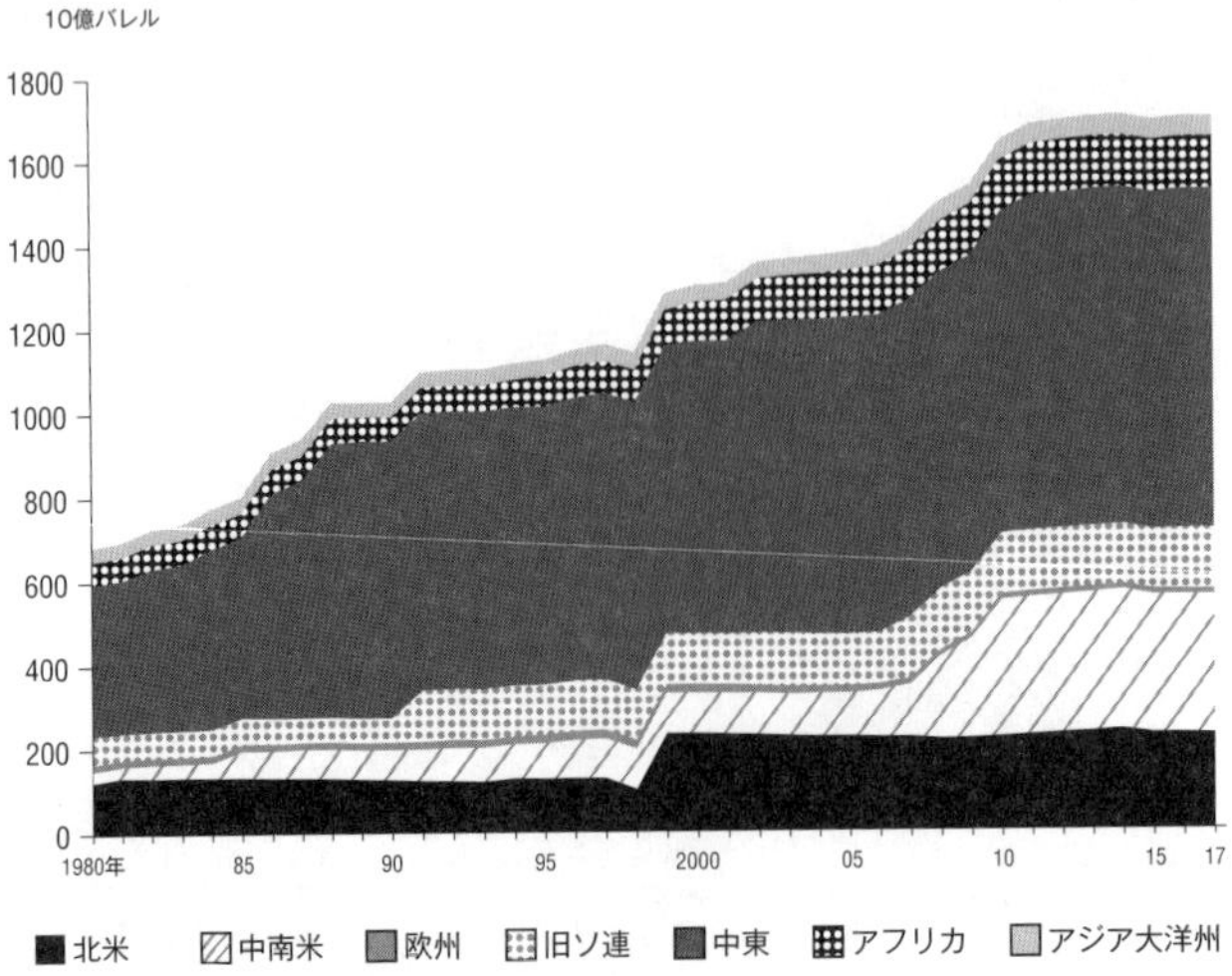

「bp-stats-review-2018-all-data」をもとに作成

石油生産量の推移

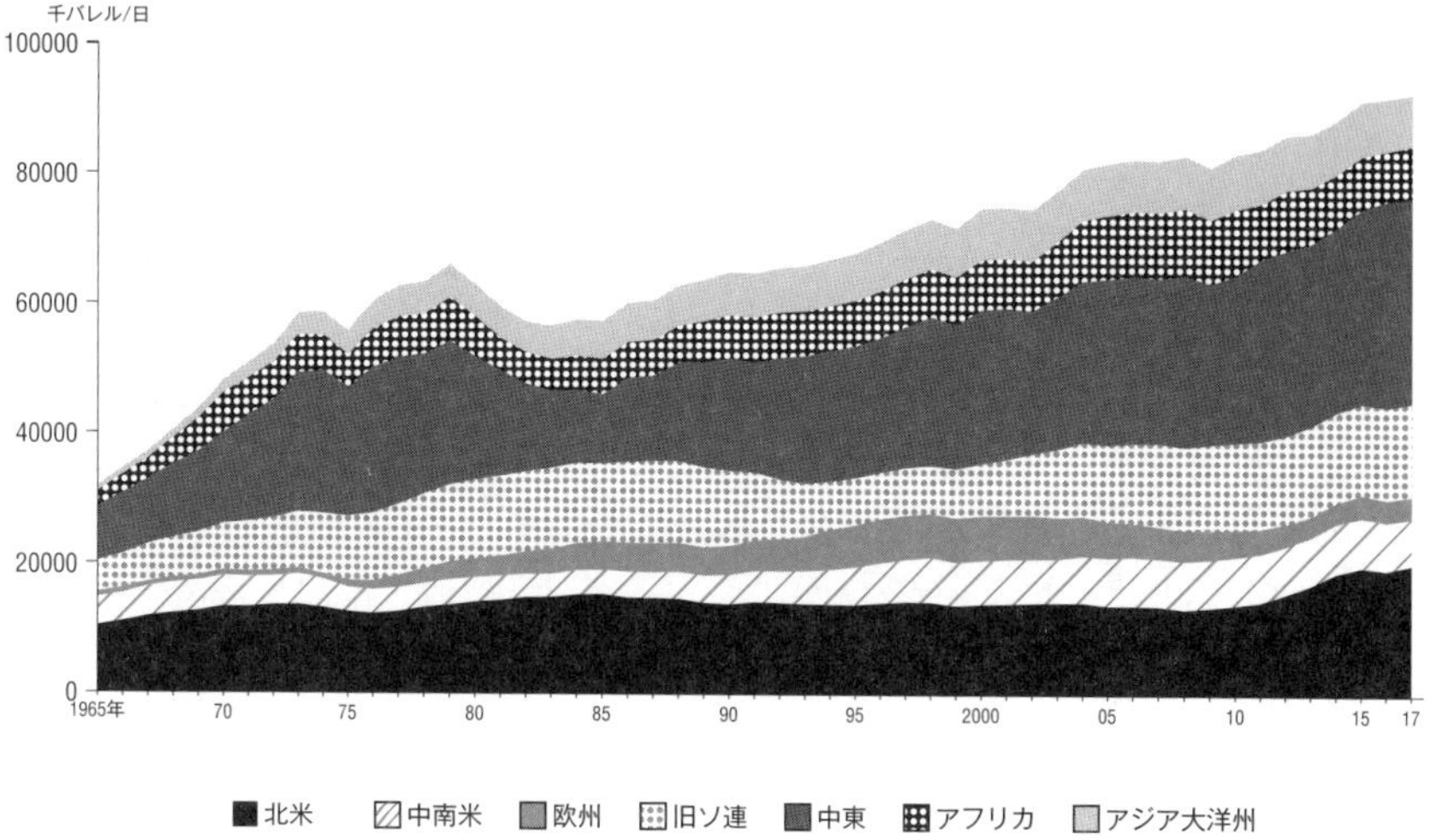

「bp-stats-review-2018-all-data」をもとに作成

石油生産量上位国の推移

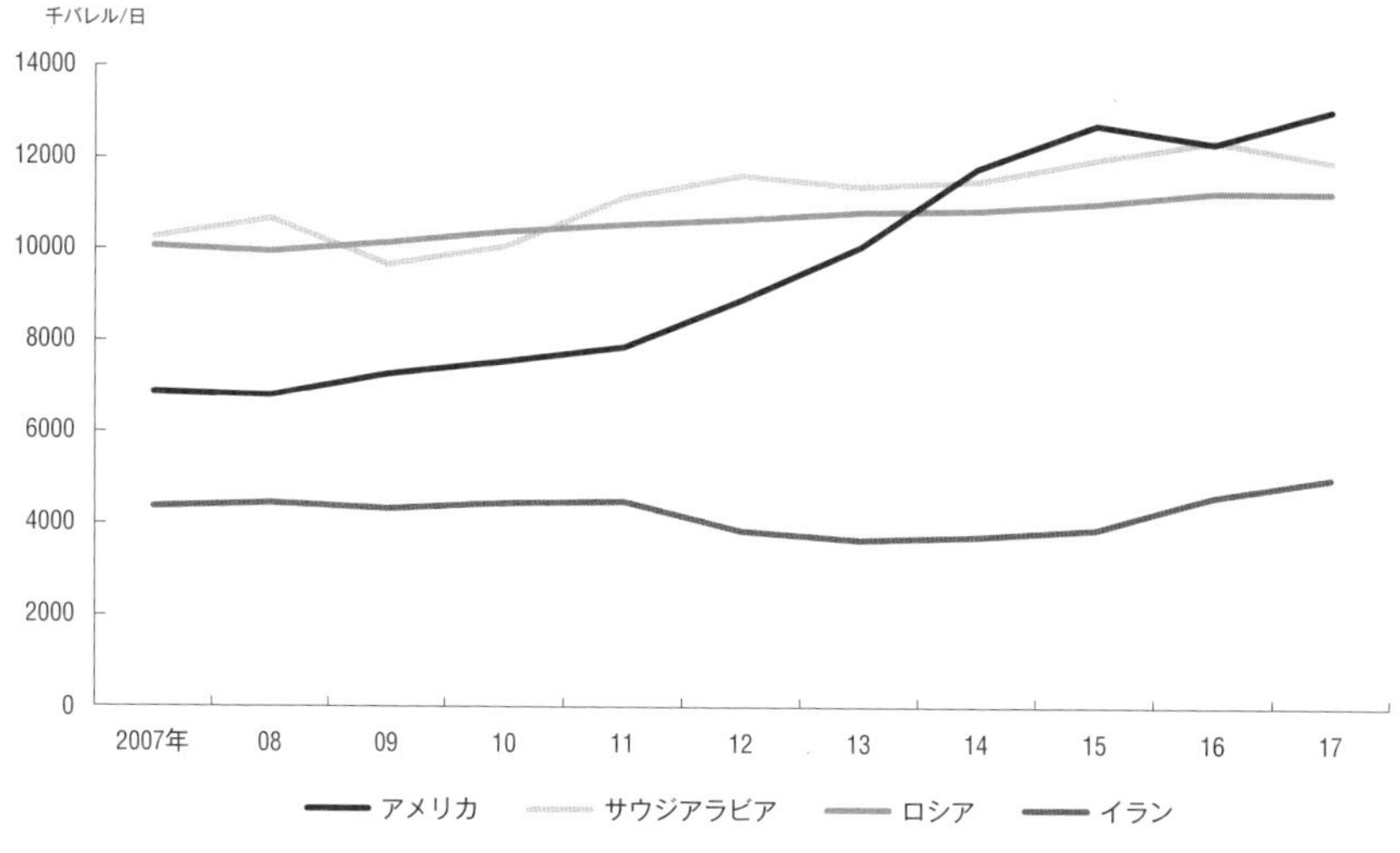

「bp-stats-review-2018-all-data」をもとに作成

4 日本の高度経済成長を支えた設備
――装置産業の光と影

原油を分離する

生産された石油、原油は日本にタンカーで輸送される。上流の開発・生産に対して、輸送は中流の工程である。全長が３３０メートルのタンカーがいかに巨大かをイメージするのに、新幹線車両12両分とか東京タワーの高さと同じぐらいと喩えられる。

その後の精製・流通が下流、川下の工程となる。製油所に運ばれてきた原油は、蒸留装置や分解装置を通じてガソリンや灯油、軽油、重油などの多様な石油製品へとつくり替えられる。「トッパー」と呼ばれる常圧蒸留装置、その核となる高さ50メートルほどの塔の中で、各種石油製品の元となる半製品をつくり分けていく。

原油を３５０度に熱し、沸点の差異によって分離させる作業工程である。ガソリンをはじめ、プロパンガスや灯油、軽油、重油も全て石油から製造される。比重が軽いものは軽油、重いものは重油といった具合である。軽くて、粗製ガソリンとも呼ばれるナフサは、プラスチックの材料となる。これらの総称が石油製品である。ちなみにナフサ（naphtha）はペルシア語で石油を意味するnaftと共通の語源とされる。

なお、石油は英語でoilともpetroleumとも言う。petroleumは原油の意味に近く、ラテン語で岩、石を意味するpetroと、oilと同じ語源で油を意味するoleumが組み合わさっている。余談だが、中東のヨルダンにある砂漠、岩礁地帯にある世界遺産、ペトラ遺跡の「Petra」も起源は一緒である。

日本の製油所はピーク時の半分以下

これら石油製品をつくる製油所は、日本国内に現在22カ所ある。ガソリンの需要減や石油火力の新設禁止を受け、ピークだった１９８３年の49カ所から半分以下まで減っている。この数は更なる減少が見込まれている。巨額投資を要する装置産業の石油業界は、段階的に設備の取捨選択を迫られてきた。

製油所の原油処理能力も83年がピークで１日当たり５９４万バレルだったのに対し、２０１８年８月時点で約３５１万８８００バレルまで下がった。製油所数は半減したものの、処理能力は３～４割の低下にとどまっているのは、精製技術の度重なる向上があったためである。現在も設備の最新化を奨励するエネルギー供給構造高度化法が累次告示され、各社が脱硫装置の更新など処理能力の改善に取り組んでいる。

エネルギー高度化法

2009年8月	10年7月	14年7月	17年10月
エネルギー供給構造高度化法（高度化法）施行	高度化法に基づく原油等の有効な利用に関する石油精製業者の判断基準		
	重油分解装置の装備率を13年度までに13%程度まで引き上げ	残油処理装置の装備率を16年度までに50%程度まで引き上げ	減圧蒸留残渣油処理率を21年度に7.5%程度まで引き上げ
	内需減少に伴う供給過剰、内需の白油化シフト化、原油の重軽格差拡大などを踏まえ、国内製油所の重質油分解能力の向上を図る	国内過剰供給構造を回避し、製油所間の連携などによる設備最適化などの事業再編を進める必要性を踏まえ、国内製油所の残油処理能力の向上を図る	「原油の有効利用（安価な重質原油から付加価値の高い白油などをより多く生産）」の推進

経済産業省資源エネルギー庁「エネルギー供給構造高度化法について」、石油連盟「今日の石油産業2018」をもとに作成

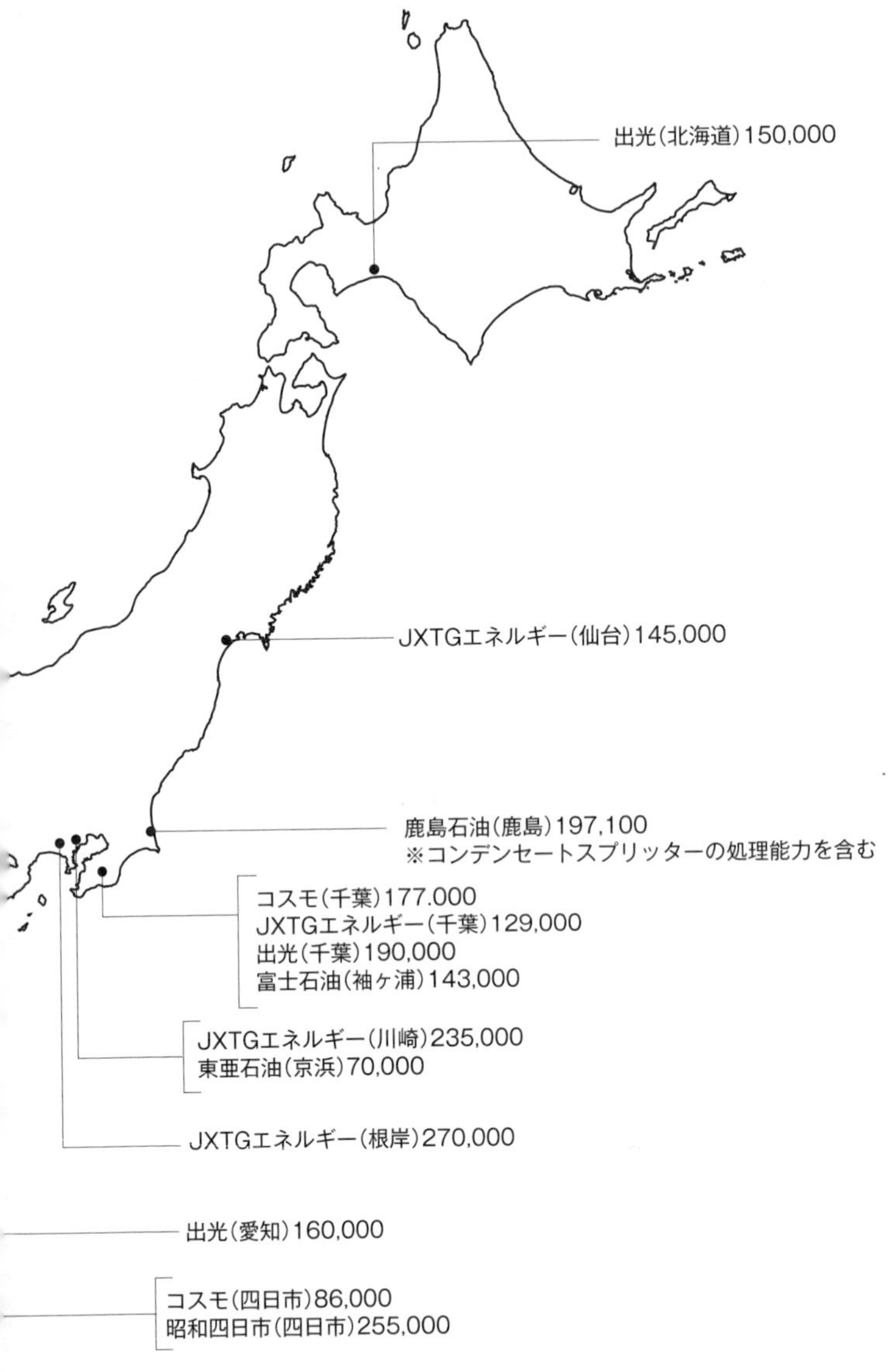
出光(北海道)150,000
JXTGエネルギー(仙台)145,000
鹿島石油(鹿島)197,100
※コンデンセートスプリッターの処理能力を含む
コスモ(千葉)177,000
JXTGエネルギー(千葉)129,000
出光(千葉)190,000
富士石油(袖ケ浦)143,000
JXTGエネルギー(川崎)235,000
東亜石油(京浜)70,000
JXTGエネルギー(根岸)270,000
出光(愛知)160,000
コスモ(四日市)86,000
昭和四日市(四日市)255,000

製油所の所在地と原油処理能力（2018年8月末現在）

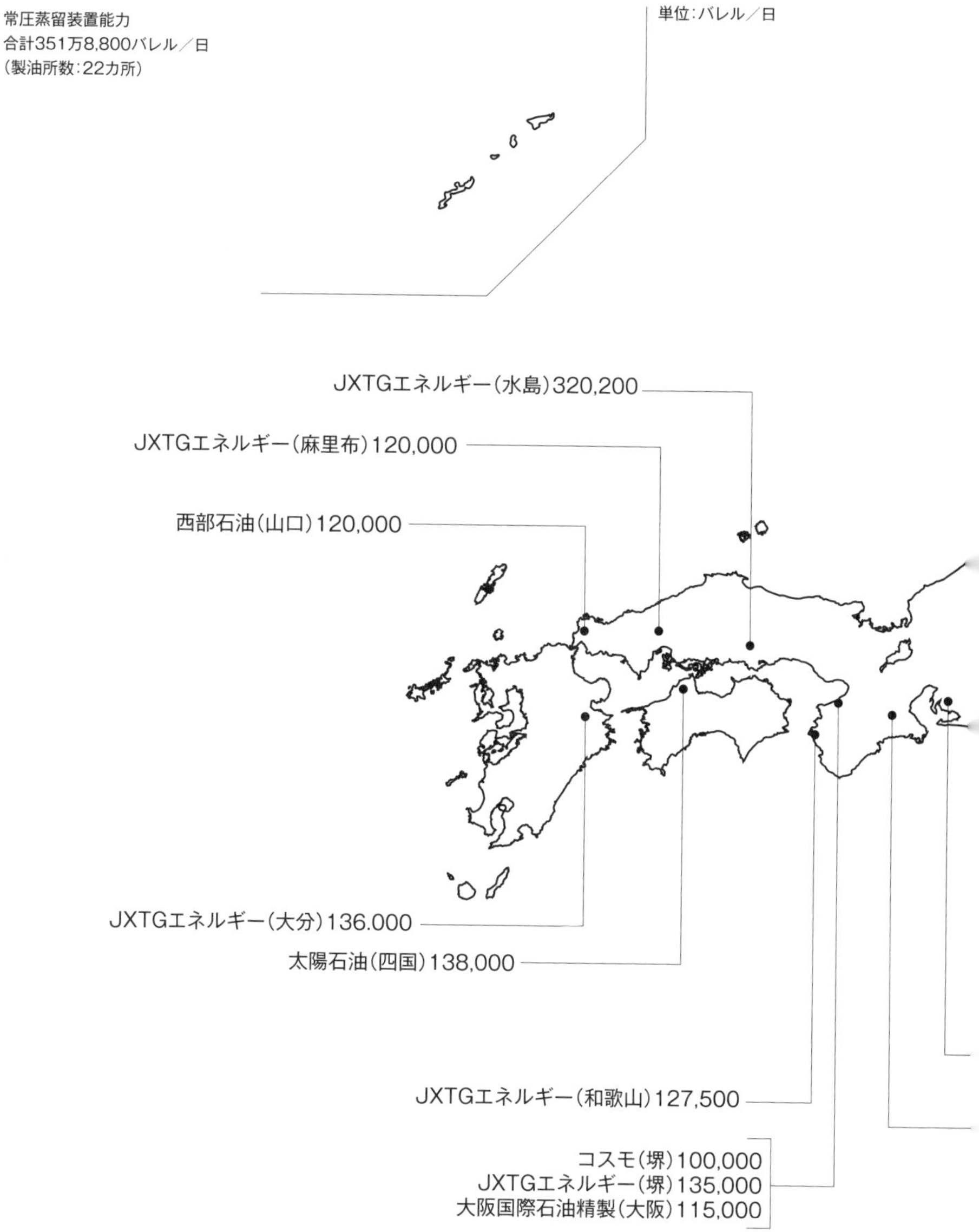

石油連盟の資料をもとに作成

5

石油価格を決めるもの
——複層的な需給バランス

ガソリンと石油、市場価格の関係

ガソリンスタンド（給油所）ごとに価格が違うため、高騰時により安いところに長蛇の車列ができる光景を見たことはないだろうか。

電力や都市ガスと比べて早くから自由化されてきたガソリンなどの石油製品は、その運びやすさもあり、より柔軟かつ容易に価格変更ができる。そのため価格競争は熾烈《しれつ》で、交通量の多い国道沿いなどは大手元売り系列の給油所がひしめく激戦区となっている。

また、季節や地域によっても、石油製品価格に違いが顕著に表れ、特にガソリン需要が高まる夏場の行楽シーズンや、寒い地域では灯油が欠かせない冬などに、製品価格は上昇する傾向にある。こうした情報は原則毎週水曜に経産省所管の日本エネルギー経済研究所の石油情報センターが商品別、地域別の調査結果を公表している。

当然のように聞こえるかもしれないが、原油価格が上昇すると、ガソリン価格も上がる。逆に、原油安の時はガソリンも安くなり、2つの価格は連動している。原油価格がガソリン価格に影響するには、原油の輸送や精製に要する日数の関係上、1カ月程度タイムラグがある。

世界の石油市場は、各地域内の消費事情を踏まえ、北米、欧州、そしてアジアの3大市場がある。それぞれ現物市場や先物市場から構成されている。各地域の取引の中心は先物市場で、北米は「ニューヨークマーカンタイル取引所」（ＮＹＭＥＸ：

New York Mercantile Exchange）、欧州は「ICE Futures Europe」、アジアは東京商品取引所が、それぞれ情報発信などの面で主導的な役割を担っている。3市場は相互に影響し合う。特に、北米産原油を取引するNYMEXが最も活発な市場で、ここで決まった価格が他の2市場にも大きな影響を与える。

各市場で扱う商品とその品質も違い、指標となる石油商品も別個にある。世界最大の出来高となるNYMEXのWTI（West Texas Intermediate）原油が最も有名で、北米市場に限らず、世界の指標的な油種（原油の種類）とされている。世界全体の生産量に占めるWTIの割合は大きくないが、市場での取引量は世界の生産量の2倍以上と多いため、世界規模で価格形成に密接に関わっている。

WTI以外にも原油は採れる国や産地によって異なる。物理的、化学的性状の違いを踏まえ、産出国や油田の名称によって油種を区別している。例えば、ICEの油種なら英国・北海のブレント原油が有名である。アジア向け油種は、アラビアン・ライト、アラビアン・ヘビー、ドバイ、アッパー・ザク

原油価格の推移（月平均）

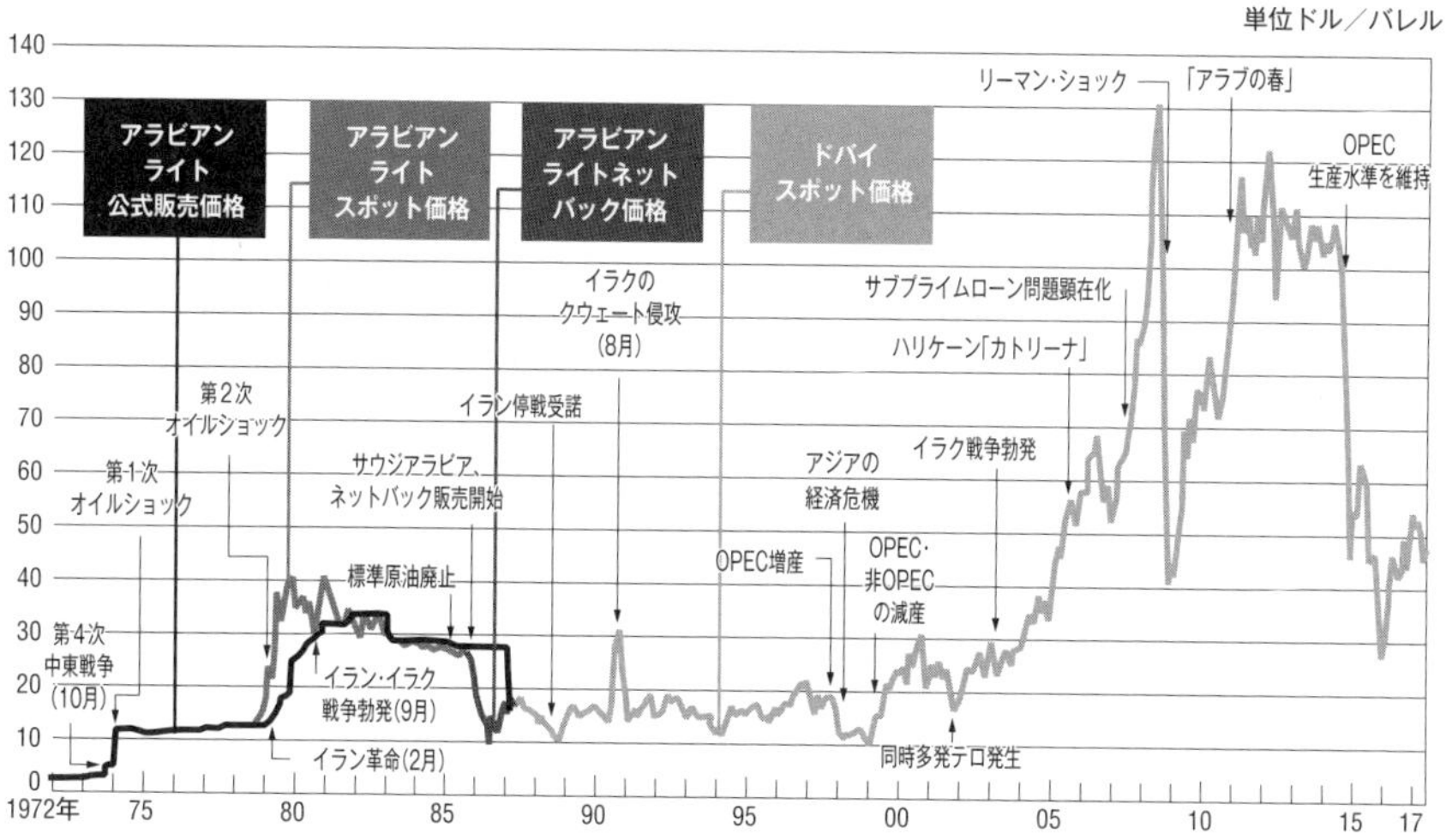

石油連盟「今日の石油産業2018」をもとに作成

ム、イラニアン・ライト、オマーン、カタール・マリーン、ソコールなどが代表的である。

レギュラーガソリン全国平均価格の推移

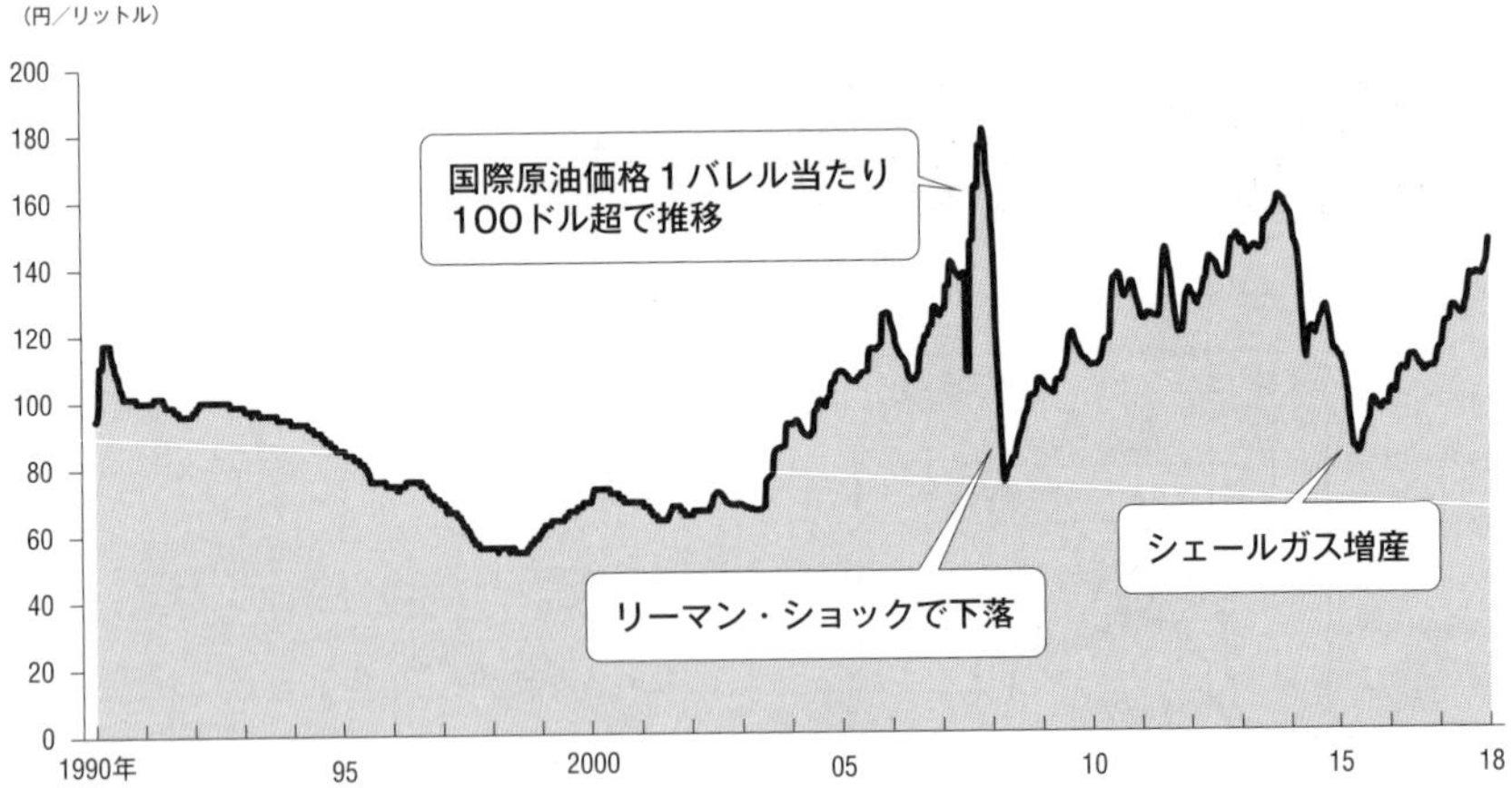

石油情報センター資料をもとに作成

6 OPECの台頭 ——移ろう価格決定権

実需給と価格

今でこそ市場が確立しているが、次項で見るオイルショック（石油危機）のように、価格決定をめぐっては産油国とメジャーなどの消費国側の間で主導権争いが激しかった。オイルショックを契機に、価格決定権はメジャーからＯＰＥＣに移った。その後長らくＯＰＥＣが、加盟国で生産量の増減を協議し、価格の趨勢をある意味で支配してきた。特にサウジアラビアはその調整役「スイングプロデューサー」として主導的立場を果たしてきた。

ただ、サウジの記者殺害事件などをめぐり、盟主としてのサウジの権威は陰りも見られる。２０１８年12月にはカタールがＯＰＥＣ脱退を表明するなど、足並みの乱れが顕在化している。

産油国が結束

日本が終戦を迎えた後も、世界では冷戦、朝鮮戦争と緊迫した情勢が続いた。そして宗教と石油利権が複雑に絡み合う中東では戦火が絶えなかった。１９４７年に国連でパレスチナ分割が決議され、48年にイスラエルが建国を宣言した。反発するアラブ諸国とイスラエルとの間で、第1次中東戦争が始まった。以降、両者間では争いが絶えず、73年まで4度にわたる戦争が起きている。

結束したアラブ諸国が中心となって立ち上げた歴史的な組織として、パレスチナ解放機構（ＰＬＯ）の他に石油輸出国機構（ＯＰＥＣ：Organization of the Petroleum Exporting Countries）があった。

契機となったのは59年にメジャーが産油国の了解なしに発表した原油の**公示価格***引き下げである。この措置に猛反発したアラブ諸国は最初のアラブ石油会議を開き、対応を協議した。会議にはアラブ以外のイランや南米のベネズエラも参加し、産油国同士の連携を深めた。

協調体制が整い、60年にＯＰＥＣができた。原加盟国はサウジアラビア、イラク、クウェート、イラン、ベネズエラの５カ国で、現在13カ国まで加盟国が広がった。ＯＰＥＣの補完組織として、サウジ、クウェート、リビアが68年に発足させたアラブ石油輸出国機構（ＯＡＰＥＣ）もある。世界の石油市場や各国のエネルギー政策に依然、大きな影響を及ぼしている。

＊キーワード解説

公示価格

当初は国際石油資本（メジャー）が決めていたが、1970年代には産油国政府と石油会社が折衝で決めるようになり、第１次オイルショック後は産油国側が一方的に設定するようになった。公示価格は、原油の販売価格であると同時に、課税の基準価格でもあった。

ＯＰＥＣがその存在感を世界に知らしめたのが、73年の第４次中東戦争である。戦争は10月に始まり、イスラエルの優勢で１カ月しないうちに終わったが、ＯＡＰＥＣはイスラエルと友好的な国への供給削減を決定した。ＯＰＥＣも同調したことで、国際石油価格は３カ月ほどで約４倍に跳ね上がった。

日本は12月にＯＡＰＥＣから友好国と認められ、供給削減措置は解除された。ただ、石油を取り巻く劇的な環境の変化による打撃は避けようもなかった。世界はオイルショックに見舞われることになった。

厳然たる存在感

ただ、80年代以降は原油価格の低迷や、ＯＰＥＣ非加盟国のロシアやアジアでの生産拡大、欧州石油市場の創設といった環境変化を受け、ＯＰＥＣの発言力は低下したとの見方もある。

かつて70年代ごろから「石油資源はあと40年で枯渇する」とのピークオイル論が囁《ささや》かれてきた。しかしその後の技術開発や新しい油田の発見により、可

国際石油市場の変化

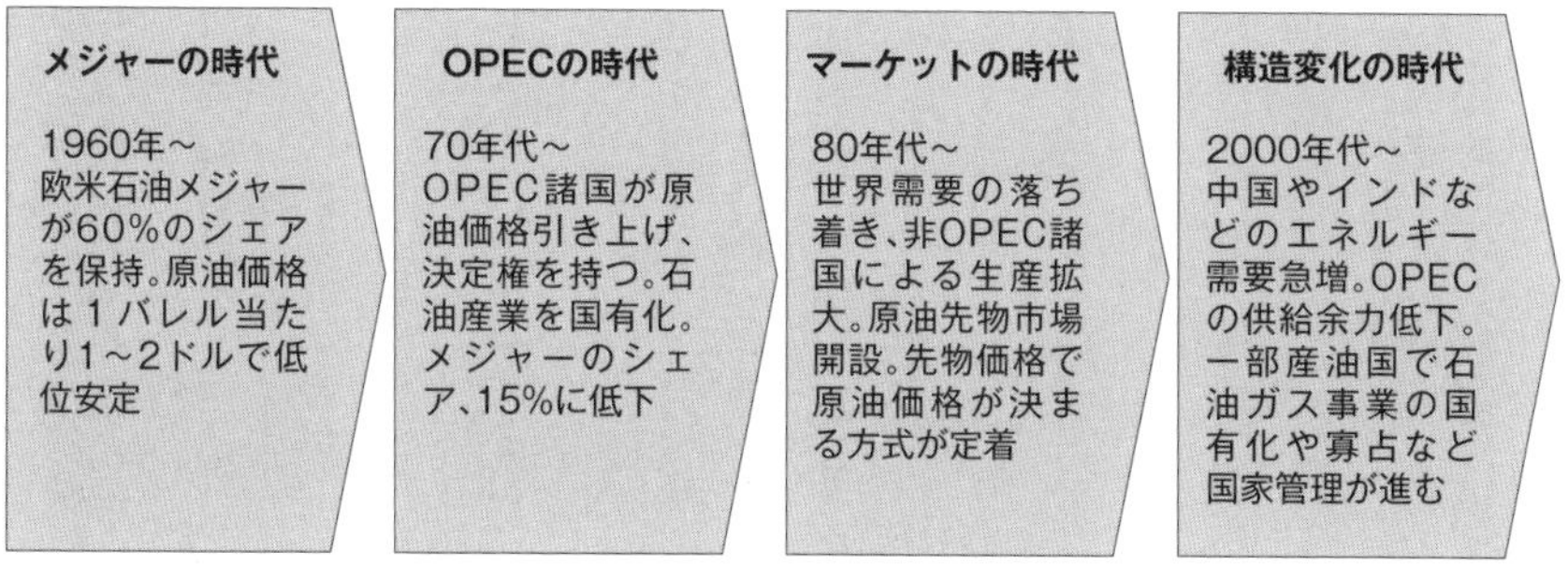
メジャーの時代
1960年～
欧米石油メジャーが60%のシェアを保持。原油価格は１バレル当たり1～2ドルで低位安定
OPECの時代
70年代～
OPEC諸国が原油価格引き上げ、決定権を持つ。石油産業を国有化。メジャーのシェア、15%に低下
マーケットの時代
80年代～
世界需要の落ち着き、非OPEC諸国による生産拡大。原油先物市場開設。先物価格で原油価格が決まる方式が定着
構造変化の時代
2000年代～
中国やインドなどのエネルギー需要急増。OPECの供給余力低下。一部産油国で石油ガス事業の国有化や寡占など国家管理が進む

経済産業省資源エネルギー庁「エネルギー白書2007」をもとに作成

採埋蔵量は増え、その分枯渇するとされる時期は後ろに延びている。「石油資源の枯渇より先に需要のピークを迎える」とのピークデマンド論も出始めているが、石油需要は当面新興国を中心に伸びるとの予測がＩＥＡなどで示されている。

また、世界最大の消費国であり、有数の産油国でもあるアメリカが、ひとたびハリケーンなどの自然災害に見舞われれば、世界の需給環境に多大な影響を与える。２００５年には実際にハリケーン「カトリーナ」に襲われ、製油所が操業停止に追い込まれるなどして、原油高の一因にもなった。アメリカ国内の油田で稼働するリグ（掘削装置）の数が、原油先物市場の投資判断の材料にもなっている。中国の政策や経済成長の展望も、今後の需給を占ううえで欠かせない視点となっている。

そうした市場の変化もあるが、ＯＰＥＣの一挙手一投足が石油の市場価格に与えるインパクトは決して小さくない。特に毎年6月と11月ごろの定時総会での合意内容には注目が集まる。

7 世界を揺るがす油価高騰
――オイルショックと100ドル突破の狂気

トイレットペーパーが消えた

「本日は終了致しました」。トイレットペーパーの品切れを知らせる案内板が各地のスーパーや薬局に掲げられた。１９７３年、第1次オイルショックによる出来事である。買い占めや売り渋りも起き、トイレットペーパーは品薄となり、値上がりした。数量限定で販売する店などには連日買い物客が殺到した。

ＯＰＥＣ加盟6カ国が、産油国に対する開発利権料などをもとに算定される「原油公示価格」を約70%引き上げると急きょ発表した。以降、ＯＰＥＣは減産やさらなる値上げといった措置を強行し、世界が供給の先行き不安に包まれた。石油製品でないトイレットペーパーまでもが急騰する異常事態を呈した日本では、続いてきた高度経済成長に急ブレーキが掛かる形となった。

日本は最初のオイルショックに見舞われた73年当時、エネルギー源の約8割を原油の輸入に依存していた。しかも輸入先の大半を占めたのは中東だった。歴史的な円高や当時の田中角栄首相（１９１８〜93）が掲げていた「日本列島改造論」に伴い、「狂乱物価」と呼ばれるインフレ状態でもあり、生活用品の値上がり、不足に陥っていた。

そこへオイルショックが重なった。当時の通商産業相が、かねて価格上昇が続いていた紙製品に関し「紙節約の呼びかけ」を発表したことも相まって、トイレットペーパーや洗剤の買い占めなどのパニックが全国で連鎖的に起きた。「原油の輸入が途絶え

原油の輸入量と中東依存度の推移

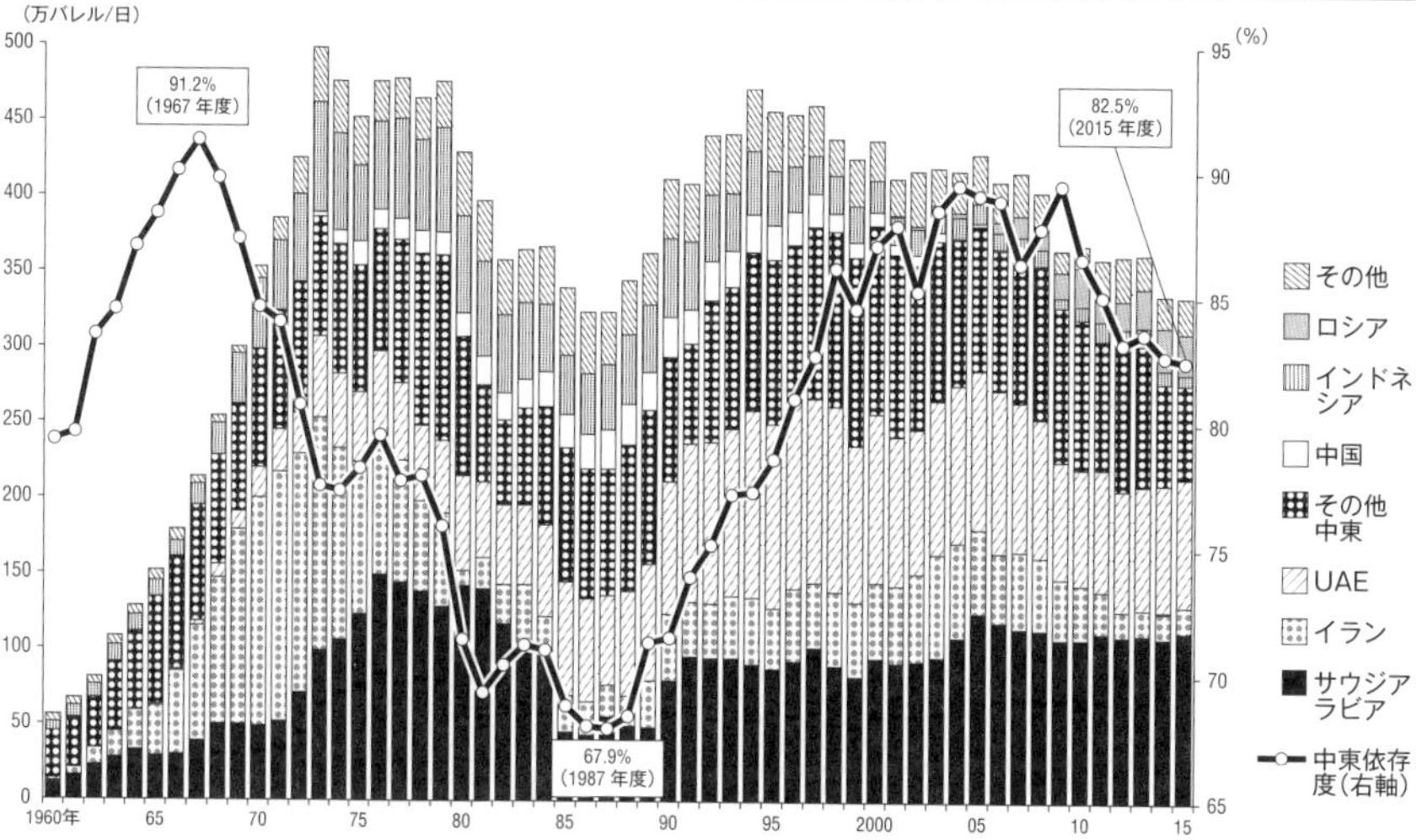

経済産業省資源エネルギー庁「資源・エネルギー統計年報・月報」をもとに作成

る」との恐怖が国民の頭によぎった。「終戦間もない頃の物資不足を彷彿《ほうふつ》とさせた」と振り返る人もいた。

対策と影響

政府は同年11月に「緊急石油対策推進本部」を設置した。そして「石油緊急対策要綱」に基づき、石油の使用制限、石油製品の価格調整など強力な行政指導が行われた。

その後も事態を沈静化させようと、深刻な石油供給不足に陥った場合に、国が元売り各社へ生産計画作成を指示できるといった、石油の供給確保と使用の節減を図る石油需給適正化法と国民生活安定緊急措置法が73年、矢継ぎ早に制定された。

徹底した省エネが促され、マイカー使用や深夜放送の自粛、広告灯の使用禁止などのほか、74年に発動された電力使用制限令で大口需要家の消費削減が求められた。象徴的な出来事として銀座や新宿で街灯やネオンサインが消され、東京タワーも消灯した。

製造業をはじめとする石油の需要家や、一般家庭への打撃は深刻で、経済の停滞は必至だった。実質経済成長率は翌74年度にマイナスに急落し、戦後初めてマイナス成長となった。20年ほど続いた高度経済成長はこの時、終わりを告げた。

石油を燃料としていた電力業界、ガス業界は73年度に赤字決算も相次いだ。そのため、各企業は電気とガス料金の約5割値上げに踏み切るなど異例の緊急措置を取った。

他方、渦中の石油業界は高騰した原油価格を製品の値上げにより転嫁できたことなどから、危機直後の73年度決算への悪影響は限定的だった。むしろ、産業全体の活動停滞などによる需要減に伴い、数年後に時間差で経常赤字を計上するといったケースが見られた。供給維持に不安を抱える石油元売り各社は、調達交渉や販売先との商談で足元を見られ、苦戦したとの話もある。

無論、大規模な制度変更への対応に追われた。特に、石油の供給途絶を回避するため、備蓄の重要性が強く認識されるようにもなり、政府は74年に90日備蓄増強計画を策定した。75年に石油備蓄法が制定され、企業による90日間の備蓄を義務化、78年には国家備蓄も始まった。

また、国内外で調達する石油・天然ガスのうち、日系企業が保有する油ガス田の権益分を示す「**自主開発比率**＊」も、オイルショックをきっかけに統計が取られ始めた。政情不安や自然災害といった緊急時にも、生産した権益分は原則自由に引き取れるため、エネルギーの安全保障上、重要とされる。政府は2030年にこの比率を40％まで高める目標を掲げている。その向上と、中東に偏りがちな調達先の多様化が課題とされている。

その後もＯＰＥＣは原油の価格形成に絶大な影響力を誇った。加えて、中東で戦争や政情不安が絶えなかったことも、原油の供給途絶、生

＊キーワード解説

自主開発比率

石油・天然ガスの輸入量と国内生産量のうち、日本企業の保有権益分の引取量と国内生産量の合計が占める割合。2008年度までは石油のみの割合を算出していた。政府は30年に比率を40％以上に引き上げる目標を掲げる。

自主開発比率の推移

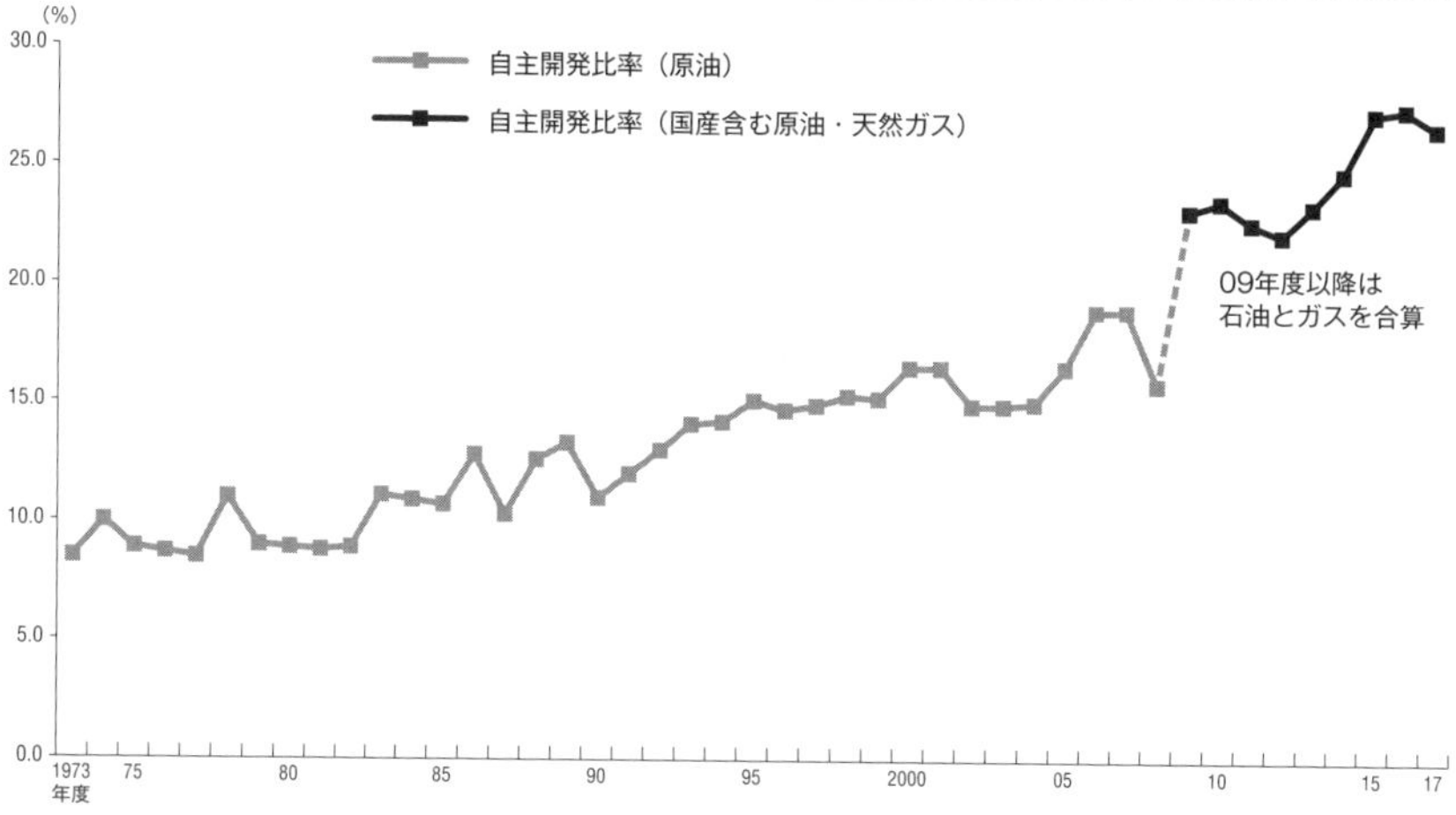

経済産業省資源エネルギー庁の資料をもとに作成

産減少のリスクを意識させ、石油価格を不安定にさせる要因となった。

2度目の危機

78年には2度目のオイルショックが起きた。発信源はイランだった。高まる反政府デモで石油の生産量が激減し、12月に石油輸出が全面停止となった。その後、79年2月のイラン革命、80年に勃発したイラン・イラク戦争と混乱が続く。呼応するように、OPECは78年末以降、段階的に大幅に石油価格を引き上げた。一連の流れを受け、原油の国際価格は79年から3年間で3倍近くに高騰した。日本でも再び物価が上昇し、経済成長にも水を差した。ただ、第1次オイルショックを経験して耐性ができ、国民は冷静で、トイレットペーパーの買い占めといった混乱は起きなかった。

70年代に起きた2度のオイルショックを機に、工場や輸送、建築物や機械などのエネルギーの利用効率を高めるよう求める「エネルギーの使用の合理化に関する法律」（省エネ法）が79年に制定された。翌80年には石油に代わるエネルギーの開発・導入を図る「石油代替エネルギーの開発及び導入の促進に関する法律」（代エネ法）ができた。これらの法律に先駆け、再生可能エネルギーなどに取り組む「サンシャイン計画」と、省エネの技術開発を推し進めるムーンライト計画」も策定された。

こうした政策の推進機関として「新エネルギー総合開発機構」（現ＮＥＤＯ：New Energy and Industrial Technology Development Organization〈新エネルギー・産業技術総合開発機構〉）も80年に設立された。

企業や家庭による節電や効率性向上も進み、日本の省エネ技術があらためて世界に注目されるようにもなった。多くの日本人がオイルショックによって、エネルギーの比率や暮らしとの関係を、より真剣に考えるきっかけになったとも言える。

1バレル10ドル台から140ドルへ

第2次オイルショック後は、１９８６年に原油価格が短期間に60％以上急落する事態となり、「逆オイルショック」という言葉も生み出されるなど、原油価格は低調に推移した。

ＷＴＩ原油先物は、90年代に1バレル当たり20ドル前後で安定的に推移した後、２０００年以降は概ね30ドル前後の水準で推移したが、04年に入ると上昇のピッチを速めた。

日本の原油輸入価格の指標となるドバイ原油もＷＴＩと連動し、１９９０年代は1バレル15ドル前後、２０００年以降03年までは25ドル前後で推移していた。

04年以降騰勢を強めていたＷＴＩ原油は、08年の年明け早々に1バレル１００ドルの大台に乗り、７月には１４７ドルの過去最高値を記録した。ただ、その後はリーマン・ショックによる需要低迷などを背景に、30ドル台まで急落した。

この歴史的高値の原因として、中国やアジアの新興国の旺盛な需要の伸びや、反対に産油国の供給余力の少なさもあった。ただ、その実需給だけでは説明できない部分が大きく、投機的資金が流れ込んだとの見方が大勢となっている。ＮＹＭＥＸでは投機筋の取引が全体に占めるシェアも25％程度まで高まった。また、ＷＴＩの価格変動（ボラティリティー）が大きく、妙味を感じた投資家らが、縮小していたアメリカの株式市場や国債市場から原油先物市場に資金をシフトさせたとみられている。

空前の原油高を受け、日本国内ではガソリンや灯油の価格が高騰し、家計が圧迫されるといった悪影響が及んだ。また、製造業は製品に価格転嫁したくとも、値上げすれば低価格のアジア諸国との競争に劣後するとの懸念から、安易に転嫁ができなかった。その結果、企業収益の悪化を招いた。

国としては、原油価格急騰を受け、オイルショックの時と同様、省エネの追求や、新エネルギーや原子力など石油に代わるエネルギーへの転換を奨励した。また、原油価格が短期間で乱高下したことから、

電力と都市ガスの原燃料のコストをより迅速に、実態に見合った形で料金に反映させるべく、燃料費調整制度と原料費調整制度がそれぞれ見直された（67、142ページ参照）。

2008年の原油高騰に伴う影響

国外

国・地域	影響
EU	08年5月～6月、漁民らのストライキ活発化。7月に20億ユーロの緊急漁業支援決定
アメリカ	5月、中小トラック事業者らが燃料値下げを求めて全国規模の抗議行動
中国	7月の生産者物価指数が前年同月比10%増、12年ぶり高水準
韓国	6月、トラック運転手の労働組合が燃料値下げや運賃値上げを求めて全国でストライキ。物流混乱
ベトナム	6月の消費者物価が前年同月比26%増、物価急上昇
インドネシア	5月、ジャカルタなどで石油燃料価格の値上げに抗議するデモ

国内

分野	影響	対応
石油精製	石油製品の価格高騰が需要減少の一因	輸出能力の強化。需要減に応じた減産
	原油調達コストを製品価格に反映するタイムラグなどに伴う収益悪化	
電力・ガス	原燃料価格を料金に反映するタイムラグに伴う収益悪化	原燃料費調整制度の見直し
自動車	燃料高騰が一因で販売減	低燃費車、次世代型自動車の開発に注力
	低燃費車指向の高まり	
運輸（陸運）	軽油などの値上がりにより収益悪化	荷主に対する運賃値上げ交渉
		サーチャージ制度の導入
化学	価格転嫁進まず収益圧迫（下落後は顧客から値下げ要求）	価格決定方式の変更を検討
製紙	価格転嫁進まず収益圧迫	重油使用量を削減する計画の推進
漁業	燃料高騰による経営難	08年6～7月の一斉休漁
		近距離漁場への変更
		集魚灯の方式変更

経済産業省資源エネルギー庁「エネルギー白書2009」をもとに作成

8 石油メジャーの苦悶と新興勢力
——脱石油の潮流と資源外交

セブンシスターズVS.新セブンシスターズ

アメリカで近代石油産業が興って150年余り、業界の基礎を築き、リードしてきた「セブンシスターズ」は、合併と再編統合を繰り返し、OPECや新興国の国営石油会社などに押されながらも、依然絶大な存在感を示している。社名にもその変遷が如実に表れている。アメリカではエネルギー業界に政治力もあり、一大票田と見なされている。

再編統合を経て現在は7社ではないが、その源流は脈々と引き継がれている。上流から下流までを手掛ける大企業を「国際石油資本（メジャー）」と呼ぶ。中でもトップ級のエクソンモービルやロイヤル・ダッチ・シェルは「スーパーメジャー」と呼ばれる。

一方、欧米メジャーの対抗軸として、産油国側の国営企業などを「新セブンシスターズ」と呼ぶ向きもある。サウジアラムコを筆頭に、マレーシアのペトロナスやブラジルのペトロブラス、ロシアのガスプロム、中国石油天然気集団公司（ペトロチャイナ）、イラン国営石油にベネズエラのPDVSA（ペドベサ）である。

他にもメキシコのPEMEX（ペメックス）や中国石油化工集団公司（シノペック）、イタリアのENI（エニ）などの知名度が高い。

石油会社が脱石油

北欧の石油最大手、ノルウェーのスタトイル

エネルギー業界 最新動向
電力業界 基礎知識
電力業界 主要企業
ガス業界 基礎知識
ガス業界 主要企業
石油業界 基礎知識
石油業界 主要企業
エネルギー業界 世界動向

世界の石油企業の再編統合の流れ

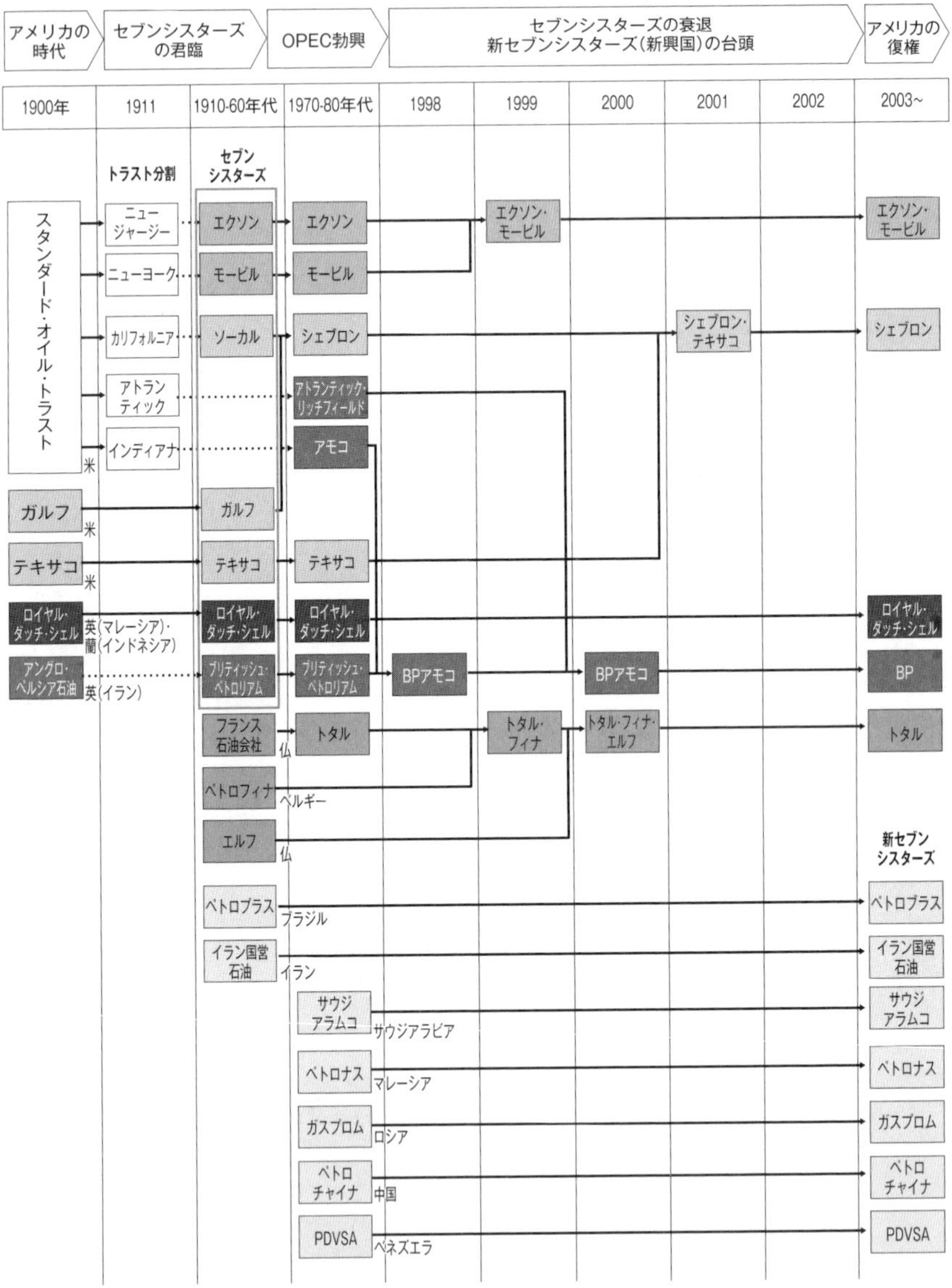

経済産業省資源エネルギー庁「エネルギー白書」や石油連盟の各種資料などをもとに作成

（Statoil）は2018年、「エクイノール」に社名を変更すると発表した。長年社名に使ってきた「oil」を外し、総合エネルギー企業として再生可能エネルギーに注力していく意思を示した。

これほど分かりやすい例ではないが、ロイヤル・ダッチ・シェルやBPもこぞって太陽光や風力など再生可能エネルギーに注力する戦略を強調している。17年、数度にわたる日本のエネルギー基本計画の議論の中でも、欧米石油企業が相次いで再エネへのシフトを急いでいる事例が紹介された。日本のエネルギー企業各社も同様に再エネ強化を打ち出しており、どの石油会社ももはや石油の一本足打法で立ち行くとは考えていない。

再エネを重視する背景には石油の需要減に対する代替策というよりも、地球温暖化対策で二酸化炭素の排出量削減に努める姿勢のPRの意味合いが色濃い。株主からの要請や、ESG投資（29ページ参照）の観点からも、再エネ事業の強化は避けて通れなくなりつつある。

ともあれ、世界の名だたる石油企業が相次いで脱石油を打ち出し、「総合エネルギー企業」を目指している。一方、新セブンシスターズはどうか。国のバックアップ、潤沢な資金を背景に、往々にして政府の資源外交のツール、実働部隊と位置付けられている面は否定できない。特に中国は、セブンシスターズの一角に数えられるペトロチャイナや、シノペックを通じてアフリカ進出を強化してきた。資源を開発する権利を得て、開発に当たる労働力まで提供するという人海戦術を武器に、世界中の資源を狙っている。

日本の資源外交のカードは？

日本は戦後、正攻法で地道に産油国との信頼関係を築いてきた経緯がある。しかし、産油国の政局や地政学的なパワーバランスで、契約が反故《ほご》にされるケースもあった。例えば、イラン最大級のアザデガン油田の権益をめぐっては06年、当時の国際石油開発（INPEX）が75%の権益を握っていたが、イラン政府が突如翻意したため65%をイランの国営石油に譲渡することとなった。残っていた10％も10年に手放し、完全に撤退した。

その後17年になって再びこの鉱区で国際入札を行うとイラン側が発表し、ＩＮＰＥＸも応札に意欲を示していた。しかし18年にトランプ政権がイランへの経済制裁を発動し、緊張関係が高まった。ＩＮＰＥＸ幹部は「応札は難しくなった」と言い、先行きは不透明さを増している。

そうした中、日本の自主開発原油の中でも最大の供給先の1つ、アブダビの下部ザクム油田の権益が3月に40年間更新（再獲得）され、２０５８年まで日本への安定供給に寄与することとなった。契約期限を迎えるに当たって行われた入札には、欧米メジャーやインドや中国の企業も名を連ね、人気の高さを物語っていた。激しい競争の中、ＩＮＰＥＸは権益比率を従来の12％から10％に下げながらも、権益をつなぎ止められたのは成果と見られている。世耕弘成経産相も「今般の海上権益の再獲得は、我が国企業の実績や信用とともに、日本の誠実な協力姿勢、日アブダビ間の様々なレベルでの緊密な関係が高く評価されたものであり、資源外交の大きな成果である」と喜んだ。

エネルギーは外交だと言われる。交渉するにはカードが必要だが、日本の切り札は高い省エネ技術などでそう多くはない。さらに、東日本大震災後は火力発電を焚き増し、ＬＮＧなどの燃料を大量に必要としている国内事情を資源国から見透かされ、「高値を吹っ掛けられる」（大手電力幹部）と言い、交渉の現場は厳しい。

そうしたことから、日本の国内資源を有効活用できないかと見直す機運がこれまで以上に高まっている。排他的経済水域（ＥＥＺ）内に広く分布が見込まれるメタンハイドレート（１３８ページ参照）や、資源量で見ると世界第3位の地熱発電（54ページ参照）などである。いずれも技術や立地などクリアすべき諸条件があり、商業開発にはまだ時間がかかりそうであるものの「いざとなれば使える」という資源が国内にあることの意義は決して小さくないだろう。

9 元売り再編劇――JXTGの誕生、出光・昭和シェルの統合

再編は終わった？

電力、ガスと違い、石油の業界は早くから競争にさらされ、再編が進んできた。特に1970年代に2度のオイルショックで原油価格の大幅上昇、ガソリンなど国内石油製品需要の急減と製品価格の低迷に見舞われ、各社の経営は行き詰まりを見せていた。

余るほど製品をつくれる過剰設備の状態が続き、70年前後に80～90％台だった原油処理装置の稼働率は、81、82両年度に50％台まで落ち込んだ。事業者数も多く過当競争に陥っていた。こうした業界構造を改めようと、80年代には政府の石油関連部会などで、余剰な設備の処分や生産と物流の合理化、業界を背負って立つ「リーディングカンパニー」の形成を通じた元売り企業の再編・集約などの方策が打ち出され、推し進められた。

常圧蒸留設備能力が削ぎ落とされたが、稼働率は思うように上向かなかった。そのため政府の小委員会は、製油所の一部装置を廃棄するだけでなく、製油所単位の閉鎖が効果的で望ましいとの指針を示した。

80年前後に日本全体で1日当たり600万バレル近かった処理設備が急ピッチで廃棄され、90年までに4分の1、150万バレルほど削減され、450万バレルまで効率化が進んだ。この間、政府の方策も踏まえ、業界再編も進んだ。元売り各社の間で業務提携や合併が一斉に始動した。

84年4月の大協石油と丸善石油の各精製部門が分離・合併してコスモ石油が誕生したのを皮切りに、

石油業界再編の流れ

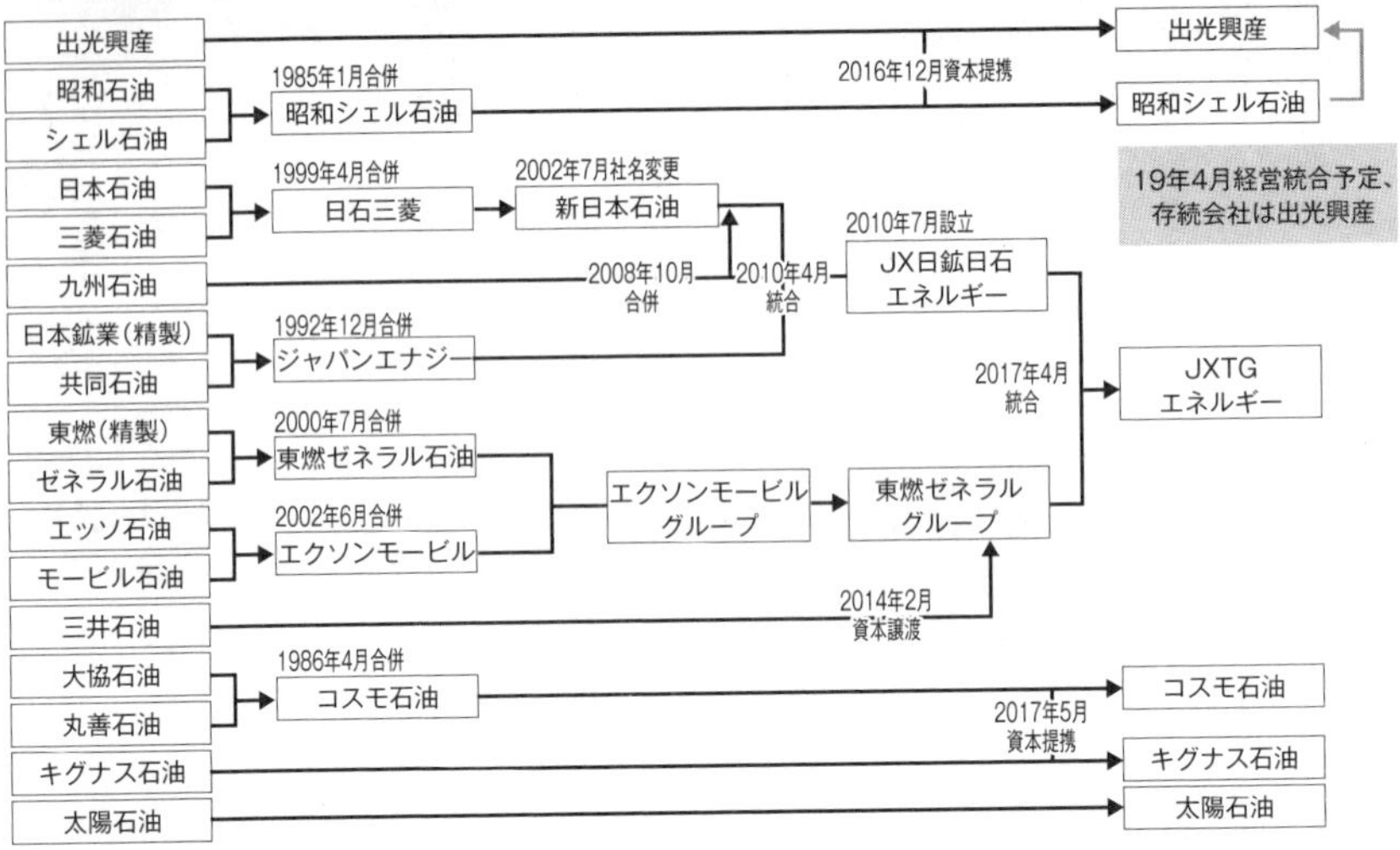

石油連盟「今日の石油産業 2018」をもとに作成

石油関連規制の推移

1962年　7月	石油業法	石油産業の基本法として制定
73年 12月	緊急時石油2法	第1次オイルショックに伴い、国民生活安定緊急措置法と石油需給適正化法制定
75年 12月	石油備蓄法	安定供給に向け制定。96年4月改正
86年　1月	特石法	特定石油製品輸入暫定措置法。ガソリン・灯油・軽油の輸入促進
87年　7月 〜 93年　3月	第1段階の規制改革	二次精製設備許可の運用弾力化（実質弾力化）
		ガソリン生産枠指導の廃止
		灯油在庫指導の廃止
		一次精製設備許可の運用弾力化
		原油処理指導の廃止
		重油関税割り当て制度の廃止
96年　3月	特石法廃止	石油製品輸入自由化、精製会社以外の参入可能に
4月	第2段階の規制改革	揮発油等の品質の確保等に関する法律施行。揮発油販売業法改正。強制規格、SQ（Standard Quality; 標準揮発油）マーク導入
97年　7月		石油製品輸出の自由化
98年　4月		有人給油方式のセルフスタンド解禁
2002年　1月	石油業法廃止 新石油備蓄法	石油産業の需要調整規制を撤廃
09年　8月	高度化法	エネルギー供給構造高度化法制定。17年10月から第3次告示
10年　6月	消防法改正	地下貯蔵タンクの漏洩対策義務付け
18年　4月	非化石エネルギー源利用基準	揮発油に混ぜるバイオエタノールの利用目標量設定（〜22年度）

経済産業省資源エネルギー庁「エネルギー白書」各年をもとに作成

同年11月には日本石油と三菱石油が業務提携を結び、業界再編に拍車をかけた。翌85年1月には昭和石油とシェル石油が合併して昭和シェルが誕生、さらにその翌年の86年には、大協石油と丸善石油とコスモ石油が合併して新生コスモ石油として再出発した。一連の集約で元売りは7グループ、11社に再編された。

その後も99年に合併して日石三菱が誕生し、2000年代以降も九州石油が加わり、ジャパンエナジーと統合してJX日鉱日石エネルギー、そして17年に東燃ゼネラル石油との統合を経てJXTGエネルギーに生まれ変わり、幾度もの統合を繰り返してきた。

一方、業界2位の出光興産は長らく独立独歩の経営を続け、外国資本が入らない「民族系」石油会社としての地位を保ってきた。ただ、長引く業界全体の過当競争、過剰設備による低収益を改善しようとの機運を受け、15年、昭和シェル石油との経営統合、合併に合意した。その後、出光創業家が反対に回り、合併計画は一時暗礁に乗り上げたが、紆余曲折を経て、19年4月の経営統合が決まった。

出光の月岡隆会長は18年に石油連盟会長となり、その記者会見の席で「第1ステージの再編はきちっと終わった」と述べていた。業界はJXTGと出光、そしてコスモ石油などの大手グループに集約され、一区切りを迎えたとの見方がなされている。

消えゆく名前

こうした再編を繰り返す中で、社名に冠していた名門や有名企業の名は薄れ、消えていっている。財閥系の三菱石油は、日本石油との合併を進める過程で、三菱の名前が消えた。三井物産が9割を持っていた三井石油の株式も、13年に旧東燃ゼネラル石油に全て売却している。福田康夫元首相が政界入り前に勤めていた丸善石油も今はコスモ石油に変わっている。

給油所にもそうした再編の影響は及ぶ。JXTGエネルギーの誕生により、JX系のブランド、エネオス（ENEOS）と、旧東燃系のエッソ（E

ＳＳＯ）、モービル（Mobil）、ゼネラルが、全てエネオスに統一されることが決まった。今は各ブランドが併存しているが、ＪＸＴＧの給油所1万3000カ所超のうち、エッソ、モービル、ゼネラルの看板の塗装や工事が18年10月から順次行われ、19年6月末までに完了する見込みという。

一方、上流の石油開発部門では、太平洋戦争終戦前からの系譜が脈々と受け継がれている。２２０ページ以降の歴史のコラムで紹介する通り、現在の日本

日本の石油開発業界の変遷

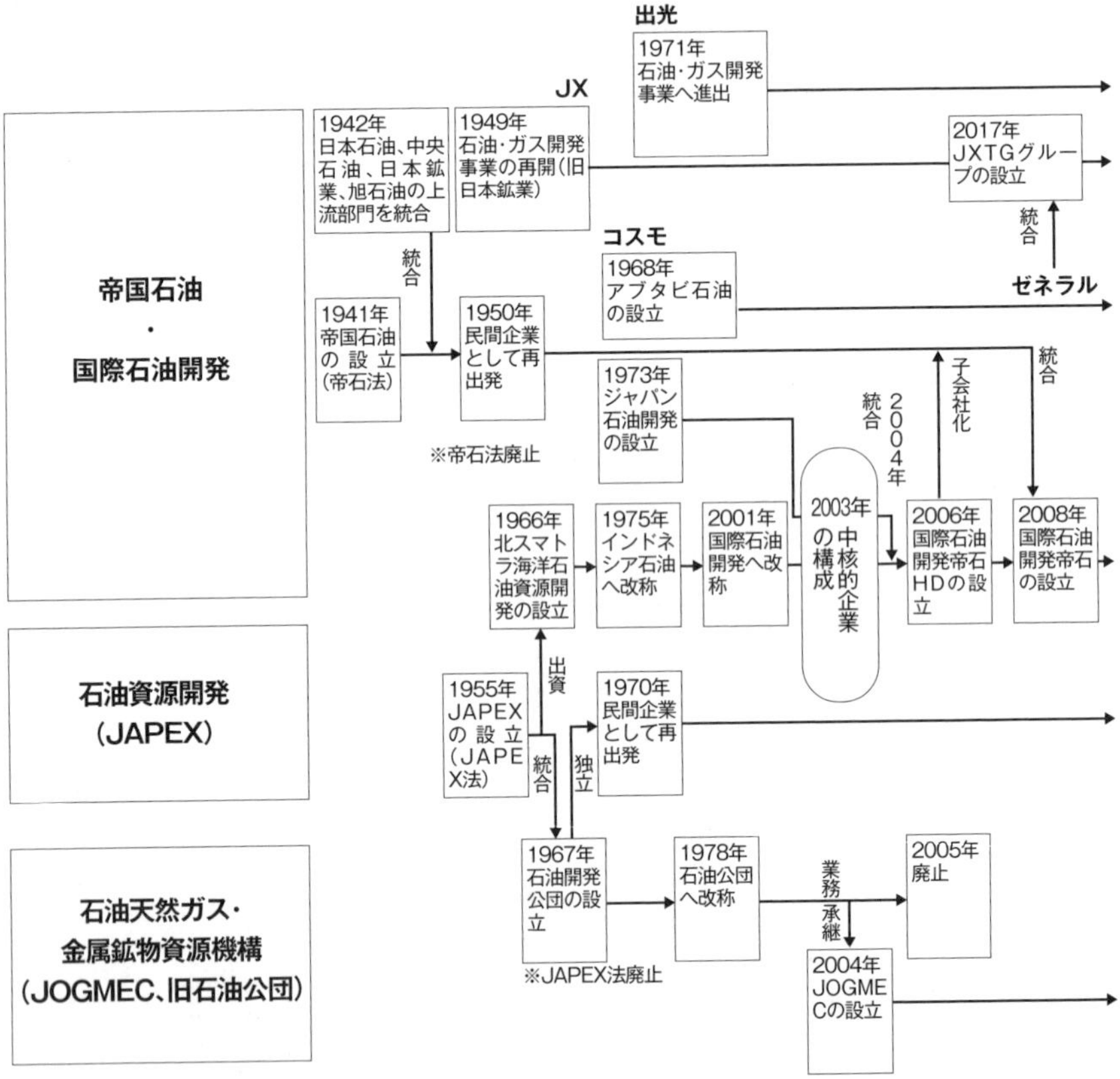

経済産業省資源エネルギー庁「エネルギー白書2018」をもとに作成

の石油業界が、開発と元売りで大きく分かれているのは、戦時下の41年以降、帝国石油法に基づく帝国石油の設立と、同社への日本石油や日本鉱業などの開発部門の切り離しによる譲渡があった。この元売りと開発を別々の会社が手掛けるという業界慣習は戦後も色濃く残り、日本で長くメジャー級の企業が誕生しない遠因とされてきた。06年には国際石油開発と帝国石油が持ち株会社国際石油開発帝石ホールディングスの傘下会社となる再編はあったが、元売りの複雑な変遷に比べると動きが少ない。

少子高齢化と経営効率化

元売りの業界再編が進む背景には、前述の通り過剰設備と言われ、長らく低収益に苦しんできた業界構造がある。時に「官製再編」と言われるほど、経産省をはじめ政府の意向がはたらき、今日の少数陣営まで集約された側面は否めない。

その背景にある大きな潮流、課題として、少子高齢化がある。バブル景気の崩壊前の旺盛な石油化学製品の需要や、昭和の高度経済成長を経て一家に1台まで普及した自動車、その販売が伸びる過程では、製油所も給油所も増えてきた。しかし現代、ただでさえ人口比で少ない若者の自動車離れ、カーシェアリングの普及、地球温暖化対策を背景としたガソリン車への逆風、ＥＶ（電気自動車）の導入拡大など、石油精製、元売り事業を取り巻く環境は厳しさを増す。

給油所は１９９５年３月末の６万４２１カ所をピークに減少を続け、２０１８年３月末は３万７４７カ所とほぼ半減した。最近は毎年１０００カ所前後ずつ減っており、３万カ所を割り込むのも確実視されている。少子高齢化に伴う問題として、給油所を経営する事業主の後継者がいないという現状がある。過疎化が進んで若者が少ないためだが、そうした地域ほど、自動車は生活の足となっており、給油所の閉鎖は住民にとって死活問題でもある。ガソリンに限らず、軽油、そして冬の暖房需要として特に北海道や東北地方では灯油も引き合いがある。事実、北海道などでは給油所の閉鎖に伴い、最寄りの給油所が数十キロ遠くなり、住民が困っている例もある。

行政や企業は手をこまぬいているわけでもない。北海道伊達市では、閉鎖により不便を感じていた住民の声に応え、公営で給油所を再開させた。経産省も、給油所の敷地内にコンビニや物流拠点を設けることができるような活性化策を検討している。出光興産は、給油所を地域振興に資するような設備にすべく、系列販売店が介護サービスを手掛けられるような新事業にも取り組んでいる。

ただ、各社の経営効率化、ひいては業界の利益構造の改善として最も期待される製油所などの統廃合はこれからが本番となる。最大手JXTGは全国に16ある製油所と製造所の統廃合を進めていく。19年3月に室蘭製造所（北海道室蘭市）を閉鎖し、物流拠点に転換する。また、19年4月には川崎市にある製油所と製造所を統合し、川崎製油所にまとめる。経営統合を控えた出光と昭和シェルや、業界3位のコスモ石油の動向も注目される。

全国の給油所数の推移

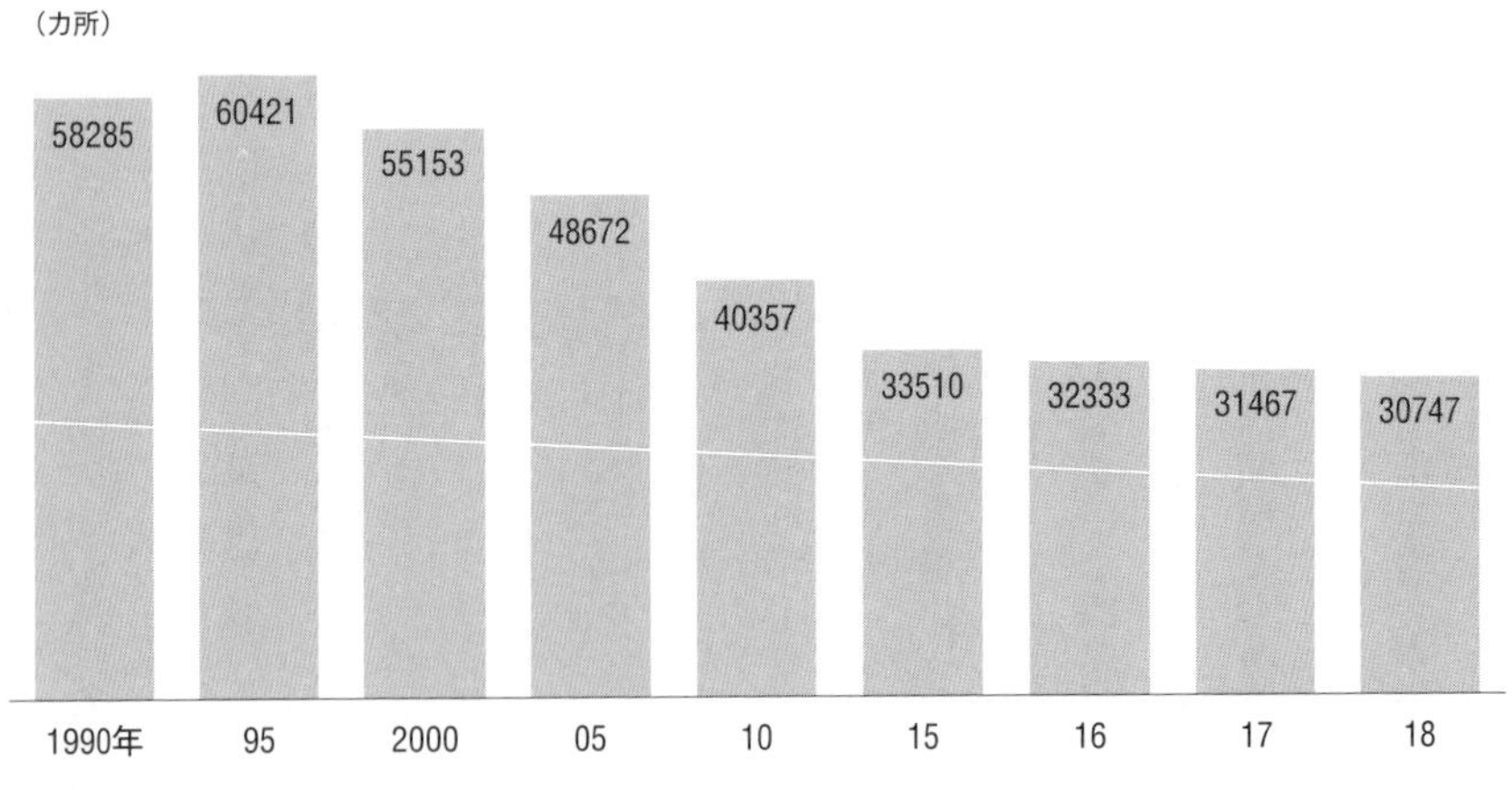

経済産業省資源エネルギー庁「揮発油販売業者数及び給油所数の推移（登録ベース）」をもとに作成。各年3月末時点

10 石油業界の仕事 ——世界を舞台に活躍

上流か、下流か

本章で見てきたように、石油業界は大きく上流と下流に分かれ、元売り各社など輸送～精製～流通を担う業態を下流や川下と呼ぶ。これに対し、海外の産油国などで資源の探鉱～開発～生産を担う企業を上流や川上と呼んでいる。

一般に、石油の精製・流通を生業とする元売り各社は、国内に製油所や製造所を持つ典型的な装置産業である。売上高、純利益上位4社の業績は次ページのグラフの通りである。ただ留意事項として、昭和シェル石油は前期の決算期が12月だったため、他3社と単純比較できない。

一方、上流開発を担う国際石油開発帝石や石油資源開発は、主力事業が資源を掘り起こすという性質上、海外事業の比率が大きい。元売り各社は国内に販売網を持ち、製油所や支店を広く持っているのに対し、資源開発会社は海外に多くの事務所があることが組織図を見れば分かるだろう。ただ、元売り各社はグループに資源開発会社があり、JX石油開発のように別途採用枠を設けている企業もある。一方、コスモ石油はコスモ石油マーケティングも含め、コスモエネルギーホールディングスに採用窓口が一本化されている。

また、探鉱や開発に当たって必要となるリグなど大掛かりな掘削装置の建設工事を手掛けるのがプラントメーカーである。日揮と千代田化工建設、東洋エンジニアリングの大手3社が有名である。プラント各社は通例、プロジェクトごとにチームを立ち上

元売り各社の18年3月期連結決算

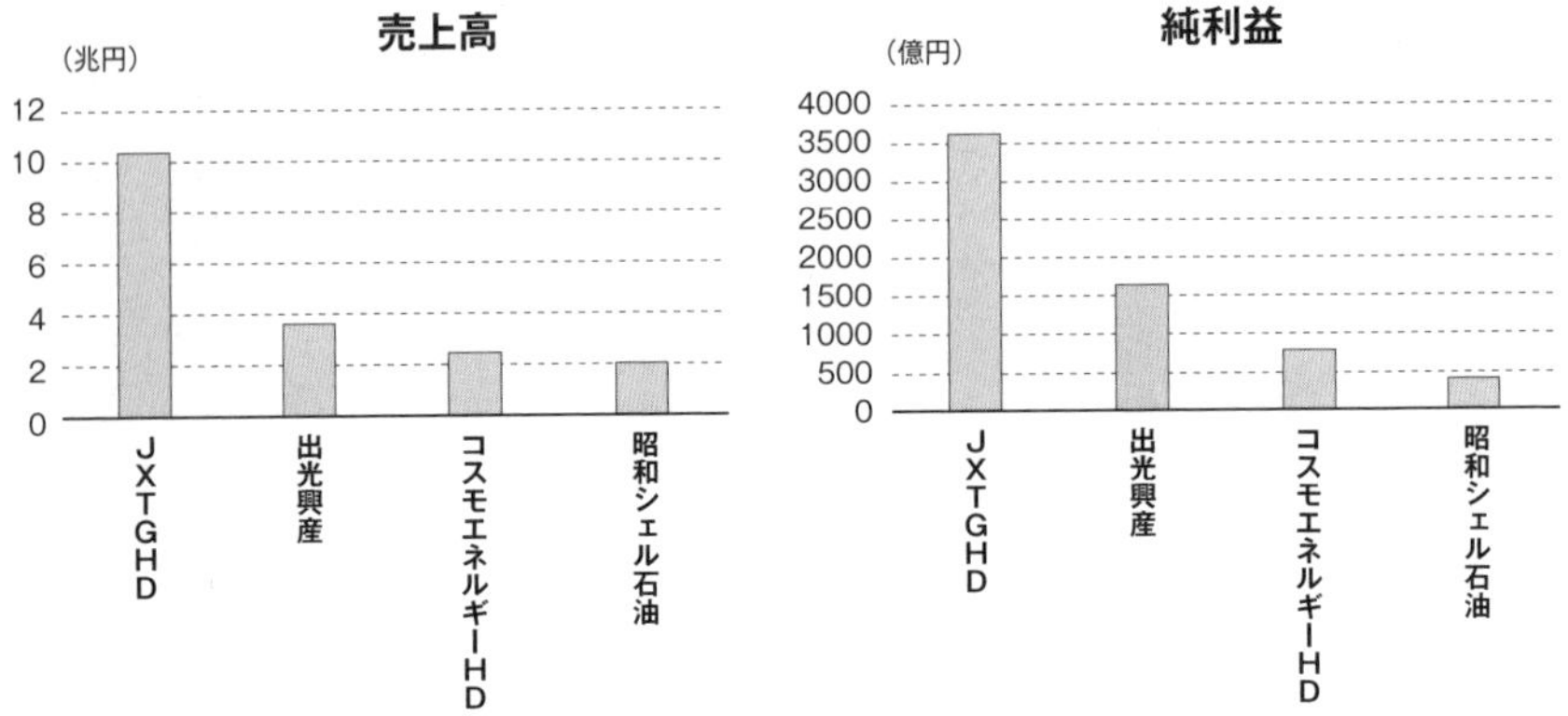

※昭和シェル石油は17年12月期、HDはホールディングス

げて事業を進める。各社とも「資源エネルギー事業本部」などの部門を持ち、特に海外で石油やガスの開発プロジェクトを受注して収益を伸ばしてきた。

元売りの仕事

元売り各社は、石油を「探す、掘る、生産する、運ぶ」という4つの工程のうち、「運ぶ」で日本に石油が「運ばれてきた」後、ガソリンや灯油などに加工した石油製品や石油化学製品を消費者に届ける工程を担っている。

タンカーで日本に輸入された原油などをガソリンなどの燃料や、化学製品へとつくり替えていく工程である。「製造本部」（JXTGエネルギー）や「製造ユニット」（コスモ石油）が担い、この稼働率を適正にしていくことが目下、業界を挙げての課題とされる。各製油所で勤務し、需給に見合った製品の生産を行うのが使命とされる。また、定期検査や、エネルギー高度化法（175ページ参照）に伴う改修なども必要となる。

「適切な稼働率とは何か」をめぐっては、製品を売る地域によって需要量は当然異なる。それに見合った供給量を考えるのが、各社にある供給部門の仕事である。例えば、ＪＸＴＧエネルギーには「供給本部」の中に「供給計画部、需給部」などがあり、出光も同様に需給部などを設けている。そうした需給に見合った資源の調達を「原油外航部」が担い、また適切な国内輸送などを担う物流部もある。輸入原油は貯蔵されるものもあれば、さらにアスファルトなどの製品になるものもある。

その先で消費者に届けるのが販売部門となる。会社によって「リテール（小売り）」という言葉や「ＳＳ（サービスステーション）」という言葉を使っているが、おおよその発想は同じである。系列のガソリンスタンドが全国各地にあるため、販売部門の下に支店があり、毎月の販売実績などを精査し、取りまとめることで、あらためて正確な需給やずれを予測しやすくなる。

以上の「精製、供給、販売」が国内の元売りの主な使命である。ただ、この需要が少子高齢化により伸び悩んでいるのは先に述べた通りである。そこで各社は高機能材や石油以外のエネルギー事業を成長分野と見込み、力を入れている。例えば出光はアメリカ・アップル社のアイフォーンなどにも採用されている次世代型のパネル「有機ＥＬ」の材料開発を強化している。出光との経営統合を控えた昭和シェルは、発電効率の高い太陽光パネルの開発を子会社の「ソーラーフロンティア」（東京）を通じて取り組んでいる。

太陽光発電などの再生可能エネルギーはほぼ全ての会社が強化しており、さらに投資を増やしていくと見て間違いない。それぞれ強みや経験を活かし、コスモエネルギーホールディングスは風力発電を東北地方などで強化しており、出光は地熱発電に九州などで取り組んでいる。

また、ガソリンなどの石油製品需要の先細りが見込まれる国内市場を見据え、人口増と共に販売が伸びている東南アジアや南アジアなど海外の市場を取り込もうとする動きも、各社共通で活発化してきた。

資源開発2社の18年3月期連結決算

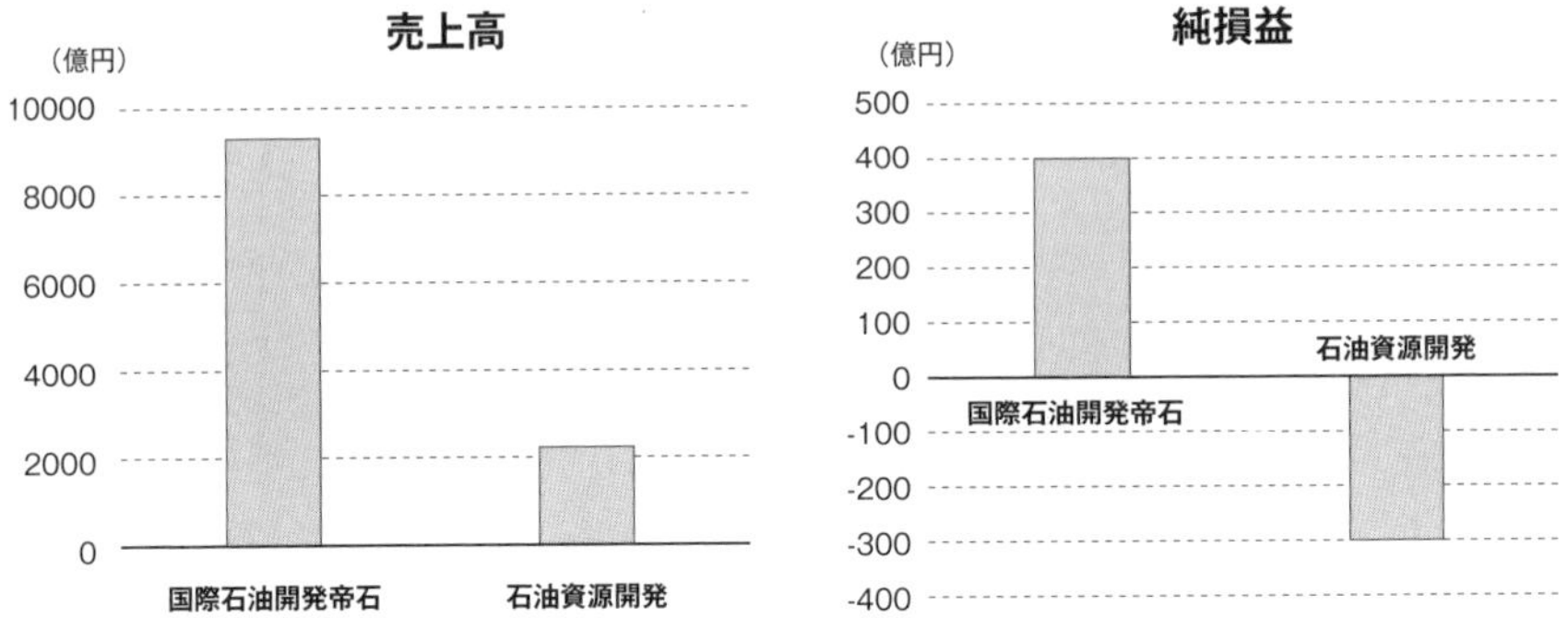

開発の仕事

工程をさかのぼって、次に石油を「探す、掘る、生産する」までを見ると、国際石油開発帝石や石油資源開発の出番である。同じ石油業界でありながら、元売りの組織構造と大きく異なる点は事業活動の拠点が海外に集中している点である。北海道や新潟県の一部国内で生産している油ガス田はあるものの、日本全体の輸入量、消費量からすれば微々たる量となっている。両社とも開発拠点のある中東やアジア、北米などプロジェクトごとに部門を設け、開発・生産を続けている。開発技術の向上が生産の効率化、回収率の上昇に直結するため、技術開発には余念がない。

なお、JXTGならJX石油開発、コスモならコスモエネルギー開発といった具合に、傘下に石油開発会社を持つ元売りもある。

石油元売り各社と同様、国際石油開発帝石も石油資源開発も、再生可能エネルギーへのシフトを進め

プラント大手3社の18年3月期連結決算

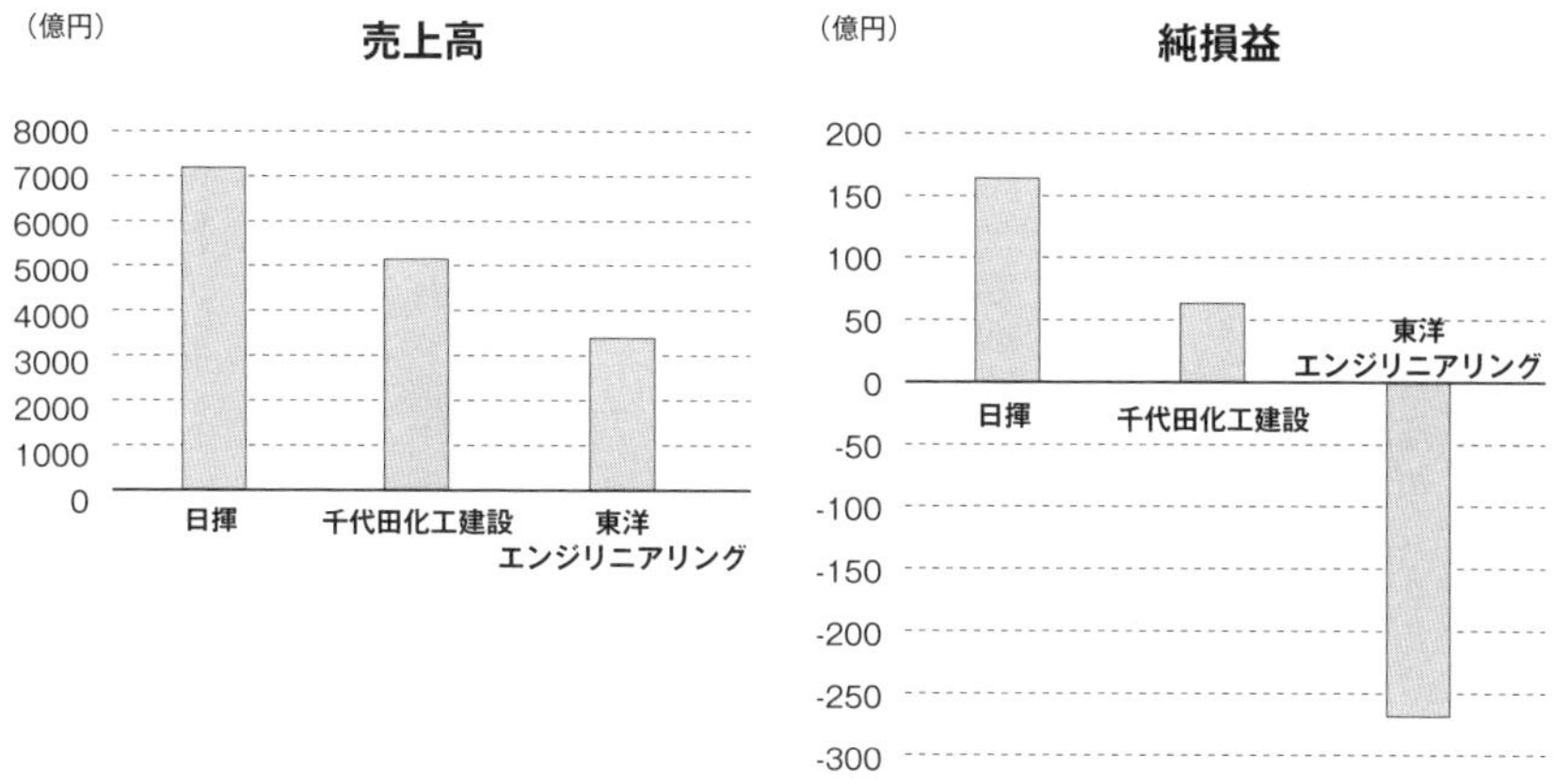

ている。

プラントメーカーの仕事

石油を「生産する」過程で活躍するのがプラントメーカーで、日揮と千代田化工建設、東洋エンジニアリングが大手3社となっている。普段、B to B（企業間での取引）がほとんどとなっており、事業も海外が主体のため、表舞台に出てくることは少ない。ただ、石油開発に当たっては欠かせない事業者であり、中東や東南アジアをはじめアフリカ、アメリカなど幅広く活動している。各社とも「オイル&ガス統括本部」（日揮）、「エネルギープロジェクト事業本部」（千代田化工建設）、「資源エネルギー事業本部」（東洋エンジニアリング）の部署を持ち、石油開発会社と連携しながら、プロジェクトを進めている。

プロジェクトは生産を迎えて安定、一段落するまで数年はかかるため、プラントメーカーの従業員は、海外プロジェクトで現地に赴き、数年は滞在することになるケースが多い。

多い技術系、研修充実

石油の開発にしても精製にしても、技術系（理系）の人員が必要とされ、採用数も事務系（文系）より多いのが一般的である。もちろん、事務系総合職の力も必要で、石油の鉱区取得に関する交渉では語学力や法律の知識、経済性の計算では経済学の応用が求められる場合がある。ただ、石油産業に限ったことではないが、いずれの知識やノウハウ、技術も入社後に身に付けることが多い。また、手を挙げれば研修やセミナーに参加できる機会にも恵まれていると聞く。総じて社員教育には前向きな企業が石油業界には多く、そうした制度が比較的充実しているのが特徴の1つである。

なお、石油資源の掘削を手掛ける日本海洋掘削は、掘削市況の長期低迷により業績が振るわず、18年3月期に3年連続で営業赤字、経常損失を計上していた。掘削リグの運用改善もめどが立たずに資金繰りが悪化、18年6月に東京地裁へ会社更生法の適用を申請した。東証1部上場企業の倒産は珍しく、原油価格の値動きにより収益も変動する性質を持つ特殊な業態でもあった。石油事業の難しさの一端を垣間見せた事例でもある。

Chapter7

石油業界の主要企業

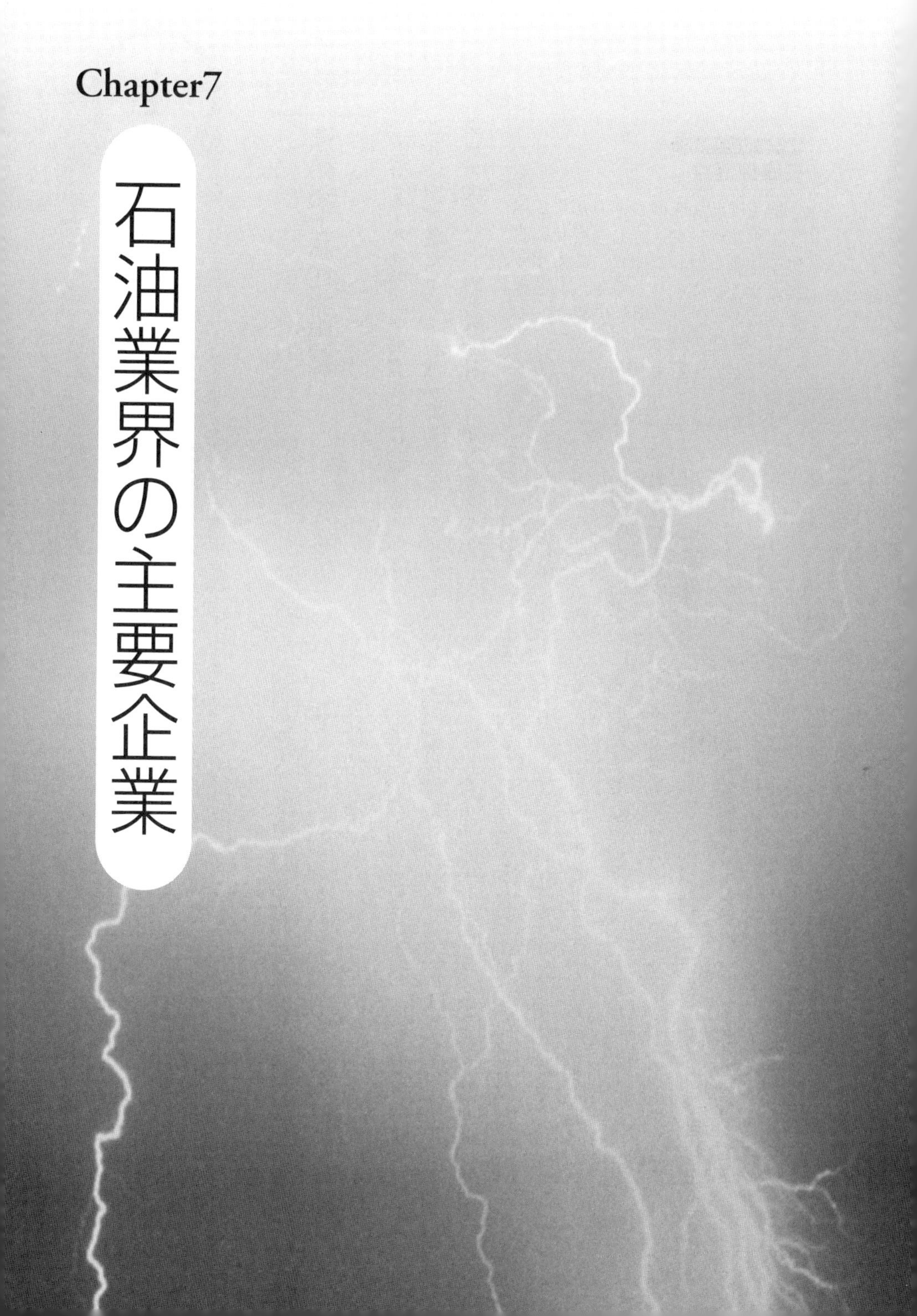

1 ＪＸＴＧエネルギー（ＪＸＴＧホールディングス）
——石油元売りのNo.1企業

連結売上高10兆円超

２０１７年４月、当時業界首位のＪＸエネルギーと３位の東燃ゼネラル石油が経営統合して誕生した業界最大手で、持ち株会社ＪＸＴＧホールディングス（ＨＤ）の連結売上高は10兆円を超える。国内の給油所の半数近い１万３０００カ所超のネットワークを持つ。ＨＤ傘下には他にＪＸ石油開発とＪＸ金属が中核会社を構成している。統合に伴い、製油所や製造所の統廃合などを通じた経営の合理化を進める。

17年５月に打ち出した17～19年の中期経営計画を「抜本的な変革の実行プラン」と位置付けた。本業のもうけを示す営業利益は17年度（18年３月期）の目標３５００億円から19年度（20年３月期）に５０００億円まで伸ばすとした。実際に18年３月期の営業利益は４８７５億円、**在庫評価益**＊を差し引いても、３７２６億円となり、目標を達成した。

収益拡大の柱に据えるのが、石油の製造部門の生産効率化や製品の輸出入と輸送の最適化などで、統合による相乗効果（シナジー）であり、３年間で１０００億円を見込む。

＊キーワード解説

在庫評価益

例えば前期末の仕入れ値に比べて、原油価格が上昇した場合に在庫を評価し直した際に、単価が上がったことにより上積みされる利益のこと。逆に、原油価格が下がれば、在庫の原油は単価が下がって計算され、評価価値が目減りする。

次世代の柱となる事業も強化

製油所と製造所の統廃合を進める考えで、19年3月に室蘭製造所（北海道室蘭市）を廃止して物流施設に転換、同じ年の4月には川崎市にある製油所と製造所の統合を予定している。

そうした石油精製などコア事業の変革に加え、「次世代の柱となる事業の育成・強化」も謳っている。具体的には16年から小売りに参入している電力事業や、アジア太平洋圏の石油製品需要の取り込みを目指している。電力事業では、経営統合前の旧JXエネルギーが始めた「ENEOSでんき」と旧東燃ゼネラル石油による「myでんき」が、首都圏を中心に計50万件超の契約を獲得した。契約者にはガソリンを割り引くサービスが人気を集めている。さらに、19年1月にガスの小売りを始め、攻勢を強めている。

他に、水素ステーションの普及にも一役買うべく、トヨタ自動車や東京ガスなど10社と共に、「日本水素ステーションネットワーク合同会社」（33ページ参照）を立ち上げた。首都圏を中心に水素ステーション40カ所を展開している。

JXTGホールディングスの歩み

1888年	有限責任日本石油会社、新潟県刈羽郡石地村に設立
99	日本石油、今の新潟・柏崎に近代的製油所を建設、柏崎に本社移転
1908	秋田県で試掘、出油
14	東京に本社移転
19	初のガソリンスタンドを東京・神田に完成
51	日本石油精製設立
68	日本石油開発設立
84	三菱石油と業務提携
99	三菱石油と合併、日石三菱発足
2002	新日本石油へ改称
08	九州石油と経営統合
10	新日鉱ホールディングスと経営統合、JXホールディングス発足
17	東燃ゼネラル石油と統合し、JXTGホールディングス発足

エネルギー業界 最新動向
電力業界 基礎知識
電力業界 主要企業
ガス業界 基礎知識
ガス業界 主要企業
石油業界 基礎知識
石油業界 主要企業
エネルギー業界 世界動向

2 出光興産——民族系を代表する石油元売り第2位

昭和シェル石油と経営統合を予定

1911年の創業以来、独立独歩で経営してきた民族系を代表する石油元売り第2位。2019年4月に第4位の昭和シェル石油との経営統合が決まっており、新社名は「出光興産」でそのまま残る。元々17年4月に統合予定だったが、大株主の出光創業家の出光昭介氏らが「両社は企業文化が違う」などと反対し、計画は宙に浮いていた。そうした中で18年に経営陣が交代し、月岡隆社長は会長となり、木藤俊一副社長が社長に昇格した。月岡氏が反対する創業家の説得に当たってきた。19年4月の統合をあらためて発表した18年4月の記者会見の席でも、昭和シェルの亀岡剛社長と固く握手を交わしたのは、月岡氏だった。

出光と昭和シェルは統合を前に、「Brighter Energy Alliance（ブライターエナジーアライアンス）」と銘打った協業を進め、両社で重複する各事業分野（原油船舶、精製、需給、物流、販売、コーポレート部門）の合理化を進めるとしていた。その一環として、経理や総務部門の人員を同一オフィスで勤務するようにするなど、可能な範囲から着手し、効果を積み重ねてきた。両社は統合によるシナジー（相乗効果）を5年で500億円創出するとしており、今後一段と合理化策を加速していく。20年度の新卒採用も両社で連携して行う計画である。

19年4月の経営統合を両社が発表したのは18年7月、その3カ月余り前に出光は18〜20年度の中期計画を発表していた。それによると、さらに先の30年、

50年に視点を置き、「30年のありたい姿」を描いた。そこでは17年度に営業利益の7割近くを占めていた燃料油、石油開発、石炭事業の3つを構造改革して30年度の利益比率は全体の5割にするとした。代わりに、「成長市場・成長分野事業」に注力し、新規事業と合わせて営業利益の4割以上にまで育てる方針を示した。

構造改革によりシナジーを創出

3事業の構造改革は当然、昭和シェルとの経営統合によるシナジーを念頭に置いている。また、成長分野は、次世代パネル「有機EL」などを成長分野と捉えている。中国に有機ELの工場を建てたり、東レと技術提携を結んだりしている。

海外の成長市場を取り込むのも課題で、ベトナムでは同国最大となるニソン製油所を、国営石油のペトロベトナムやクウェート石油などと共同で出資して操業している。一方、英国の北海油田の権益売却を17年に発表するなど、保有資産を整理している。

国内では、出光の系列の給油所が3500カ所前後、昭和シェルが3000カ所ほどある。当面は2社のブランドが併存する。統廃合をどうするかなどの課題はもとより、後継者不足や収益減といった給油所が抱える悩みをどう解消していくかを出光は深刻に捉えている。

月岡会長は18年5月に、石油連盟会長の職を、JXTGホールディングスの木村康会長（当時）から引き継いだ。

出光興産の歩み

1911年	福岡・門司で出光商会創業
38	大型タンカー日章丸就航
40	出光興産設立
43	東銀座に本社移転
47	出光商会と出光興産合併
53	イランと直接取引で石油製品輸入（「日章丸事件」）
57	出光初の製油所「徳山製油所 」完成
66	出光佐三氏は会長に、出光計助氏は社長に就任
71	石油開発に進出、新潟沖で出油
	アメリカで「出光アポロ」設立
89	出光オイルアンドガス開発設立
2006	東証1部上場
15	昭和シェル石油との経営統合で合意
16	株主総会で創業家が統合に反対
	ロイヤル・ダッチ・シェルからの昭和シェル石油の株式取得完了
17	昭和シェルと「ブライターエナジーアライアンス」を立ち上げ
18	昭和シェルとの経営統合をあらためて発表、統合は19年4月予定

3 コスモ石油
——コスモエネルギーホールディングス傘下の中核会社

業界3位、アブダビと緊密な関係

大協石油と丸善石油を源流とし、2015年10月に持ち株会社に移行し、コスモエネルギーホールディングス（HD）となった。傘下の中核会社コスモ石油は業界3位で、アラブ首長国連邦アブダビ首長国政府が間接的に出資し、同国との関係が強い。子会社のアブダビ石油を通じてアブダビのヘイル油田が17年11月から生産を始め、収益に貢献している。翌12月に初回入荷の原油がタンカーで輸入された。

18年12月にはアブダビ石油の創立50年を祝う記念式典を開き、アブダビ国営石油CEOらが出席し、関係を深めた。

JXTGホールディングスや出光・昭和シェルグループの再編には加わらなかったが、16年にキグナス石油と資本業務提携を結んだ。また、業界再編に伴う過当競争の緩和を背景に、石油製品の市況が改善し、18年3月期は過去最高益を記録した。

原油価格の上昇も背景に、18年9月連結決算も好調を維持し、連結純利益は前年同期比で8割増えて404億円となり、過去最高益を更新した。ヘイル油田の生産が寄与し、19年3月期も過去最高益を見込んでいる。なお、ヘイル油田を手掛けるアブダビ石油は、HD傘下のコスモエネルギー開発が直接の親会社となっている。

18年3月に発表した18～22年度の5カ年にわたる中期経営計画では、22年度（23年3月期）の経常利益を17年度（18年3月期）の1168億円から1800億円まで増やしていく方針を示した。ヘイル油田のフル操業、安定生産などによる石油開発事業の改善効果３５０億円も織り込んでいる。石油精製事業でも、製油所にＩＴを取り入れるなどして効率化を図り、22年度に17年度比で３９０億円の利益改善を見込む。

コスモエネルギーホールディングスの歩み

1907年	丸善礦油部創業
39	新潟県下の中小製油業者８社合同で大協石油設立
43	四日市製油所新設
84	大協石油と丸善石油の精製部門を別会社化し、旧コスモ石油発足
86	大協と丸善、旧コスモ３社が合併、コスモ石油発足
	アブダビ事務所開設
2003	コスモエネルギー開発発足
07	アブダビ首長国の政府系投資機関が筆頭株主に
	燃料電池分野で新日本石油（当時）と業務提携
11	ヘイル油田の鉱区取得
15	持ち株会社制へ移行
16	丸善石油化学を子会社化
17	キグナス石油と資本業務提携

非石油事業にも注力

系列給油所を通じて手掛ける個人向けカーリース事業も好調で、累計４万台が利用された。再生可能エネルギーにも注力し、発電能力50万kWを目指している。「洋上風力のリーディングカンパニー」を標榜しており、22年度末には40万kWまで伸ばす計画である。

なお、給油所は全国に約３０００カ所あり、４００万人を超す「コスモ・ザ・カード」の会員も強みとしている。

4 昭和シェル石油——業界第4位、出光興産の子会社へ

出光と統合、効率化図る

２０１８年11月現在、出光興産が株式の3割強、サウジアラビアの国営石油会社サウジアラムコが約15%を持つ業界第4位の大手である。名前を冠している「シェル」、ロイヤル・ダッチ・シェルの保有比率は約３・８%となっている。前述の通り、19年4月に出光の完全子会社となる。株式交換による経営統合について、独占禁止法などに関する国内外の競争当局からの承認手続きが18年12月までに完了した。統合に向けて協業、経営効率化を加速させていく。

現在は昭和シェルとして、21年度に経常利益ベースで在庫評価益を除き１０００億円の目標を掲げる。内訳は石油事業８００億円、エネルギーソリューション事業２００億円である。17年12月期は、営業利益ベースで石油事業が８４８億円で、うち在庫評価益の影響額は２４４億円だった。エネルギーソリューション事業は78億円の営業損失だったが、18年度は黒字転換を見込んでいる。

電力小売りにも参入

エネルギーソリューション事業は、太陽光など再生可能エネルギーや電力の分野で、第2の事業の柱と位置付ける。特に太陽電池を手掛ける子会社「ソーラーフロンティア」は国内に工場を持つ。ただ、運営を効率化するため、宮崎、宮城両県にある工場の集約など、見直しを進めていく。電力は、16

年4月に家庭向け小売りに首都圏から参入し、「ガソリンが10円／ℓ安くなる電気」とPRし、契約を伸ばしている（割引の上限あり）。17年9月からは東北電力や中部電力のエリアなど順次、提供する地域を広げている。

18年10月には電気・ガス料金比較サイト「エネチェンジ」の運営などを手掛ける「ENECHANGE」（東京）に出資し、業務提携を結んだと発表した。ENECHANGEのデジタル技術の開発力や国内外のネットワークを活かし、電力・デジタル領域におけるサービス開発に取り組むという。

統合する出光はまだ電力小売りに参入していないため、今後どう折り合いを付けていくかも注目点の1つとなっている。

また、育児休暇の社員に対し、休暇中に起きている会社や社会情勢の変化などを説明するセミナーを開いて復職を支援するなど、働きやすい環境づくりにも努める。

昭和シェル石油の歩み

1876年	横浜にサミュエル商会を設立、貿易業開始
1900	サミュエル商会の石油部門が独立し、ライジングサン石油設立
42	早山石油、旭石油、新津石油3社の合併で昭和石油設立
48	ライジングサン石油がシェル石油に改称
51	シェルグループと昭和石油資本提携で調印
52	シェルグループが昭和石油株26%取得
85	シェル石油と昭和石油が合併、昭和シェル石油発足
2004	アラムコ・ジャパン・ホールディングス・カンパニー・ビー・ブイ社が主要株主になる。株式の約10%保有、翌年5%追加
05	東亜石油を連結子会社化
10	子会社の昭和シェルソーラーからソーラーフロンティアに改称。日本初の商業用太陽光発電施設の営業運転を新潟で開始
13	旧東燃ゼネラル石油と石油製品供給における協働を開始
15	出光興産との経営統合に関する基本合意
	コスモ石油と四日市地区の製油所での事業提携合意
16	出光がシェルの株式31.3%取得。筆頭株主に
18	出光と19年4月の経営統合決定

5 国際石油開発帝石
――日本一の石油・天然ガス資源の開発会社

国際大手石油会社のトップ10を目指す

日本を代表する石油・天然ガス資源の開発会社。2018年5月公表の中期経営計画と同時に示した「ビジョン2040 ―エネルギーの未来に応える―」の中で、油ガス田の自主開発比率の向上と、地球規模の気候変動への積極的な取り組みを掲げた。40年の大きな目標として、世界の石油メジャーと比肩する決意を明記し、「コアビジネスである石油・天然ガス上流事業においては、生産量・埋蔵量・収益力・技術力などにおいて国際大手石油会社のトップ10」を目指すとした。保有する権益の生産量では日量100万バレルを展望している。

中期計画では、17年度（18年3月期）の純利益403億円を22年度（23年3月期）には1500億円程度まで伸ばす考えである。また、**自己資本比率***の高さに定評があり、過去5年、68%前後の高水準を保っている。22年度でも50%以上を維持するとしている。

権益のうち、中東のアブダビで権益の更新を目指した大規模油田「下部ザクム油田」の40年延長に成功した。「日の丸油田」とも言われ、政府が資源外

＊キーワード解説
自己資本比率

借金などによらない、返済不要の自己資本が全体の資本調達額のうちどのくらいかを示す数値。この比率が小さいほど、他者からの資本の影響を受けやすく、会社の独立性に不安が生じやすい。比率が高いほど経営は安定するとされる。一般に50%を超えると倒産しにくい優良企業とみなされる目安となる。

交を繰り広げるなど、官民を挙げての成果となった。中東以外にも、オーストラリアや中央アジアなど、権益の保有先を多様化させているのも特徴の1つである。

再生エネなど非石油分野も積極展開

同時に際立つのが、再生可能エネルギーなど非石油分野への取り組みである。太陽光発電などに取り組み、事業ポートフォリオの1割を再生可能エネルギーで占める計画としている。地熱の資源量世界1位のインドネシアで出光興産、九州電力と共同で「サルーラ地熱IPP（独立系発電事業者）事業」に取り組み、17年3月から商業運転を始めている。日本国内でも北海道と秋田県で事業化に向けた調査を進める。

なお、筆頭株主は経済産業大臣で18・96％を保有する。公的な観点から、買収関連の株主総会の決議事項に対して拒否権を行使できる「黄金株」を発行する唯一の上場企業でもある。資源エネルギー庁長官など経産省の要職経験者が社長になっている。

国際石油開発帝石の歩み

1941年	帝：各社の石油鉱業部門を一元化するため、帝国石油株式会社法に基づく半官半民の国策会社として帝国石油設立
60	帝：南関東ガス田（成東ガス田）での水溶性ガス開発開始
62	帝：新潟～東京間をつなぐ国内初の長距離高圧天然ガス輸送パイプライン完成
66	国：インドネシア国営石油ガス会社との契約で海外石油資源の自主開発を推進する企業として、北スマトラ海洋石油資源開発設立。国際石油開発の前身
67	国：社名をインドネシア石油資源開発に変更
75	国：和文社名をインドネシア石油に変更
79	帝：国内最大級の新潟・南長岡ガス田発見
2001	国：社名を国際石油開発に変更
04	国：ジャパン石油開発と統合
06	国際石油開発と帝国石油による共同持ち株会社「国際石油開発帝石ホールディングス」設立
08	合併により国際石油開発帝石発足。東京・赤坂に本社移転
13	直江津LNG基地（新潟県）竣工
14	アブダビ・上部ザクム油田権益期限15年余り延長
15	サルーラ地熱IPPプロジェクトに参画
18	アブダビ・下部ザクム油田権益取得（更新）

2006年までの出来事のうち、旧国際石油開発によるものは国、旧帝国石油は帝と表した

6

石油資源開発
――探鉱、開発・生産が基軸

油田開発を担う特殊法人として発足

日本国内の油田開発を担う特殊法人として発足し、次第に海外資源開発も行うようになった。2030年度には全社の利益に占める石油・天然ガスのE&P（Exploration & Production：探鉱、開発・生産）事業とそれ以外の事業の比率を、6対4にするとしている。E&P事業を基盤として「総合エネルギー企業」を目指す。

18年3月期連結決算は、カナダでのシェールガス開発の液化事業の中止に伴い特別損失を計上し、過去最大の赤字幅となった。19年3月期連結純損益は123億円の黒字を見込む。

海外事業は、カナダでシェールガスの他にオイルサンドプロジェクトを手掛け、アメリカではタイトオイルプロジェクトに取り組む。伊藤忠商事や丸紅と共に参画するロシアのサハリン1プロジェクトは05年に生産が始まり、日本へのエネルギー供給に寄与している。イラクやインドネシアでも事業を展開する。

国内では北海道の勇払《ゆうふつ》油ガス田で生産し、19年後半から生産を増強する。さらに日高地域沖合約50キロの水深1000メートル強の地点で、事前調査を18年秋に行い、19年3～7月に試掘して石油・天然ガスがあるかどうか調査する。経済産業省資源エネルギー庁からの委託事業である。これまで秋田県や新潟県でも油ガス田の開発を手掛けてきた。14年4月には、鮎川油田（秋田県由利本荘市）でシェールオイルの商業生産を開始したと発表した。

LNG基地の操業で、福島復興に寄与

福島県新地町では18年3月に、国内最大級23万キロリットルの地上式LNGタンク1基を含む「相馬LNG基地」の操業を開始した。海外で調達したLNGを受け入れ、気化してガスパイプラインネットワークへ供給したり、導管網が整備されていない地域へは、液体のまま輸送したりする。福島復興に寄与するとし、中期計画でも明記した。

また、CCS（Carbon dioxide Capture and Storage：二酸化炭素の回収、貯留）*を重点事業の1つと位置づけ、技術革新により二酸化炭素排出削減に取り組んでいく。

＊キーワード解説

CCS

発電所や工場などから排出される二酸化炭素を分離、回収し、地中深くに貯留する技術。地球温暖化対策として期待され、各国で技術開発が進む。日本でも地下800メートル以深に貯留層があり、その上に蓋となる帽岩（168ページ参照）の構造がある地点が好適とされる。

石油資源開発の歩み

1955年	石油資源開発株式会社法により特殊会社「石油資源開発株式会社」設立
58	新潟県・見附油田発見（59年生産開始）
	秋田県・申川油田発見（59年生産開始）
60	山形県・余目油田発見（60年生産開始）
	新潟県・片貝ガス田発見（60年生産開始）
65	法改正により事業範囲が海外に拡大
67	石油開発公団設立に伴い、同社が同公団事業本部に
70	石油開発公団から分離、民間会社として再発足
76	秋田県・由利原油ガス田発見（84年生産開始）
78	カナダ・オイルサンドプロジェクト参画
2003	東証1部上場
15	福島県・相馬港天然ガス火力発電事業参画
18	福島県・相馬LNG基地操業開始

＊石油事業の歴史
――生活を劇的に変えた資源

石油の興り――燃える水

世界最古の石油は紀元前3000年ごろ、今のイラクなどに当たるメソポタミアで使われていたとの記録がある。地面の割れ目から浸み出ていた天然のアスファルトが、建物の接着に使われ、石油が止血などの薬とされていたとも伝わる。

日本では新潟県に古くから存在したとされ、日本書紀に「天智天皇に越の国（今の新潟）から燃える水を献上した」という趣旨の記述がある。臭水・草生水《くそうず》と呼ばれ、特別視された。

時代は下って1859年、アメリカのペンシルベニア州で、鉄道員だったエドウィン・ドレーク（1819〜80）が油井を機械で掘り当てた。世界初の成功例であり、近代石油産業の嚆矢《こうし》となった。当初こそ石油利用は、灯油に限られていたが、20世紀に入るとフォードT型乗用車の普及に伴い、ガソリンとしての需要が急拡大した。ドレークに続けとばかりに、石油開発で一山当てようとする挑戦者が相次ぎ、テキサス州での大規模油田の発見もあり、「オイルラッシュ」と呼ばれる空前の石油投資ブームに沸いた。70年には実業家のジョン・ロックフェラー（1839〜1937）がオハイオ州でスタンダード石油を創設し、財を成していく。

なお、石油の量を表す単位にバレルが使われているのは、ペンシルベニアの油田で石油をバレル、つまり樽に詰めて運んだことに由来し、長年石油の運搬にシェリー酒など空の樽が使われていた名残である。1バレルは159リットルに換算される。

日本で石油が商業的に使われるようになったのは、江戸時代の1852年、新潟県柏崎市で蒸留されたのが最初とされる。蒸留所があった柏崎市半田村は「石油発祥の地」として史跡がある。事業会社としては88年、「有限責任日本石油会社」が新潟・刈羽に設立され、現在に続くJXTGホールディングスの出発点となった。同年に原油の販売や、新潟県沖の海底油田の掘削を始めるなど、事業が本格化していく。後に本社を東京・丸の内に移したが、製油工場は柏崎で運営を続けた。

新潟県弥彦村の弥彦神社には「石油の神様」が祀《まつ》られ、業界関係者が参拝に訪れる。明治時代に造られた日本初の精製装置「石油精製蒸留釜」も奉納されている。

弥彦神社と蒸留釜

奉納されている精製蒸留釜（弥彦村提供）

前述のスタンダード石油は日本にも触手を伸ばした。1900年、北海道と新潟県での石油開発のため「インターナショナル石油会社」を設立した。

石油もガス灯などのように、当時オイルランプ（石油ランプ）として、照明の用途で全国に普及していった。灯油の輸入が増え、横浜や神戸で荷受けするといった仕組みも徐々にできあがっていった。業界の活発化を受け、1891年に石油取締規則が、1905年には鉱業法が施行された。なお、現在石油元売り2位の出光興産の前身、出光商会が福岡・北九州で創業したのは11年だった。

ちなみに石炭は、国内で発見されたのが15世紀。百姓が枯れ葉に火をつけようとしたところ、地表に露出していた石が燃えだしたという「燃える石」の記録がある。

石油産業の国際化と国内資源の欠乏

20世紀前半は、欧米の石油会社が世界中で利権獲得に動き始めていた。30年代にはサウジアラビアをはじめ中東で石油開発が外資主導で進み、「セブンシスターズ」（191ページ参照）が登場した。

20世紀は戦争の時代でもあった。中東をめぐる地政学的情勢や乱高下する石油価格、29年の世界恐慌など、世界が混迷の度を増す中、各国の成長スピードに資源の開発や供給が追いつかない状況が続いた。

近代化を進めた日本も、国内資源が欠乏し、窮迫した。41年に日本は、アメリカ、英国と戦争を始め、太平洋戦争となった。その誘因となったのがアメリカによる石油輸出全面禁止の決定との見方がなされている。それまで石油輸入の約8割をアメリカが占めていた日本にとって、輸出禁止は致命的だった。さらに英国は日英通商航海条約の廃棄、オランダも日蘭民間石油協定の停止を取り決め、日本に経済的打撃を与える「ABCD(America, British, China, Dutch)包囲網」を張り巡らしていった。

31年の満州事変以降、戦時色が強まり、日本の石油産業も国の統制が強められていった。有事における石油の円滑な供給を見込んだ「石油ノ民間保有」などを柱とする「石油国策実施要綱」が作られ、続いて34年には石油業法が施行された。同年に商工省に燃料課が、37年に外局に燃料局が新設された。41年には、戦前の石油業界再編につながる帝国石油株式会社法に基づき、国が50・0%を出資する半官半民の帝国石油が誕生した。その後終戦を迎えるまでに、日本石油や日本鉱業(今のJX金属)など4社から鉱業、つまり開発部門も切り離して全資産を帝石が吸収することとなった。

諸施策を打つも日本は事態を打開できず、45年に終戦を迎えた。戦時中に軍需品の筆頭だった石油の精製業は、壊滅状態にあった。生産設備全体の約6割が被害を受け、製造業の中で最悪だったとされる。終戦直後は太平洋岸にある製油所の操業が全く認められないなど、厳しく統制された。

ところが49年、「日本の既存の製油所を復旧させ、製品輸入を原油輸入に切り替えるのが最善の政策」というアメリカ軍の調査報告」(ノエル報告)がなされると一転、製油所の操業が再開された。49年3月には石油配給公団が廃止され、元売り制度が復活、当時の日本石油や出光興産、昭和石油、三菱石油、ゼネラル物産などが元売り業者に指定された。

Chapter8

世界の最新エネルギー動向

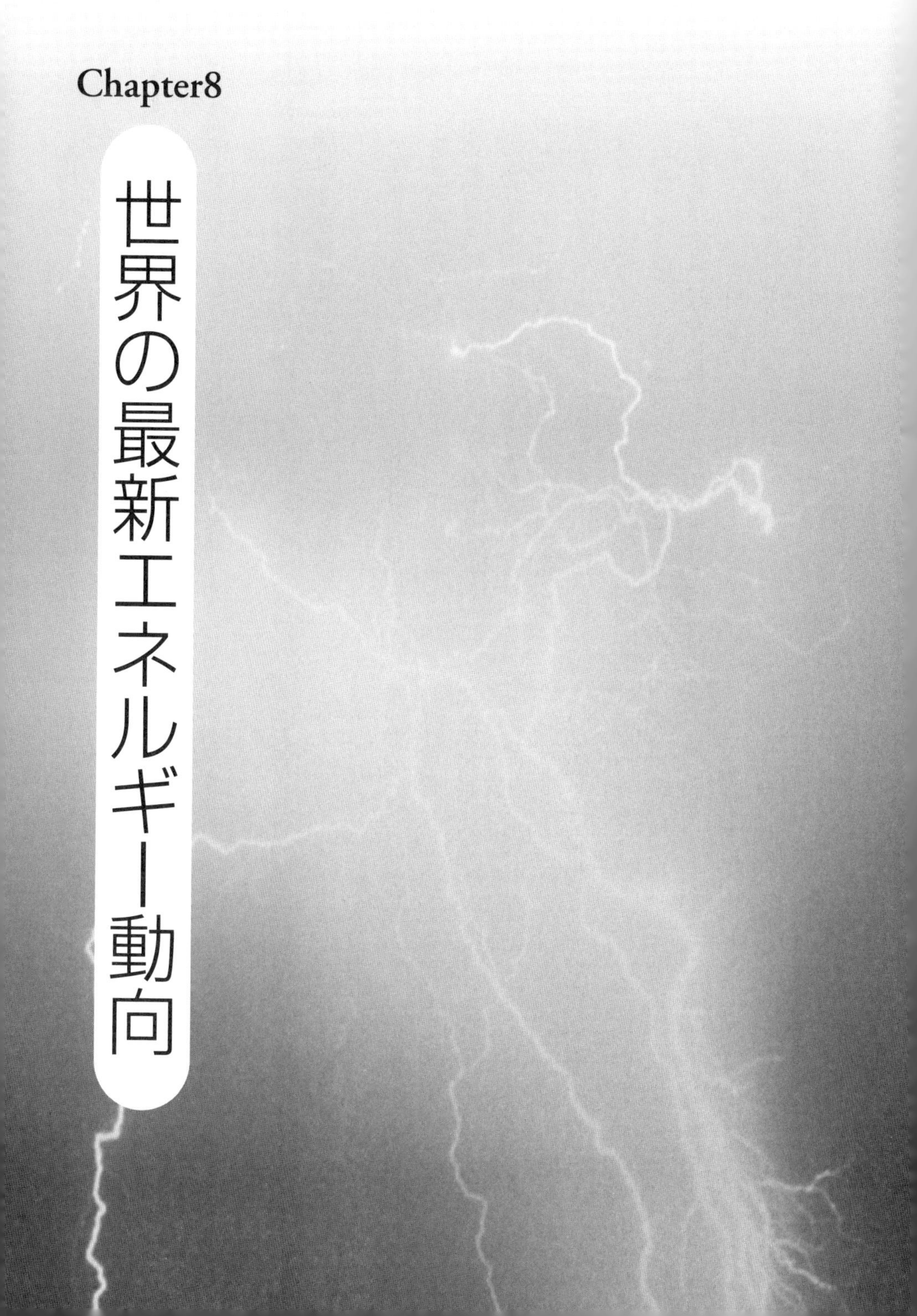

1 アメリカ——資源国として再台頭

原油生産量は世界トップクラス

アメリカのエネルギー産業は１８００年代半ばにテキサス州で沸き起こったオイルラッシュによって加速度的に発展した。豊富に湧き出る石油が経済力の源泉であり、自動車産業の繁栄を支えた。そのオイルラッシュから約１５０年、技術革新の成果で、従来採掘できなかった頁岩《けつがん》（シェール）の隙間に閉じ込められている石油・ガス資源を取り出せるようになった（１３７ページ参照）。これによりアメリカの原油生産量は格段に増え、石油大国サウジアラビア、ロシアと肩を並べるようになった。統計によっては生産量世界一となっている。

旺盛な国内のガソリン需要に応える一方、シェール開発のコストが下がったことでドバイ原油などと比べても値頃感が出ており、輸出に回している。アメリカは歴史的、伝統的に石炭、石油産業が盛んで、雇用問題、景気にも直結し、政治化しやすい。トランプ大統領のパリ協定離脱宣言も、トランプ氏が振興策を掲げている石炭産業への心配りだとする見方もある。

パリ協定、原発賛否で割れる意見

ただ、こうした世界的潮流に逆行する非協調路線を、当の石油や石炭の会社はありがた迷惑と受け止めている節もある。パリ協定は温室効果ガスの排出削減を義務付けることから、排出源となる石炭、石油の化石燃料を担う産業には事業上の制約となり得る。しかし、アメリカがパリ協定離脱を宣言してからも、エクソンモービルやコノコフィリップスといったアメリカ企業は、パリ協定の枠組みに留まるよう公然とトランプ氏に訴えかけていた。

原子力産業の扱いについても、日本と同様、国内で賛否が割れている。特に、ニューヨーク市の郊外50キロほど（起算地点により距離の表記にばらつきがある）に立地するインディアンポイント原発は、2017年の年明け早々にニューヨーク州と原発を運営するエンタジー社との間で停止に関する合意がなされた。1970年代半ばに運転を開始して40年を超えて老朽化した2、3号機で、アンドリュー・クオモ州知事は、事故が起これば人口過密都市のニューヨークでの避難は困難を極めると憂慮し、原発の存在が周辺に暮らす何百万もの州民の脅威となっているとしてきた。一方、この原発が市内の主要な電力源を担っていた一面もあり、稼働を望む声もあった。1号機は2013年に既に運転を停止している。

アメリカの1次エネルギー消費量構成比

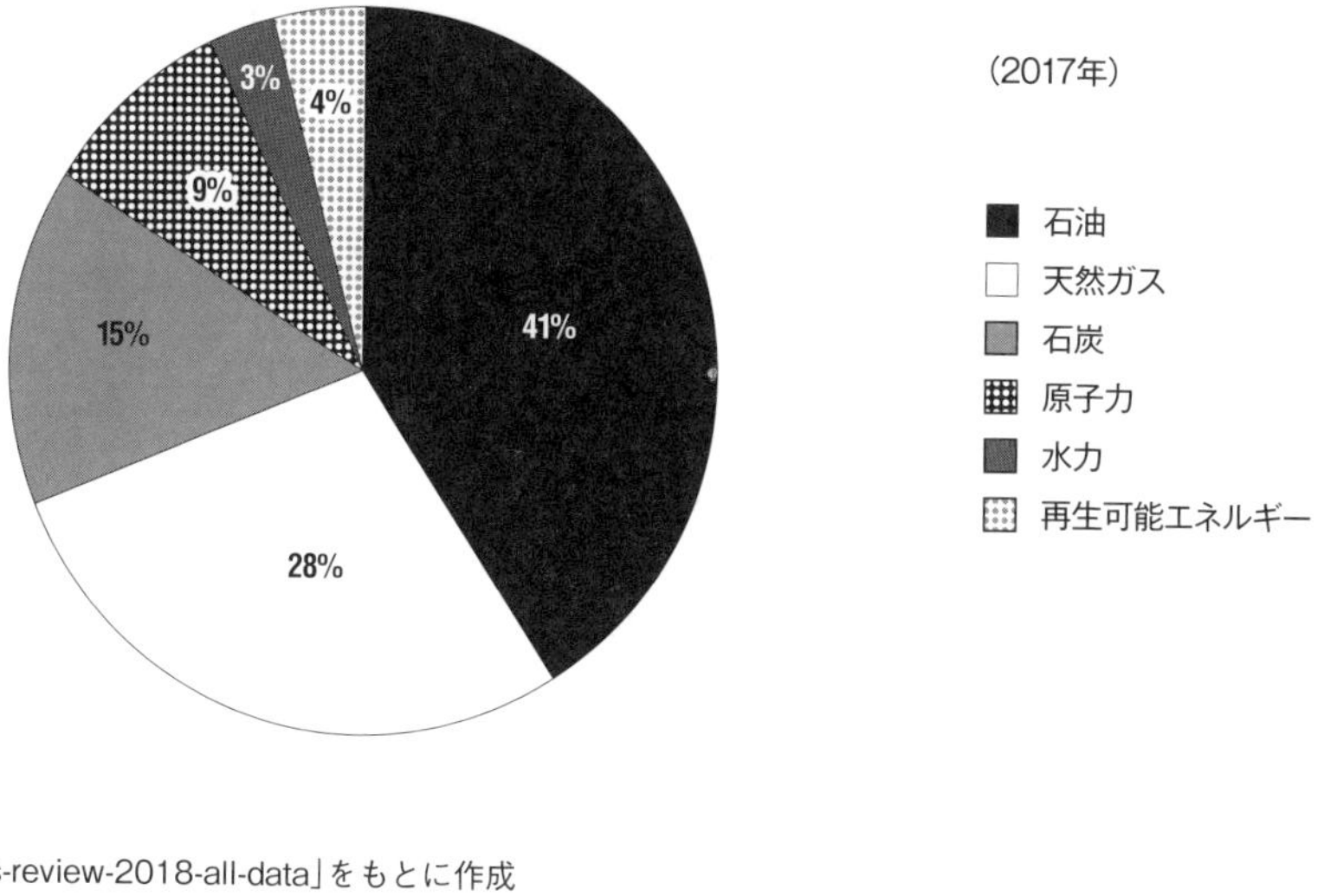

「bp-stats-review-2018-all-data」をもとに作成

2 中国——需要継続、石炭から再エネへ

1次エネルギー消費量世界1位

人口世界一の中国は1次エネルギー消費量で2010年にアメリカを抜いて首位となった。石炭の生産と消費も世界1位であることを背景に、都市部での大気汚染が深刻化している。

17年4月に国家発展改革委員会は「エネルギー生産と消費革命戦略」を発表し、30年に1次エネルギー消費量に占める非化石エネルギー比率を20％前後、温室効果ガス排出量が比較的少ない天然ガス比率を15％前後とする長期目標を発表した。

16～20年のエネルギー発展13次5カ年計画で石炭産業の構造改革方針が示され、小規模、不採算の炭鉱の閉山が進む。世界一の生産量でありながら、09年に輸入国に転じた。

16年9月にパリ協定を批准し、全体目標としてGDP当たりの二酸化炭素排出量を15年比で18％削減する。アメリカの離脱後もパリ協定の義務を果たしていくと表明している。

エネルギー発展第13次5カ年計画などによると、石炭火力の高効率化をはじめとするクリーンコール技術の利用のほか、再エネの推進、原子力は20年までに稼働原発を5800万kW以上、建設中の設備容量を3000万kW以上とする方針を示した。

環境汚染対策への対応として、石炭から天然ガスへのシフトも急速に進む。17年5月には、30年までに天然ガスの国内供給量を現状の3倍に当たる6000億㎥まで引き上げる計画を掲げた。シェールガスにも力を入れ、16年の国内シェールガス生産量は

アメリカ、カナダに次ぐ世界3位の規模になった。

　石油は輸入品のほか、国内の東北や西部など生産地の内陸から、消費地の東部沿海地域へパイプラインで輸送され、「西油東送」、「北油南運」と呼ばれる。ロシアやカザフスタン、ミャンマーといった国外から延びるパイプラインも建設が広がる。東シベリア～大慶、カザフ～新疆《しんきょう》などが稼働している。

　電力でも12年以降、世界最大の生産国となった。基本政策として、近代的送電網の構築、西部の電気を東部に送る「西電東送」の規模拡大などを掲げる。発電部門は華能集団や国電集団など5大発電会社のほか、大規模国営発電会社10数社や原子力発電7社、火力や水力が各1000社超あり、中央政府管轄の国営企業の改変が進む。17年8月、国電集団と石炭大手の神華集団の合併が決まった。

　原子力政策は、13次5カ年計画で、自主開発の原子力技術によるモデル事業を推進する。第3世代原発と呼ばれる自主開発の「華龍1号」をモデル事業と位置付けるほか、世界初となる次世代型PWR（加圧水型）の「AP1000」プロジェクトを進めている。

　再生可能エネルギーも最重視する柱の1つで、13次5カ年計画では、期間中に再エネ分野に2兆5000億元を投資するとした。20年には再エネによる発電電力量の比率は27％に達する計画を掲げている。

中国の1次エネルギー消費量構成比

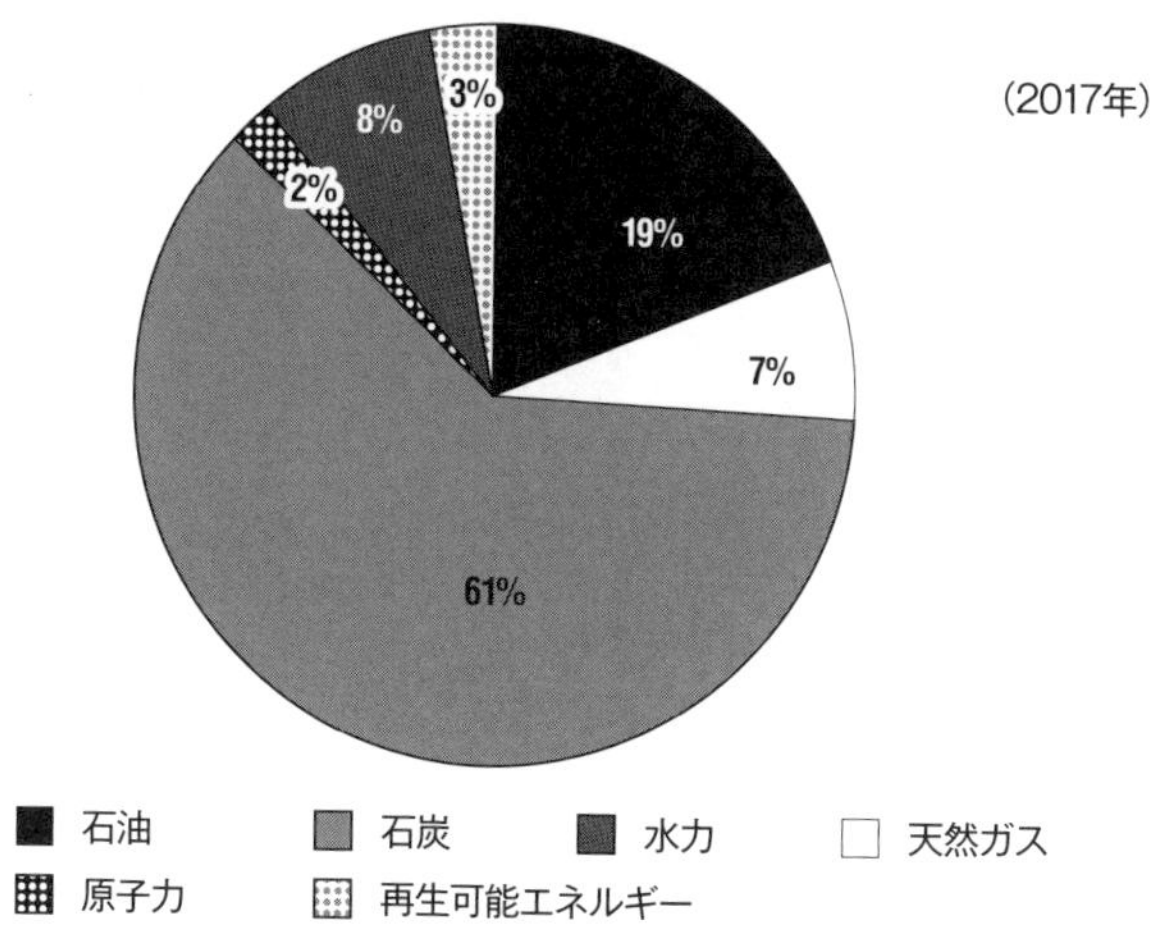

「bp-stats-review-2018-all-data」をもとに作成

3 インド——大気汚染対策と再エネシフト

高成長が続くが、大気汚染が深刻

人口増加を背景に高成長が続く半面、大気汚染が深刻化している。ＩＥＡ（国際エネルギー機関）の「ワールド・エナジー・アウトルック」によると、インドのエネルギー需要は16年から40年にかけて年平均伸び率３・２％の拡大が見込まれる。電力需要は16～40年で、年平均４・７％の伸び率となる。

石炭が引き続き主要な電力源で、老朽化した石炭火力のリプレースを進め、旺盛な電力需要に応えるため、天然ガス、原子力、再エネの開発を推進していく。生産性の低い国内炭鉱65カ所の閉鎖を決めている。対象のうち、62カ所は坑内掘りの地下鉱山でわずかしか採れない。17年度に62カ所のうち37カ所の生産を停止した。

一方、天然ガスはガスパイプラインも整備され、ＴＡＰＩ（The Turkmenistan-Afghanistan-Pakistan-India）ガスパイプラインは総延長約１８００キロと長く、トルクメニスタンからアフガニスタン、パキスタンを経由してインドに連なる。計画では輸送能力は１日当たり９０００万㎥で、主にインドとパキスタンに輸送され、一部は、アフガニスタンも受け入れるとされている。

原子力発電の整備を加速

原子力は、17年に、国産加圧水型重水炉（ＰＨＷＲ、70万kW級）10基の建設を決めた。最重要の「インド国産化プロジェクト」の１つである。また17年

6月、モディ首相がアメリカのトランプ大統領と会談し、インドへのエネルギー輸出と、ウエスチングハウスによる原子炉建設について契約上の合意を目指すことで一致した。

日本との関係では17年7月、安倍首相がモディ氏とドイツで会談し、日印原子力協定の早期発効と原子力協力の具体化への期待を表明した。同月、日印原子力協定が速やかに発効し、9月に再び両首脳がインドで会談し、日印原子力協定を踏まえ、日本の原発技術の輸出に向けた官民作業部会を設置、順次会合を開くなど、展開が加速している。

再生可能エネルギー・低炭素化の分野では、世界でも存在感を示している。17年12月、インド主導の「International Solar Alliance」が条約に基づく国際的な政府間組織として発足した。

中央政府にはエネルギー部門ごとに管轄する省庁（石油・天然ガス省、石炭省、電力省、新・再生可能エネルギー省、原子力庁）があり、電力省が原子力と再エネを除く政策の立案、実施を担う。各州政府に電力局が設置されており、電力省は19年までに全国民に電力を24時間供給できる体制の確立を目標としている。

インドの1次エネルギー消費量構成比

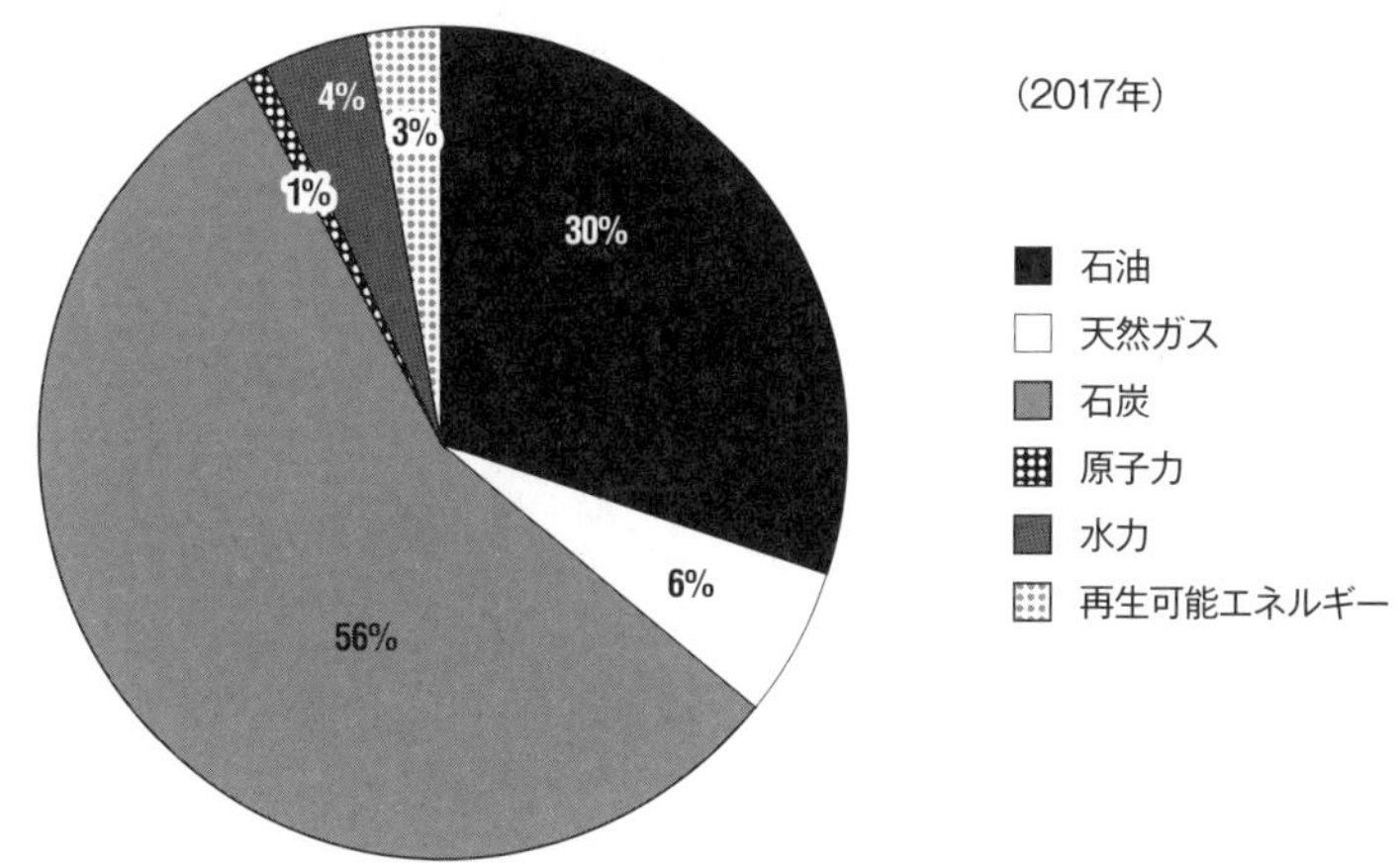

「bp-stats-review-2018-all-data」をもとに作成

4 ロシア——東西両にらみの資源戦略

原油・ガス生産量世界屈指の資源大国

原油、ガスともに世界屈指の生産量を誇る資源大国で、豊富なエネルギー、鉱山資源を武器に強気の外交を展開している。石油ガス輸出先の多角化を目指しており、伝統的な欧州市場への輸出偏重の是正を視野に、日本や中国をはじめとしたアジア太平洋市場の開拓を急ぐ。

国内で豊富に産出されるガスと石炭を燃料とする火力発電が発電量全体の6割以上を占めている。残りのほとんどは水力、原子力が賄う。カムチャツカ半島では40年以上前から地熱発電が導入されてきた。フィンランド国境に近い北極圏には、キスラヤ潮汐発電所があり、**潮汐《ちょうせき》発電***として世界で2番目に古い。

ガス事業は政府が過半数株式を保有する国営ガスプロムが主導権を握る。取締役会役員の大半を政府関係者が占める。欧州諸国がLNG輸入拡大によってロシアからのガスの調達を減らして依存度を下げようとする中、アジア太平洋方面への輸出増をにらみ、特に中国市場を有望視する。ただ、中国は中央アジアやミャンマーからパイプラインでガス供給を受

＊キーワード解説

潮汐エネルギー

干潮、満潮という潮の満ち引きによる自然の力を利用した海洋エネルギーの一種。潮流発電、潮位差発電とも呼ばれる。満潮時に海水をダムなどの囲いに入れて溜め、干潮時に一挙に放流してタービンを回して発電する仕組み。フランスにある出力24万kWのランス潮汐発電所が有名。

け、国内のガス開発も進めて必要量を確保しつつある。ロシアは価格交渉で苦しい立場にある。

日本に地理的に近く、重要な供給源となっているのがサハリンである。まとまった鉱区とその開発事業ごとにサハリン1、サハリン2と呼ばれ、それぞれ事業者は異なる。サハリン1は、エクソンモービル子会社が操業主体で、石油資源開発や伊藤忠商事、丸紅などが共同で出資するサハリン石油開発（SODECO）が30％の比率で参画、06年10月に日本向け原油が初めて出荷された。サハリン2は、09年にLNGの出荷が始まった。事業会社の株式のうち、ガスプロムが50％プラス1、ロイヤル・ダッチ・シェルが27・5％マイナス1、三井物産12・5％、三菱商事が10％をそれぞれ保有する。サハリン3は、サハリン島中部の東方沖合にあるキリンスキー鉱区で、13年10月に生産を開始した。

原子力分野では、国内原子力産業における民需の管理機能を集中させた総合原子力公社「ロスアトム」（ROSATOM）はウラン採掘から発電までの核燃料サイクルを一手に担う垂直統合企業である。17年12月、ロスアトムが、バングラデシュ国内初の原発、ルプール発電所1、2号機の工事に着手した。

ロシアの1次エネルギー消費量構成比

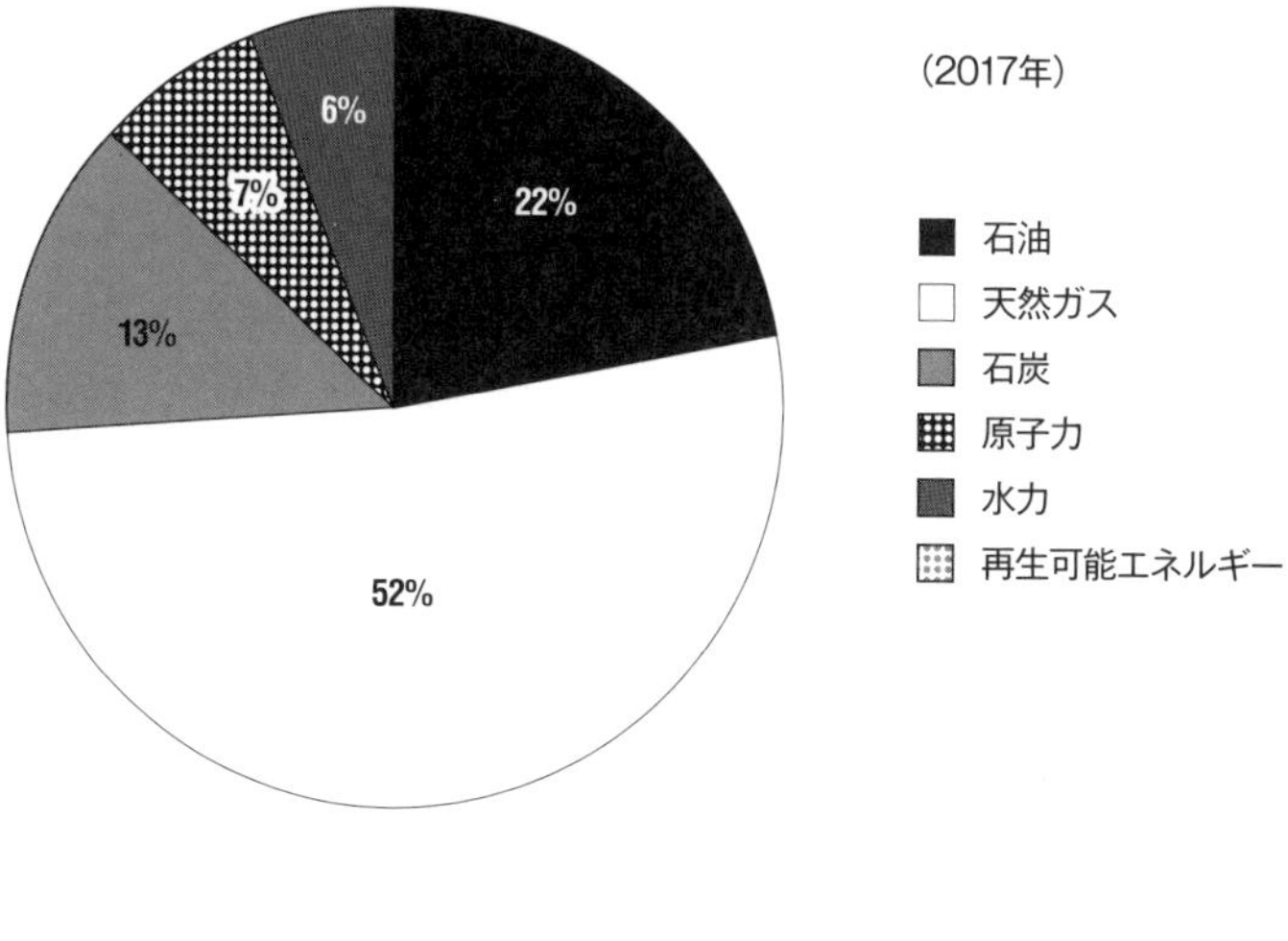

「bp-stats-review-2018-all-data」をもとに作成

5 欧州諸国

――独自性出しつつ域内連携も

北海油田のある英国、自然エネルギーに恵まれたノルウェー、原発を軸に電力を外国に売るフランス、エネルギー資源に乏しいイタリア――。欧州は域内各国がそれぞれの地形的、歴史的特性を生かしてエネルギーを活用し、また他国と融通している。英国がEUからの離脱を決めたという波乱はあったものの、依然地球温暖化対策を背景にした石炭火力の廃止や、送配電網の効率運用の面では基本的な利害が一致している。協調体制は当面変わらないと見込まれる。

英国――北海油田は減退期

1960年代に北海油田が発見、開発され、80～90年代に生産が伸び、欧州域内で石油の一大供給源となってきた。既に生産ピークを迎えたことも背景に、代替として再生可能エネルギーへのシフトを加速している。国内の最終エネルギー消費に占める再生可能エネルギーの割合を2020年までに15％とする目標を掲げる。

電力市場は、1983年成立のエネルギー法により発電部門への新規参入が認められるようになった。90年に発電と送電と配電の分離、国有電力を分割民営化し、99年に市場は全面自由化された。

2018年には出力65万9000㎾と世界最大の洋上風力基地「ウォルニー・エクステンション」が操業を始めた。今後、さらに再エネへの依存度が高まるとともに、迅速な出力調整が難しい原発の比率も高まると見込まれる。電力の効率的な需給調整が今後の課題となっている。

フランス――原子力を推進

１９７３年のオイルショック以降、エネルギー自給率の向上を掲げて原子力政策を推進、他国への原子力技術輸出に組織的に取り組んできた。欧州最大の電力輸出国で、英国やドイツ、スペイン、スイスなどと送電連系線でつながっている。

２０４０年までにガソリン車とディーゼル車の国内販売を終了する方針であるほか、22年までに石炭由来の発電をやめ、35年までに原発依存度を50％まで引き下げるといった長期目標も持つ。15年のエネルギー転換法に基づき、最終エネルギー消費を12年比で30年までに20％減、50年までに50％減を目指す。さらに、最終エネルギー消費に占める再生可能エネルギーの比率を30年までに32％に引き上げることも定めた。

17年、フランス電力公社（ＥＤＦ）が経営不振のアレバ原子炉事業を買収した。両社とも政府が筆頭株式の国営企業で、官製再編が進む。

ドイツ――揺れた原子力政策

1次エネルギー消費は欧州最大である一方、石炭資源が豊富でエネルギー自給率は約40％と高水準を保つ。環境問題への取り組みを強化、省エネと再生可能エネルギーの導入を通じ、温室効果ガス排出を１９９０年比で２０２０年までに最低40％、50年までに80～95％削減することを目指す。

長らく国内石炭産業の保護政策を取ってきたが、地球温暖化対策の観点から脱石炭の流れは鮮明になってきた。一方、原発に関しては01年に政府と電力会社が脱原子力で合意、原発の平均運転期間を約32年と定め、段階的に閉鎖する方針を示した。10年にメルケル政権は原発稼働年数の延長に合意したが、福島第1原発事故を受け、可能な限り早い原子力発電利用からの脱却を決定、当時停止中の8基を即閉鎖し、残りも22年にかけて順次閉鎖する。

ウクライナを迂回する、ロシアからのガスパイプライン「Nord Stream」が11年から稼働している。

イタリア――資源小国、輸入減が課題

天然資源に恵まれず輸入に頼り、エネルギー自給率が低い。原油価格の高騰で電気料金が上昇する局面が目立ち、エネルギー安全保障が大きな課題である。ガスの安定供給確保のため、ロシアや中東、北アフリカの上流開発、輸送インフラ整備に取り組む。08年以降、原子力の再強化を打ち出していたが、福島事故を受け、計画は否決された。

スペイン――再エネが拡大

国内資源に乏しくエネルギー源を多角化し、近年風力や太陽光が伸びる。17年に世界最大級の風力発電機ＯＥＭ（相手先ブランドによる生産）メーカーも誕生した。10〜20年の計画では、１次エネルギー消費は年平均０・８％伸び、再生可能エネルギーは６・５％と高い。現在送電線でつながるモロッコとの再エネ取引拡大に、ドイツなどと共に取り組む。

欧州諸国の1次エネルギー消費量構成比

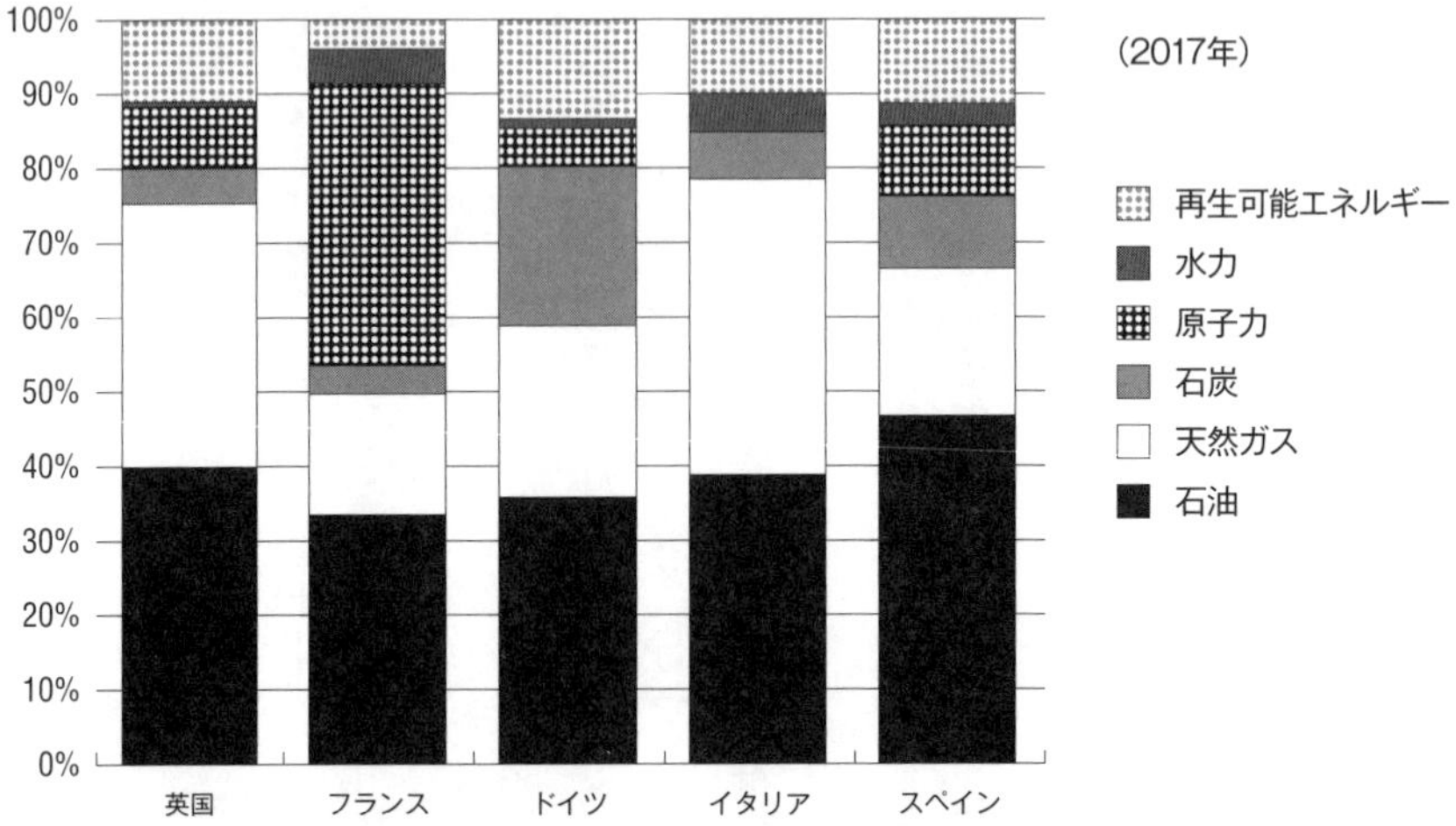

「bp-stats-review-2018-all-data」をもとに作成

6 東南アジア・東アジア
——旺盛な需要

アジアは人口で世界1、2位の中印を抱え、東南アジアの伸びも著しい。資源輸出国が輸入国に転じる変化も出始めた。

インドネシア——石油純輸入国に

日本の石油・天然ガスや石炭の調達先だが、国内の需要増で2004年に石油の純輸入国に転じた。17年発表の長期計画では、電力供給構成比を26年に石油で現状の約9%から0・39%に低下させる一方、再生可能エネルギーは今の10%前後から22・45%に高める目標を掲げる。25年までの地熱発電量を9500MWに引き上げる。国営プルタミナの独占状態にあった製油所運営が16年、外資にも開放された。40年から化石燃料が動力源となる自動車と自動二輪の新規販売を禁止する方針を示している。

マレーシア——国外で資源開発も

石油純輸出国だが、国内の可採年数が減少し、輸入国に転じるとの観測もある。東南アジアにある国際電力網のうち、シンガポール、タイ、インドネシアとつながり、16年には同国初の海外送電をインドネシアに行った。新セブンシスターズの国営ペトロナスは、世界中で資源開発に乗り出している。

ベトナム——原発建設は中止

人口増を背景にエネルギーの需要が伸びる国の1つ。国営のペトロベトナムグループが石油ガス開発を主導し、当面はＬＮＧ輸入を活用しつつ、国内ガス資源を節約していく方針を示している。10年に長期の原子力開発マスタープランが承認され、同国初の原発を日本が手掛ける計画だったが、財政難と住民の反発により16年に中止が決まった。

韓国――脱原発へ

国内で天然ガスなどの資源開発を進めつつ、海外で資源開発を積極化させ、資源の輸入先の多様化を図っている。再生可能エネルギーの導入も急務となっている。太陽光と風力を中心に47・2GWの再エネ設備を新設し、30年までに58・5GWまで伸ばすとしている。一方、老朽化した石炭火力を22年までに閉鎖し、ＬＮＧ火力に切り替えていく。

17年の大統領選では反原子力、反石炭火力を公約に掲げたムン・ジェイン氏が当選し、大統領に就任した。6月、設計寿命の上限を迎えた古里《コリ》原発1号機が運転を終え、韓国で初の原発の廃炉となった。さらに政府は原子力戦略の抜本的な見直しに着手、原発に頼っていた発電政策を撤回、新規原発の建設計画を白紙にし、脱原発にかじを切った。一方、ＬＮＧや再エネによる発電を主軸にすることを決めた。

韓国電力公社（ＫＥＰＣＯ）は各地域にある発電会社の持ち株会社で、送配電事業も手掛けている。09年には政府が電力の産業構造を見直す方針を示していたが、民営化などの動きは実質止まっている。

韓国の1次エネルギー消費量構成比

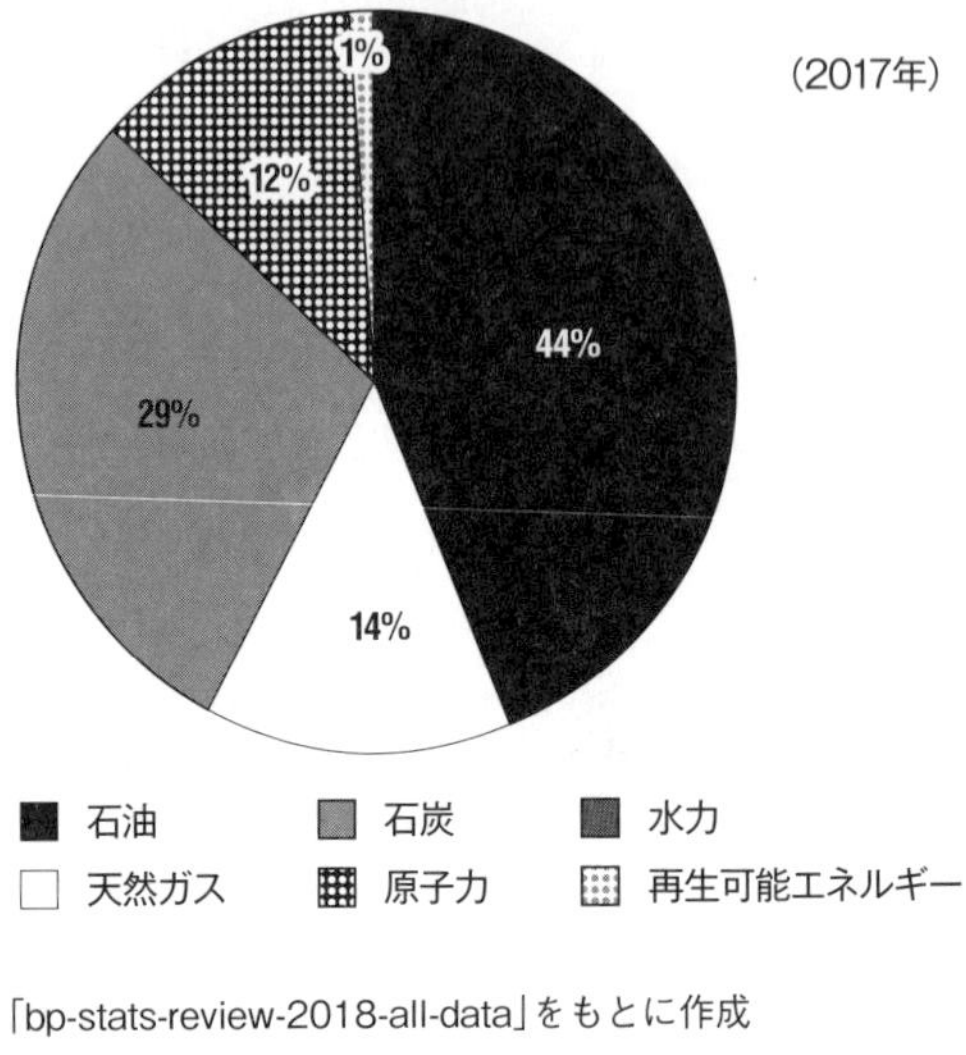

「bp-stats-review-2018-all-data」をもとに作成

7 中東諸国——世界に広がる資源供給源

石油代替を模索する中東

中東最大の石油大国で世界屈指の巨大油田を抱えるサウジアラビアも変革期を迎えている。国営石油会社のサウジアラムコは、石油ガスの開発、生産から生成・販売までの操業を行い、近年は石油化学分野や石油製品のトレーディングにも進出している。

石油収入が国家財政に直結しているため、財務強化に向け、ＯＰＥＣなども通じて同国にとって望ましい石油価格の維持を目指している。国際石油市場安定化のため、常に余剰生産能力を確保している。

国内でも石油ガスの需要が高まり、再エネ、原子力といった代替エネルギーや省エネに力を入れる。再生可能エネルギーは２０２３年までに９・５GWに増やす。また、原発の新設計画も掲げ、フランスやロシアなどと協力協定を締結した。32年の発電容量ベースの構成は石油ガスが60・５GW（全体の49％）、太陽熱が25GW（同20％）、太陽光が16GW（同13％）、原子力や地熱が21GW（同17％）と見込む。

アラブ首長国連邦も石油以外へのエネルギー源の利用を模索している。連邦の石油政策はアブダビ首長国政府とアブダビ国営石油が決めている。08年に立ち上げたマスダール計画では、太陽光や太陽熱、風力、水素、ＣＣＳ（２１９ページ参照）などの先進的なエネルギー技術を核とした持続可能な社会構築を進めるとした。

17年には連邦全体の「UAE Energy Strategy 2050」を公表し、エネルギー源を50年までに再エネを含むクリーンエネルギーで44％、ガス38％、ク

エネルギー業界 最新動向
電力業界 基礎知識
電力業界 主要企業
ガス業界 基礎知識
ガス業界 主要企業
石油業界 基礎知識
石油業界 主要企業
エネルギー業界 世界動向

リーンコール12%、原子力6%とする計画を示した。

イランも石油市場のキープレーヤーで、基本政策は国内の石油・ガスを輸出して外貨を獲得し、既存の油ガス田の生産向上や新規探鉱、石油精製設備の新増設などに再投資している。イランの国営石油会社(NIOC)はOPEC閣僚会議対処方針などの策定に携わり、実質的に石油省と一体化している。

15年7月に懸案だった核開発をめぐる合意が欧米との間で成立し、イランに対する制裁の解除、一時停止を宣言した。しかしアメリカのトランプ政権が18年に核合意から離脱、再制裁を発動し、イランは再び国際社会で孤立を深めている。

トルコ――欧州と中東の間で

石炭を除き国産資源が少なく、化石燃料の輸入依存度が高い。国内資源開発や原子力、再エネの導入を加速させている。14年に発表された19年までのエネルギー戦略では、エネルギーの効率利用や国際市場での活動強化などが謳われた。それを更新する形で17年に新たなエネルギー政策を発表、エネルギー分散化、水力・石炭・原子力など国産資源の活用推進、地中海・黒海沿岸での石油ガス資源開発を掲げた。原発は三菱重工業などが新設計画を進めてきたが、事業費が当初想定の2倍超の5兆円に膨らむとされ、日本の原発輸出は行き詰まった。

日本の重要なパートナー

他にも、非在来型の石油ガス開発が期待されるカナダや、大規模な油田開発が続くブラジル、LNGや石炭の供給源となるオーストラリアなど、日本のエネルギーの安定供給にとって重要な国は多い。中でもアフリカは「最後のフロンティア」と呼ばれ、資源開発、需要地の両面で世界の注目度が高まっている。

エネルギーの仕事は、日本国内の消費者に安定供給するという使命感とともに、大局的に世界の動向に目を配り続ける姿勢が求められている。

【著者紹介】

南 龍太（みなみ・りゅうた）

ジャーナリスト
1983年新潟県生まれ。
東京外国語大学外国語学部ペルシア語専攻卒業。現在ニューヨークで執筆活動中。政府系エネルギー機関から経済産業省資源エネルギー庁出向を経て、共同通信社記者として盛岡支局勤務、大阪支社と本社経済部で主にエネルギー分野を担当。市場の全面自由化で電力·ガス·石油業界の競争が激しくなる中、各社の首脳陣や従業員、官庁、消費者を取材。エネルギー以外に流通や交通、電機などの業界、東日本大震災関連の記事も執筆。共著に『世界年鑑2018』（一般社団法人共同通信社）

エネルギー業界大研究

初版 1刷発行●2019年 1月31日

著 者
南 龍太

発行者
薗部 良徳

発行所
㈱産学社

〒101-0061 東京都千代田区神田三崎町2-20-7 水道橋西口会館
Tel.03（6272）9313　Fax.03（3515）3660
http://sangakusha.jp/

印刷所
㈱ティーケー出版印刷

ISBN 978-4-7825- 3520-2　C0036